AF882822

V&R Academic

Beiträge zu Grundfragen des Rechts

Band 15

Herausgegeben von

Stephan Meder

Bennet Lodzig

Grundriss einer verantwortlichen Interpretationstheorie des Rechts

Von der juristischen Methodik zum juristischen Postmodernismus

V&R unipress

MIX
Papier aus verantwortungsvollen Quellen
FSC www.fsc.org FSC® C083411

Bibliografische Information der Deutschen Nationalbibliothek

Die Deutsche Nationalbibliothek verzeichnet diese Publikation in der Deutschen Nationalbibliografie; detaillierte bibliografische Daten sind im Internet über http://dnb.d-nb.de abrufbar.

ISSN 2198-5405
ISBN 978-3-8471-0462-9
ISBN 978-3-8470-0462-2 (E-Book)
ISBN 978-3-7370-0462-6 (V&R eLibrary)

Weitere Ausgaben und Online-Angebote sind erhältlich unter: www.v-r.de

Die vorliegende Arbeit wurde 2015 von der Juristischen Fakultät der Gottfried Wilhelm Leibniz Universität Hannover als Dissertation angenommen.

© 2015, V&R unipress GmbH, Robert-Bosch-Breite 6, 37079 Göttingen / www.v-r.de
Alle Rechte vorbehalten. Das Werk und seine Teile sind urheberrechtlich geschützt.
Jede Verwertung in anderen als den gesetzlich zugelassenen Fällen bedarf der vorherigen schriftlichen Einwilligung des Verlages.
Printed in Germany.
Druck und Bindung: CPI buchbuecher.de GmbH, Zum Alten Berg 24, 96158 Birkach

Gedruckt auf alterungsbeständigem Papier.

Für Eva und Jonte

Inhalt

Danksagung

Die vorliegende Schrift ist in den vergangenen fünf Jahren entstanden. Zuvörderst zu Dank verpflichtet bin ich meinem Doktorvater, Herrn Professor Dr. Bernd Oppermann, der mir den Freiraum einräumte, damit ich meine Gedanken entwickeln und niederlegen konnte. Ferner danke ich Herrn Professor Dr. Stephan Meder, der die Arbeit in kurzer Zeit begutachtet und in die Reihe *Beiträge zu Grundfragen des Rechts* aufgenommen hat.

Abkürzungsverzeichnis

Soweit Abkürzungen nicht besonders erläutert werden, wird verwiesen auf Kirchner, Hildebert: Abkürzungsverzeichnis der Rechtssprache (7. Auflage Berlin/Boston [Mass.] 2013).

1. Einleitung

»(...) law as a practice is not simply a game like chess or checkers (...).«
Rosenfeld, Deconstruction and Legal Interpretation: Conflict, Indeterminacy and the Temptations of the New Legal Formalism, in: Cardozo Law Review 11 (1989/1990), S. 1243f.

Wenn wir es mit dem Recht zu tun bekommen, dann werden wir konfrontiert mit Text und nichts als Text.[1] Das Gesetzbuch – ein Text, Urteile – mehr Text, juristische Kommentare und Literatur – noch mehr Text. Juristen arbeiten mit diesen Texten.[2] Aufgrund der Textlastigkeit dieser Disziplin ist es selbstverständlich, dass die Frage, wie ein rechtlicher Text zu lesen bzw. zu interpretieren sei, im Mittelpunkt des Interesses ihrer Vertreter steht, wenngleich deren Beantwortung ein schier unergründliches Unterfangen zu sein scheint.[3]

Aus der juristischen Binnenperspektive vollzieht sich die Interpretation des Rechtstextes in einem mehrstufigen Auslegungsverfahren.[4] Der Entscheidungsträger vermag, ausweislich der juristischen Methodik[5], den Sinn des Textes zum Sprechen zu bringen, ohne dass er der bereits im Text enthaltenen normativen Bedeutung etwas Wesentliches hinzufügen müsste.[6] Bildlich gesprochen ist der interpretierende Jurist mithin ein Goldgräber, der seinen Schatz mit erstaunlicher Sicherheit ans Tageslicht zu fördern scheint.[7] Dieser wird

1 Busse, Recht als Text, S. 6.

2 Grasnick, Entscheidungsgründe als Textcollage, in: Müller/Wimmer [Hrsg.], Neue Studien zur Rechtslinguistik, S. 27.

3 Augsberg fragt – und das völlig zu Recht –, ob wir überhaupt wissen, wovon wir sprechen, wenn wir über die Lektüre, die Interpretation juristischer Texte sprechen; Augsberg, Rechtslektionen, in: Rechtstheorie 40 (2009), S. 71.

4 Hierzu etwa Larenz, Methodenlehre der Rechtswissenschaft, S. 206ff., 312ff.

5 Dieser Terminus dient dazu, den Untersuchungsgegenstand von der juristischen Hermeneutik, wie sie etwa von Savigny vertreten wurde, klar abzugrenzen. Die juristische Hermeneutik ist nicht Gegenstand dieser Arbeit und somit nicht Adressat der, an der juristischen Methodik geübten, Kritik. Zur juristischen Methodik vgl. Rüthers, Die unbegrenzte Auslegung, S. 431ff., 486f.

6 Doch Interpretation kann nicht auf die Empfängnis der Bedeutung, die dem Text durch seinen Verfasser beigelegt wurde, reduziert werden. Einen Text zu interpretieren, ist mehr, als den im Text verschlossenen Sinn entgegenzunehmen. Lévinas hat in Lévinas, Jenseits des Buchstabens, S. 7 von einem Sinnüberschuss des Textes gesprochen, der nie ganz zu erfassen sei und die Exegese des Textes zu einem unendlichen Unterfangen ausweite; dazu unten unter 5.2.

7 Dem liegt ein relativ einfaches (vorlinguistisches) Sprachverständnis zugrunde; so jedenfalls Busse, Semantik der Praktiker, in: Müller/Wimmer [Hrsg.], Neue Studien zur Rechtslinguistik, S. 46f. Sprache wird verstanden als ein die textliche Bedeutung speichernder Container,

entweder – wenn man so will – erdbodennah in der bedeutungsidealisierten Semantik des Textes[8] selbst oder aber in den tieferen Schichten des objektiven[9] und/oder subjektiven[10] Geistes des Gesetzes verortet.[11]

Mit sprachwissenschaftlichen und sprachphilosophischen Erkenntnissen ist die Vorstellung, die Bedeutung könne dem Text entnommen werden, nicht vereinbar.[12] In der Post-linguistic-turn-Ära und im Anschluss an die Sprachpragmatik Wittgensteins[13] hat sich die Auffassung vertieft, dass sich Bedeutung innerhalb der auf Anschlussfähigkeit angelegten Sprachspiele der Sprachpraxis und vor dem Hintergrund einer Interpretationskultur[14] sowie der interpretativen Erwartungen der beteiligten Akteure einspiele.[15] Die sich auf diese Er-

---

dem zugleich die Wertungen und Intentionen, die der Gesetzgeber mit dem Text verbindet, zu entnehmen seien; Müller, Rechtstext und Textarbeit in der Strukturierenden Rechtslehre, in: Christensen [Hrsg.], Methodik, Theorie, Linguistik des Rechts, S. 72. Juristische Bedeutungstheorien gehen zumeist von zwei Prämissen aus, worauf Busse (unter Verweis auf Lyons, Die Sprache, S. 128) hinweist: der Existenzprämisse und der Homogenitätsprämisse; Busse, Juristische Semantik, S. 266f. Dabei vertritt die Existenzprämisse die Vorstellung, dass die Bedeutung der Worte Dinge umfasst, die tatsächlich existieren, wie etwa Lineale, Stifte, Äpfel, Birnen usw. Sie geht zurück auf den Bedeutungs-Platonismus, der Bedeutung als existierende Begriffe oder Ideen einstuft. Die Homogenitätsprämisse besagt, dass das, was als Bedeutung bezeichnet wird, an sich ähnlich oder identisch ist. Beide Prämissen zusammengenommen führen dazu, dass die Bedeutung als in die Wörter des Rechtstextes eingelassen gedacht wird und damit über Zeit stabil gehalten werden kann. Letztere Annahme ist, aus der Perspektive des juristischen Selbstverständnisses heraus, von ganz außerordentlicher Relevanz: Nach dieser Auffassung ist es die feste Wortbedeutung, die dem Recht eine beständige Form gibt und Geltung verleihen soll. Busse möchte diese traditionellen Wortbedeutungskonzepte durch eine semantische Tiefenanalyse ersetzen, die geeignet sein soll, die verschiedenen Funktionalitäten des Textes zu berücksichtigen, die sich aus den »verschiedenen Perspektiven, die in epistemologischer Hinsicht an die analysierten Texte herangetragen werden können«, ergäben; Busse, Semantische Rahmenanalyse der Juristischen Semantik, in: Christensen/Pieroth [Hrsg.], Rechtstheorie in rechtspraktischer Absicht, S. 38.

8 Müller, Rechtstext und Textarbeit in der Strukturierenden Rechtslehre, in: Christensen [Hrsg.], Methodik, Theorie, Linguistik des Rechts, S. 72f.

9 Christensen, Was heißt Gesetzesbindung?, S. 144ff.

10 Christensen, ebd., S. 129ff.

11 Ausdrücklich wendet sich gegen diese Verdinglichung des Rechts Forgó, Recht Sprechen, S. 136ff.

12 Das liegt daran, dass die Vorstellung, Recht könne aus dem Gesetzbuch, welches rechtliches Wissen lokalisierbar und beherrschbar macht, herausgelesen werden, antiquiert ist. Die Textbedeutung wird nicht empfangen im Sinne der sakralen Bedeutung von Lesung bzw. Lektion; dazu etwa: Christensen/Lerch, Ein Urteil, wie es im Buche steht, in: Christensen/Pieroth [Hrsg.], Rechtstheorie in rechtspraktischer Absicht, S. 222.

13 Siehe dazu unten unter 4.1.

14 Dazu Christensen, Was heißt Gesetzesbindung?, S. 286.

15 Dazu etwa Fish, Is There a Text in This Class?, in: ders., Is There a Text in This Class?, S. 317f.: »But the point of my analysis has been to show that while ›Is there a text in this class?‹ does not have a determinate meaning, a meaning that survives the sea change of situations, in any situation we might imagine the meaning of the utterance is either perfectly

kenntnisse berufenden Vertreter der juristischen Pragmatik sind der Auffassung, dass die juristische Entscheidungspraxis, in der normative Bedeutung erzeugt wird, zum semantischen Kampf um die Bedeutung des Rechts werde.[16]

Doch auch diese Positionen[17] vermögen nicht abschließend zu überzeugen. Zwar brechen sie mit der juristisch-binnenperspektivischen Vorstellung, die Entscheidung sei dem Text zu entnehmen (im Sinne eines durch den Mund des Richters sprechenden Gesetzes)[18]: Nicht das Gesetz, sondern der Richter spricht das Urteil.[19] Jedoch führen sie nicht zureichend heraus aus der deklarierten Unmündigkeit des zur Entscheidung berufenen Juristen. Recht ist mehr als ein Spiel, in dem sich normative Bedeutung einspielt.[20] Erst wenn der Rechtstext weder durch eine semantisch-normative Bedeutung noch durch die interpretative Praxis als normativ abgeschlossen angesehen wird, scheint die Freiheit des juristischen Entscheidungsträgers auf, den Text stets aufs Neue zu durchschreiten und immer neue rechtliche Welten in seiner Entscheidung zu entwerfen.[21] Mit dieser Freiheit korrespondiert die Verantwortung, dem interpretativen Abschluss des Textes vorzubeugen.[22] Dieser Verantwortung kann der juristische Entscheidungsträger nur nachkommen, indem er den Rechtstext jenseits der sich innerhalb der juristischen Praxis herausbildenden interpretativen Muster und mithin jenseits des juristischen Programms beständig fortliest

clear or capable, in the course of time, of being clarified. What is it that makes this possible, if it is not the ›possibilities and norms‹ already encoded in a language? How does communication ever occur if not by reference to a public and stable norm? The answer (...) is that communication occurs within situations and that to be in a situation is already to be in possession of (or to be possessed by) a structure of assumptions, of practices understood to be relevant in relation to purposes and goals that are already in place; and it is within the assumption of these purposes and goals that any utterance is immediately heard. (...) What I have been arguing is that meanings come already calculated, not because of norms embedded in the language but because language is always perceived, from the very first, within a structure of norms. That structure, however, is not abstract and independent but social; and therefore it is not a single structure with a privileged relationship to the process of communication as it occurs in any situation but a structure that changes when one situation, with its assumed background of practices, purposes, and goals, has given way to another.«

16 Müller, Rechtstext und Textarbeit in der Strukturierenden Rechtslehre, in: Christensen [Hrsg.], Methodik, Theorie, Linguistik des Rechts, S. 78f.

17 Siehe zur Rezeption der verschiedenen Positionen unten unter 4.2.

18 Zur Kritik etwa: Müller/Christensen/Sokolowski, Rechtstext und Textarbeit, S. 40f.

19 Forgó, Recht Sprechen, S. 148f.

20 Rosenfeld, Deconstruction and legal Interpretation: Conflict, Indeterminacy and the Temptations of the New Legal Formalism, in: Cardozo Law Review 11 (1989/1990), S. 1243f.: »(...) law as a practice is not simply a game like chess or checkers (...).«

21 Cornell, The Good, the Right, and the Possibility of Legal Interpretation, in: dies., The Philosophy of the Limit, S. 109.

22 Zur interpretativen Verantwortung etwa Hillis Miller, The Ethics of Reading: Kant, de Man, Eliot, Trollope, James, and Benjamin, S. 43.

und das Recht transformiert. Damit verhindert er zugleich, dass interpretative Positionen dauerhaft aus dem Recht gesetzt werden.[23]

Die hiesige Arbeit versteht sich als Versuch, die Konturen einer so gearteten Interpretationstheorie herauszuarbeiten, wobei juristisch-methodische und -pragmatische Positionen analysiert und aufgrund ihrer Schwächen - postmoderne Überlegungen aufgreifend - zu einer verantwortlichen Interpretationstheorie des Rechts fortgebildet werden sollen.

Das vorangestellt, wird die Arbeit - im Anschluss an die Einleitung - folgenden Verlauf nehmen:

2.
Im zweiten Teil wird das interpretative Moment einer juristischen Entscheidung herausgearbeitet. Dabei wird sich zeigen, dass auf jeder Ebene des syllogistischen Schlussmodells, dessen sich der zur Entscheidung berufene Jurist bedient, interpretative Elemente wirken.[24] Es lässt sich folglich ohne große Bedenken sagen, dass die juristische Entscheidung auf offenem (interpretativem) Grund ruht. Damit ist der Boden für die Folgekapitel gelegt, die sich aus drei Perspektiven mit der Interpretation rechtlicher Texte beschäftigen.

3.
Im dritten Teil der Arbeit wird die juristische Methodik analysiert. Es wird dargelegt, wie sie gegenwärtig in der juristischen Methodenlehreliteratur[25] umschrieben und in der höchstrichterlichen Rechtsprechungspraxis praktiziert wird. Die Darstellung zeichnet ein umfassendes Bild der juristischen Methodik und ihres Anliegens, den Gesetzessinn zur Sprache zu bringen, ohne dem Text etwas hinzuzufügen oder wegzulassen.[26] Im Zuge dessen werden die Schwächen einer solchen Interpretationstheorie beleuchtet.

4.
Im vierten Teil werden die Positionen, die in der Tradition der Spätphilosophie Wittgensteins stehen und die unter dem Begriff der juristischen Pragmatik zusammengefasst werden können, dargestellt.

---

23 Der Ausschluss bezieht sich dabei nach Cornell nicht allein auf die Lektüre, die interpretative Position, die mit ihr vertreten wird, sondern bedeutet immer auch den Ausschluss eines Anderen, einer Person, einer Gruppe von Personen; Cornell, The Relevance of Time to the Relationship between the Philosophy of the Limit and Systems Theory: The Call for Judicial Responsibility, in: dies., The Philosophy of the Limit, S. 143.

24 Larenz, Methodenlehre der Rechtswissenschaft, S. 204f.

25 Larenz, ebd., S. 204ff., 312ff.; Bydlinski, Juristische Methodenlehre und Rechtsbegriff, S. 428ff.

26 Larenz, Methodenlehre der Rechtswissenschaft, S. 313.

Zu diesem Zweck erfolgt eine Auseinandersetzung mit der Sprachphilosophie Wittgensteins, wie er sie in seinem Spätwerk vertreten hat.[27] Dabei wird darauf Wert gelegt, die Grundbegriffe der wittgensteinschen Spätphilosophie - das Sprachspiel, die Bedeutung, Regel und Regelfolgen und die (geteilte) Lebensform - verständlich zu machen. Aus den Grundbegriffen der wittgensteinschen Spätphilosophie lässt sich ableiten, dass sich Bedeutung nur sprachspielimmanent einstellt.

Die Sprachphilosophie Wittgensteins wurde vielfach und auf unterschiedliche Art und Weise im rechtlichen Diskurs rezipiert. Die Rezeptionen werden in drei verschiedene Gruppen (Wittgenstein I, II, III) unterteilt und ausgiebig analysiert. Es wird sich zeigen, dass vor den Prämissen Wittgensteins die rechtstheoretischen Rezeptionen der Heidelberger Schule und des Nachpositivistischen Rechtsdenkens haltbar sind (hier zusammengefasst unter Wittgenstein III), die normative Bedeutung als sich in der Entscheidungspraxis - vor dem Hintergrund einer Interpretationskultur - einspielend begreifen und die Entscheidungspraxis nicht als semantisch-normativ programmiert betrachten.[28]

5.

Im fünften Teil der Arbeit wird eine verantwortliche Interpretationstheorie des Rechts konstruiert. Eine solche Interpretationstheorie, die im Wesentlichen in der Tradition der (Sprach-) Philosophie Derridas[29] steht, macht geltend, dass der interpretative Abschluss des Rechtstextes - wie er von der juristischen Methodik und Pragmatik betrieben wird - aufgebrochen werden muss. Wird die Identität der Textbedeutung zugunsten einer pluralen Text-›Bedeutung‹ abgesetzt - und der Text entgegen der im Rahmen einer Interpretationskultur anerkannten Lesarten gelesen -, gerät die juristische Entscheidungstätigkeit zur unendlichen Lesung des Textes jenseits des juristischen Programms, für die der juristische Entscheidungsträger Verantwortung übernehmen muss.[30]

27 Insbesondere in Wittgenstein, Philosophische Untersuchungen (PU) (Frankfurt am Main 2003). Das Spätwerk Wittgensteins umfasst neben den Philosophischen Untersuchungen (PU) noch weitere Schriften wie die Bemerkungen über die Grundlagen der Mathematik (BGM), Bemerkungen über die Philosophie der Psychologie (BPP), Philosophische Bemerkungen (PB), Philosophische Grammatik (PG), Letzte Schriften über die Philosophie der Psychologie (SPP), Über Gewissheit (ÜG), Vermischte Bemerkungen (VB), Zettel (Z) u.a. abgedruckt in Wittgenstein, Werkausgabe in 8 Bänden (Frankfurt am Main 1984). Soweit nachfolgend in den Fundstellen zu diesen Schriften keine Seitenzahlen angegeben werden, beziehen sich die Ziffern auf die von Wittgenstein selbst vorgenommene Nummerierung der Textabschnitte.

28 Forgó, Recht Sprechen, S. 138.

29 Grundlegend: Derrida, Grammatologie (dt. Frankfurt am Main 1983).

30 Sartre versteht die rezipierende Tätigkeit, das Fortspinnen des textlichen Gewebes, als reine

6.
Abschließend werden in einem Appendix die Ergebnisse der Arbeit vor dem Hintergrund des juristisch-methodologischen Motivs der Wortlautgrenze reflektiert.

Es wird sich zeigen, dass sich die juristische Methodik, da sie die Gesetzesbindung der juristischen Entscheidung gemäß Art. 20 III und Art. 97 I GG als eine semantisch-normative betrachtet, für eine Wortlautgrenze ausspricht.[31]

Pragmatische Positionen lehnen eine semantische Grenze des Rechtstextes ab, bemühen sich aber um eine Begrenzung der interpretativen Bewegung durch deren Einbettung in die Entscheidungspraxis, in der sprachliche und kulturelle Kräfte wirken.[32] Die Zurechnung der interpretativen Entscheidung an den Text als Zeichenkette muss demnach – vor dem Hintergrund einer sich unter dem Dach der Verfassung ausbildenden Interpretationskultur – möglich sein.[33]

Eine verantwortliche Interpretationstheorie des Rechts versucht hingegen, die Grenzen der Interpretation aufzubrechen und den Text zu öffnen: Nur das ermöglicht ein Fortlesen des Textes jenseits eingeschliffener Denkwege, um interpretativen Ausschluss zu verhindern.[34]

Freiheit; Sartre, Was ist Literatur?, S. 31. Nach Barthes ist der Blick des Rezipienten gleichfalls allein in die Zukunft gerichtet: Die Arbeit liegt vor ihm; Barthes, Abschweifungen, in: ders., Das Rauschen der Sprache, S. 81.

31 Larenz, Methodenlehre der Rechtswissenschaft, S. 322f.

32 Christensen, Was heißt Gesetzesbindung?, S. 286.

33 Müller, Richterrecht, S. 80f.

34 Nach Augsberg besteht in der Öffnung des Rechtstextes die Realisierung des Demokratieprinzips; Augsberg, Die Lesbarkeit des Rechts, S. 114: »Aus juridischer Sicht läßt sich dieser Aspekt demokratietheoretisch umformulieren: Die Debatte offen zu halten und nicht vorschnell zu beenden wäre demnach der eigentliche positive Ausdruck des Demokratiegedankens (...).«

2. Der offene Grund des Rechts

»He comes to believe that law has an ontological identity that is solid, stable and uncontroversial (just like the ball). He comes to believe that in law there is a *there* there – that in cases, in statutes, in doctrines, in rules, in principles, in values, in law itself there is *some stabilized preinterpretive something* that exists prior to and independently of the meaning-making activity of any author or reader.«
Schlag, Hiding the Ball, in: New York University Law Review 71 (1996), S. 1687

Juristische Entscheidungen sind, ausweislich der juristischen Methodik, mittels eines logischen Schematismus zu vollziehen[35], der, in prägnanter Darstellung, wie folgt aussieht:

T > R (Obersatz: Für jeden Fall von T gilt R)
S = T (Untersatz: S ist gleich T und damit ein Fall von T)
S > R (Schlusssatz: Für S gilt R).[36]

Ein vollständiger Rechtssatz besagt mithin, dass, immer wenn ein Tatbestand in einem Sachverhalt erfüllt ist, für diesen Sachverhalt eine bestimmte Rechtsfolge gelten soll. Jedoch wird auf allen Ebenen des Schlussmodells die Aufbereitung des rechtlichen Stoffes mittels Interpretation durch den zur Entscheidung berufenen Juristen nötig, so dass sich die

»Interpretationsfähigkeit und Interpretationsbedürftigkeit der Rechtsnormen (...) als offene Flanke«[37]

35 Die konditionale Wenn-dann-Programmierung des Rechtssatzes steuert, nach Luhmann, die permanente Verknüpfung von Selbst- und Fremdreferenz im Sinne der kognitiven Öffnung des Systems nach außen, ohne im Systeminneren eine auf Wissensauswertung angelegte Form aufgeben zu müssen; Luhmann, Das Recht der Gesellschaft, S. 195.

36 Siehe dazu etwa: Koch/Rüßmann, Juristische Begründungslehre, S. 15ff.

37 Maunz/Dürig/Hillgruber, Kommentar zum Grundgesetz, Art. 97 IV Rdnr. 55. Rechtsgeschichtlich wurde etwa im Allgemeinen Preußischen Landrecht (ALR) (hierzu insbesondere die Vorschriften der §§ 46–53 in der Einleitung des Preußischen Allgemeinen Landrechts von 1794) der Versuch unternommen, die Hoheit über die Interpretation des rechtlichen Textes – durch Verfahren – dem zur Entscheidung berufenen Juristen zu entziehen und auf den Gesetzgeber rückzuverlagern; Schwennicke, Die Entstehung der Einleitung des Preußischen Allgemeinen Landrechts von 1794, S. 271. Gemäß § 46 ALR durfte der zur Entscheidung berufene Jurist dem Text keinen anderen Sinn beilegen als den, der sich direkt aus den Worten bzw. aus dem Zusammenhang einzelner Rechtssätze ergab. War dieser Sinn dem entscheidenden Juristen zweifelhaft, so musste dies nach § 47 ALR der Gesetzeskommission angezeigt werden. Dem Chef der Justiz hatte der entscheidende Jurist mitzuteilen, wenn ein Gesetz zur Entscheidung eines bestimmten Falles nicht auffindbar war, § 49 ALR. Mit diesen Regelungen versuchten die Redakteure des ALR die Rechtsbildung beim Gesetzgeber zu konzentrieren und die Rechtsetzung durch den juristischen Entscheidungsträger zu unter-

der auf logisch-systemrationale Ableitung nicht zu reduzierenden juristischen Entscheidung erweist: Forgó betitelt dies als Bündel interpretativer Aktivität des entscheidenden Juristen.[38]

So ist Voraussetzung für die Anwendung des Schematismus, dass auf der Ebene des Obersatzes die tatbestandliche Reichweite bestimmt bzw. bestimmbar ist, damit diesem ein Untersatz zugeordnet werden kann. In der juristischen Methodenlehreliteratur kann man lesen, dass dies keinesfalls immer der Fall sei, was auf die Vagheit der Umgangssprache zurückgeführt wird.[39] Larenz ist der Auffassung, dass die Bedeutung der den Text konstituierenden Wörter nach den Umständen, aber auch aufgrund der Sachbezogenheit und des Sinnzusammenhanges der Rede erheblich schwanken könne, so dass die Umgangssprache dem zur Entscheidung berufenen Juristen Bedeutungsalternativen, zwischen denen er in seiner Entscheidung differenzieren müsse, eröffne. Die tatbestandliche Reichweite muss demnach – in diesem Rahmen – in einem abgestuften Auslegungsprozedere bestimmt werden, um Aussagen über dessen Anwendung in einem spezifischen Fall treffen zu können.[40]

Doch nicht nur auf der Ebene des Obersatzes stellt sich das Problem dar, dass das Schlussverfahren nicht automatisch vollzogen werden kann. Es besteht gleichfalls auf der Ebene des Untersatzes, bei dem Aussagen über ein in der Vergangenheit liegendes Geschehen alle Merkmale des Obersatzes enthalten müssen.[41] Ob die Merkmale des Obersatzes durch den Lebensvorgang erfüllt worden sind, erfordert eine Beurteilung des zur Entscheidung berufenen Juristen.[42]

Diese Feststellung trifft auch für die unterste Ebene des Schlussverfahrens zu,

---

binden; Schwennicke, ebd., S. 294. Alle rechtlichen Streitfragen sollten durch den Herrscher bzw. die eingesetzte Gesetzgebungskommission gelöst werden.

38 Forgó, Recht Sprechen, S. 11.

39 Larenz, Methodenlehre der Rechtswissenschaft, S. 273, 320f.

40 Hierzu sogleich unter 3.1.

41 Larenz, ebd., S. 273.

42 Larenz, ebd., S. 274. Nach Larenz kann zwar die Kluft zwischen der Umschreibung des lebensweltlichen Geschehens und des gesetzlichen Textes – zwischen Unter- und Obersatz – durch weitere Definitionen minimiert werden. Larenz gibt aber zu verstehen, dass es »früher oder später gewisser Elementarurteile, die ihrerseits nicht mehr durch Schlüsse vermittelt sind, sondern entweder auf (eigenen oder fremden) Wahrnehmungen beruhen (Wahrnehmungsurteile), oder auf bestimmten Erfahrungen, insbesondere solche aus dem Bereich sozialer Erfahrungen, bedürfe. Es ist daher nicht an dem, dass das Urteil, S sei ein Fall von T, jeweils allein im Wege der Definition von T durch seine Begriffsmerkmale und eines Subsumtionsschlusses zustande käme. Vielmehr setzt die Subsumtion ihrerseits eine Beurteilung des ausgesagten Sachverhalts nach solchen Kriterien voraus, die zwar noch sprachlich benannt, nicht aber weiter definiert werden können.« Ebenso: Koch/Rüßmann, Juristische Begründungslehre, S. 25.

da der Obersatz eine abstrakte Rechtsfolge festsetzt, wohingegen im Schlusssatz eine konkrete Rechtsfolge festgesetzt werden muss.[43]

Es gibt folglich keine Deduktion ohne Interpretation.[44] Die deduktive Operation vollzieht sich auf dem offenen Grund der interpretativen Konstruktion.[45] Bydlinski stellt fest, dass in den interpretativen Aktivitäten und nicht in der Deduktion des Ergebnisses aus den Prämissen das Problem der Rechtsanwendung besteht.[46] Damit rückt die Frage, was es heißt, einen rechtlichen Text zu

43 Larenz, Methodenlehre der Rechtswissenschaft, S. 276f.

44 West, Are There Nothing But Texts in This Class? Interpreting the Interpretive Turns in Legal Thought, in: Chicago-Kent Law Review 76 (2000), S. 1145: »All texts, not just the constitutional ones, require the hermeneutical reading (...). Interpretive agility in the constitutional context is required by the Constitution's textualism – a trait it shares with every other law and every other verbal formulation imaginable (...).« Deshalb ist der Richter, nach Kriele, auch kein *Subsumtionsautomat*, wobei Kriele hierfür das Streben des juristischen Entscheidungsträgers nach einer vernünftigen Entscheidung verantwortlich macht; Kriele, Theorie der Rechtsgewinnung, S. 170f.: »(...) man (kann; BL) das Gesetz und erst recht die Verfassung in der Regel nicht interpretieren, ohne dabei die Ungewissheit zwischen alternativen Möglichkeiten durch Dezision zu beenden; (...) der Interpret (erfüllt; BL) gerade mit dem Bemühen, die Dezision weder an parteilichen Interessen noch an weltfremden Doktrinen, sondern an unparteilicher Vernünftigkeit – und d.h.: an der Gerechtigkeit – zu orientieren, das Ethos, das dem Beruf des Richters von alters her zugeordnet war und das im Volksbewusstsein trotz der vermeintlichen Degradierung des Richters zum Subsumtionsautomaten auch heute noch als verpflichtend verstanden und gefordert wird.«

45 Es gibt kein vorinterpretatives Recht; Feldman, Made for each other, in: Philosophy and Social Criticism 26 (2000), S. 55. Hiergegen hat sich Patterson verwahrt, der die Sprachpraxis als Grund der interpretativen Bewegung ausmacht, die dem Verständnis vorinterpretativ zugänglich ist – und die mithin sicherstellt, dass es nicht zu einem ausufernden Interpretationsnihilismus kommt; Patterson, Wittgenstein and Constitutional Theory, in: Texas Law Review 72 (1993/1994), S. 1851.; Patterson, The Poverty of Interpretive Universalism: Toward the Reconstruction of Legal Theory, in: Texas Law Review 72 (1993/1994), S. 3. Kritisch gegenüber der Grundlosigkeit der interpretativen Bewegung auch West, Are There Nothing But Texts in This Class? Interpreting the Interpretive Turns in Legal Thought, in: Chicago-Kent Law Review 76 (2000), S. 1161f.; Koch/Rüßmann, Juristische Begründungslehre, S. 67ff. Hierauf wird unter 4.2.1 zurückzukommen sein.

46 Bydlinski, Juristische Methodenlehre und Rechtsbegriff, S. 396. Wieso wird trotz des Wissens, dass die juristische Entscheidung auf interpretativem Grund steht, am deduktiven Verfahren festgehalten? Die Vorzüge des deduktiven Verfahrens bestehen, gemäß Koch/Rüßmann, in Folgendem: Der Justizsyllogismus (1) nötigt dazu, ein Gesetz, aus dem die Entscheidung abgeleitet werden soll, zu wählen. Ferner zwingt dieser (2) den juristischen Entscheidungsträger, in der Entscheidungsbegründung den Willen des Gesetzgebers vorrangig zu berücksichtigen, und (3) entlastet von Begründungszwängen; Koch/Rüßmann, Juristische Begründungslehre, S. 112. Argument (1) und (2) beschwören den Glauben, dass das deduktive Schema die Bindung der juristischen Entscheidung an das durch den Gesetzgeber erlassene Gesetz im Sinne von Art. 20 III GG gewährleiste, artikulieren aber gleichzeitig eine gewisse Skepsis gegenüber der Leistungsfähigkeit der deduktiven Bindung der Entscheidung an das Gesetz. Diese Skepsis kommt auch in folgender Kontroverse zum Ausdruck, die durch Rüthers und den ehemaligen Präsidenten des BGH Hirsch ausgelöst wurde (eine Darstellung findet sich bei Gruschke, Zwei Modelle richterlicher Gesetzesauslegung, in: Rechtstheorie 41 (2010), S. 35–52). Rüthers hatte den obersten Bundesrichterinnen und -richtern vorgewor-

interpretieren, in den Mittelpunkt des Interesses.[47] Dass die Frage, wie ein Rechtstext zu interpretieren sei, eine dringende ist, liegt auf der Hand: Wie zu urteilen ist – diese Frage duldet keinen Aufschub.[48]

Um der Antwort auf diese Frage auf die Spur zu kommen, wird zunächst mit einer Darstellung der juristischen Methodik begonnen (3.)[49]. Innerhalb dieser Darstellung werden sowohl die juristische Methodenlehreliteratur als auch die höchstrichterliche Rechtsprechung rezipiert. Sodann wird auf pragmatische (4.)[50] und postmoderne Positionen (5.)[51] eingegangen.

---

fen, sich mittels einer freizügigen Interpretation der Gesetze zum Ersatzgesetzgeber aufzuschwingen (*Herren der Rechtsordnung*) und sich so der ihnen zugedachten Rolle der Gesetzesdienerschaft zu entziehen; Rüthers, Geleugneter Richterstaat und vernebelte Richtermacht, NJW 2005, S. 2759; ebenso: Rüthers, Methodenrealismus in Jurisprudenz und Justiz, in: JZ 2006, S. 53; anders etwa: Kirchhof, Richterliche Rechtsfindung, gebunden an ›Gesetz und Recht‹, in: NJW 1986, S. 2275–2280. Hirsch antwortete in Hirsch, Zwischenruf – Der Richter wird's schon richten, ZRP 2006, S. 161 darauf in einem äußerst knappen Zwischenruf. Kontrovers aufgenommen wurden die darin enthaltenen nachfolgenden Feststellungen zum Verhältnis von Gesetz und Richter: »Es sind die Richter, die dem ›ehernen‹ Gesetz seine jeweils individuell angemessene Geltung in der Lebens- und Rechtswirklichkeit zu verschaffen haben«, und weiter: »Sucht man ein Bild, so passt meines Erachtens am ehesten das des Pianisten und Komponisten für das Verhältnis des Richters zum Gesetzgeber. Er interpretiert die Vorgaben, mehr oder weniger virtuos, er hat Spielräume, darf aber das Stück nicht verfälschen.« Grasnick hatte in Grasnick, myops 9 (Mai 2010), S. 12 in der anschwellenden Diskussion um den Zwischenruf einen weiteren Nadelstich gesetzt, indem er behauptete, die juristischen Entscheidungsträger könnten die Rechtsordnung nicht in Gefahr bringen, denn eine solche gebe es nicht, so dass es auch nicht weiter problematisch sei, dass sich die Entscheidungsträger zu Herren dieser nicht bestehenden Ordnung aufschwingen würden. Schließlich hatte Hassemer Stellung bezogen und auf die Grenzen der Deduktion von Fallergebnissen aus dem Gesetz aufmerksam gemacht; Hassemer, Gesetzesbindung und Methodenlehre, ZRP 2007, S. 214ff. In seinen Ausführungen stellt er fest, dass die juristische Methode nicht allein die Bindung der Entscheidung an das Gesetz gewähren könne. Vielmehr liefere sie vieldeutige Ergebnisse, so dass sich der Entscheidungsträger stets interpretativ bei der Ermittlung des Sinns einer rechtlichen Regel einzubringen habe.

47 Dieser Meinung schließt sich Esser an, wenn er schreibt, dass die überkommenen Regelungsmuster in einer spezifischen interpretativen Operation vor dem Hintergrund des Geistes der Rechtsordnung sowie der gemeinschaftlichen Voreinstellungen des Interpreten rekonstruiert werden müssten, um der Lebensnähe der Lösung und der Kontinuität des Rechts Rechnung zu tragen; Esser, Vorverständnis und Methodenwahl in der Rechtsfindung, S. 18f. Koch/Rüßmann schließen deshalb auf »eine begrenzte Realisierbarkeit des Gesetzesbindungspostulates«, ohne dass »auf eine Widerlegung des *Deduktivitätspostulates*« geschlossen werden könne; Koch/Rüßmann, Juristische Begründungslehre, S. 69.

48 Christensen/Lerch, Ein Urteil, wie es im Buche steht, in: Christensen/Pieroth [Hrsg.], Rechtstheorie in rechtspraktischer Absicht, S. 221.

49 Siehe dazu S. 25.

50 Siehe dazu S. 51.

51 Siehe dazu S. 109.

3. Rechtstextliche Normativität

»When we turn to a text, we anticipate or assume its completeness: we assume it can communicate some ›unity of meaning‹.«
Feldman, The Politics of Postmodern Jurisprudence, in: Michigan Law Review 95 (1996), S. 175

Aus Sicht der juristischen Methodik[52] ist das Interpretieren von Rechtstexten in einem mehrstufigen Verfahren zu vollziehen.[53] Maßgeblich geht es darum, den Rechtstext - metaphorisch gesprochen - zum Sprechen zu bringen oder - mit den Worten Larenz' - den

> »Inhalt der anzuwenden Normen so weit (zu; BL) präzisier(en; BL), als das wiederum im Hinblick auf den Sachverhalt notwendig ist.«[54]

Auslegung ist demnach

> »›Auseinanderlegung‹, Ausbreitung und Darlegung des in dem Text beschlossenen, aber noch gleichsam verhüllten Sinnes. Durch die Auslegung wird dieser Sinn ›zur Sprache gebracht‹, daher er wird mit anderen Worten deutlicher und genauer ausgesagt und mitteilbar gemacht.«[55]

Dieses Verfahren wird aus dieser Perspektive durch den bedeutungsidealisierten Wortlaut oder den objektiven Gesetzesgeist[56], also den hinter dem Text liegenden, aber im Text zum Ausdruck kommenden vernünftigen Sinn (im Sinne einer objektiven Zweckmäßigkeitsentscheidung)[57] oder den subjektiven Gesetzes-

52 Wie bereits in Fn. 5 ausgeführt dient dieser Terminus dazu, den Untersuchungsgegenstand von der juristischen Hermeneutik, wie sie etwa von Savigny vertreten wurde, klar abzugrenzen; äußerst instruktiv zur Hermeneutik Savignys Meder, Mißverstehen und Verstehen (Tübingen 2004). Die an der juristischen Methodik geübte Kritik richtet sich nicht gegen die juristische Hermeneutik. Letztere ist nicht Gegenstand dieser Arbeit.

53 Im juristischen Selbstverständnis ist die Jurisprudenz eine verstehende Wissenschaft; so etwa Larenz, Methodenlehre der Rechtswissenschaft, S. 204ff.; Coing, Juristische Methodenlehre, S. 25.

54 Larenz, Methodenlehre der Rechtswissenschaft, S. 312; zum Zusammenhang von Auslegung und Anwendung etwa auch Coing, Juristische Methodenlehre, S. 25. Nach Engisch wird der von Larenz beschriebene Verstehensprozess überhaupt erst durch das Hin- und Herwandern des Blicks zwischen Rechtstext und Lebenssachverhalt möglich; Engisch, Logische Studien zur Gesetzesanwendung, S. 15.

55 Larenz, Methodenlehre der Rechtswissenschaft, S. 313; so auch Vogel, Juristische Methodik, S. 112; Schmalz, Methodenlehre, S. 85; Coing, Juristische Methodenlehre, S. 25.

56 Siehe dazu etwa Christensen, Was heißt Gesetzesbindung?, S. 144ff.

57 Larenz, Methodenlehre der Rechtswissenschaft, S. 333; siehe gleichfalls Schmalz, Metho-

geist[58], mithin die Absichten und Intentionen des Gesetzgebers[59], auf geregelten Bahnen gehalten.

In diesem Kapitel wird das Programm der juristischen Methodik, wie es gegenwärtig sowohl in der juristischen Methodenlehreliteratur sowie in der höchstrichterlichen Rechtsprechungspraxis zum Ausdruck kommt, ausgebreitet. Dabei wird sich zeigen, dass die interpretative Bewegung weder durch die bedeutungsidealisierte Semantik des Textes noch durch den objektiven oder subjektiven Geist des Gesetzes gelenkt wird.

Das Kapitel wird folgenden Verlauf nehmen:

Zunächst wird auf die Explikation des Gesetzessinns in der juristischen Methodenlehre und die höchstrichterliche Rechtsprechung eingegangen (3.1).

Sodann wird unter (3.2) gezeigt, dass das Sprachverständnis der juristischen Methodik in ein Erkenntnisproblem mündet, aus dem es kein Heraus gibt.

Schließlich wird dargelegt, dass das Auslegungsprozedere auf einem Ab-Grund ruht (3.3).

3.1 Die Explikation des Gesetzessinns in der juristischen Methodenlehre und der höchstrichterlichen Rechtsprechung

In der juristischen Methodenlehre[60] und der höchstrichterlichen Rechtsprechung werden verschiedene Auslegungsmethoden angewendet, um den Gesetzessinn aus dem allgemeinen Rechtstext in einem mehrstufigen Verfahren zu gewinnen.[61] Die Auslegung muss hiernach beim Wortlaut des Rechtstextes ansetzen. Ist dieser nicht hinreichend bestimmt, müssen andere Erwägungen (u. a. systematisch-logische, historische, teleologische sowie verfassungs- und europarechtskonforme) zur Bestimmung des Gesetzessinns herangezogen werden.[62] Der juristische Entscheidungsträger wird zudem dazu aufgerufen, sich jeder

denlehre, S. 95, 97f.; Zippelius, Juristische Methodenlehre, S. 41f.; sehr kritisch Somek, Gesetzesbindung als Problem der Demokratie, in: JRP 1998, S. 47f.

58 Siehe dazu etwa Christensen, Was heißt Gesetzesbindung?, S. 129ff.

59 Bydlinski, Juristische Methodenlehre und Rechtsbegriff, S. 449; Larenz, Methodenlehre der Rechtswissenschaft, S. 328ff.; Schmalz, Methodenlehre, S. 94f.

60 Bezüglich der Darstellung der Auslegungselemente wird vor allem auf die Standardwerke der juristischen Methodenlehre von Larenz, Methodenlehre der Rechtswissenschaft (6. Auflage Berlin/New York 1991) und Bydlinski, Juristische Methodenlehre und Rechtsbegriff (2. Auflage Wien/New York 1991) rekurriert.

61 Nach Schluep bringt sich hierin der juristische Methodenpluralismus zum Ausdruck; Schluep, Einladung zur Rechtstheorie, S. 914ff.

62 Larenz, Methodenlehre der Rechtswissenschaft, S. 324ff.; Bydlinski, Juristische Methodenlehre und Rechtsbegriff, S. 441.

subjektiven Wertung zu enthalten und allein die (im Text angelegte) Gesetzeswertung nachzuvollziehen.[63]

Die Elemente des Verfahrens werden einzeln vorgestellt.[64]

3.1.1 Wortlaut

Die Auslegung des Wortlautes ist aus juristisch binnenperspektivischer Sicht[65] unentbehrlich, da sie den primären semantischen Gehalt liefert, von wo aus die weitere Auslegung des Rechtstextes aufgespannt wird[66], um die gesetzgeberischen Wertungen, die hinter den Worten liegen, freizulegen:

> »Auch wo sich innerhalb des angedeuteten Problembereiches, wie in aller Regel, die richtige Interpretation mit sprachlichen Mitteln nicht erkennen lässt, bleibt die wörtliche Auslegung dennoch bedeutsam und notwendig, da sie Zahl und Art der sprachlich möglichen Bedeutungsvarianten fixiert, zwischen denen sodann auf Grund der übrigen Auslegungsmittel zu entscheiden ist.«[67]

Ihr kommt die Aufgabe zu, die Wortbedeutung der den Rechtstext konstituierenden Wörter zu ermitteln, worunter

> »die Bedeutung eines Ausdrucks oder einer Wortverbindung im allgemeinen Sprachgebrauch oder, falls ein solcher feststellbar ist, im besonderen Sprachgebrauch des jeweils Redenden«[68]

verstanden wird. Die juristische Methodik unterstellt, dass die Bedeutung des Gesetzeswortlautes zumeist vieldeutig bleibe, was die interpretative Bewegung

63 Larenz, Methodenlehre der Rechtswissenschaft, S. 313: »Dabei ist für den Vorgang der Auslegung kennzeichnend, dass der Ausleger nur den Text selbst zum Sprechen bringen will, ohne etwas hinzuzufügen oder wegzulassen.«

64 Es soll eine Beschränkung auf den Kanon Wortlaut, Systematik, Historie, Teleologie vorgenommen werden; ähnlich Larenz, ebd., S. 320ff. Auf die europarechtskonforme und verfassungskonforme Auslegung wird nicht weiter eingegangen. Sie gelten gemeinhin als ein Unterfall der systematischen bzw. teleologischen Auslegung; Bydlinski, Juristische Methodenlehre und Rechtsbegriff, S. 455.

65 Forgó hat treffend festgestellt, dass sich die binnenperspektivische Theorie überall dort entfalte, wo Menschen mit Teilelementen des rechtlichen Systems konfrontiert sind; Forgó, Recht Sprechen, S. 39f.: »Entsprechend entfaltet sich die Interpretationstheorie erster Ordnung, wie das Rechtssystem selbst, überall, wo Menschen mit Teilelementen des Systems konfrontiert sind, also in Entscheidungen unterinstanzlicher Behörden ebenso wie an rechtswissenschaftlichen Fakultäten oder im Gespräch zwischen Rechtsanwalt und Klient. Es handelt sich, wenn man einen grammatikalischen Vergleich für zulässig hält, daher gleichsam um die Grammatik rechtlichen Sprechens, welche, wie jede Grammatik, das Sprachliche nicht nur gliedert, sondern metaphorisch gestaltet.«

66 Larenz, Methodenlehre der Rechtswissenschaft, S. 322.

67 Bydlinski, Juristische Methodenlehre und Rechtsbegriff, S. 441.

68 Larenz, Methodenlehre der Rechtswissenschaft, S. 320.

jenseits der Semantik des Textes nötig macht. Das habe seinen Grund darin, dass sich der Gesetzgeber vager Begriffe der Umgangssprache bediene.[69]

Es finden sich in einer Analyse der höchstrichterlichen Rechtsprechung jedoch durchaus Fälle, in denen die umgangssprachliche Bedeutung des Textes als konkretisierbar ausgemacht wird. Zum einen wird das auf einen allgemeinen, feststehenden Sprachgebrauch zurückgeführt[70], der dem verständigen Durchschnittsleser aufgrund seiner Sprachkompetenz zugänglich sei und eine herkömmliche[71], unbefangene[72] oder vernünftige[73] Bedeutungsermittlung ermöglichen solle. Die Entscheidungsträger unterstellen sich selbst, eben solche verständige Durchschnittsleser zu sein.[74] Das sei deswegen unproblematisch, da

> »neben der Weisungsfreiheit und dem gekennzeichneten Maß institutionell gesicherter persönlicher Unabhängigkeit (...) jeder richterlichen Tätigkeit wesentlich (ist; BL), dass sie von einem nichtbeteiligten Dritten ausgeübt wird«.[75]

Zum anderen werden Wörterbücher der deutschen Sprache[76] herangezogen, um die situationsspezifische Wortbedeutung zu ermitteln. So stellt der BGH unter Berufung auf *Brockhaus-Wahrig - Deutsches Wörterbuch* und *Duden - Das große Wörterbuch der deutschen Sprache* fest, dass in der heimlichen Beibringung einer Schlaftablette, um die Wirkung zum Geschlechtsverkehr auszunutzen, eine gefährliche Körperverletzung mittels eines hinterlistigen Überfalls gemäß § 223a StGB liege.[77] Das BAG zieht drei verschiedene Wörterbücher heran, um

69 Larenz, ebd., S. 320f. Die Vieldeutigkeit der Rechtsbegriffe wird als der Rechtssicherheit abträglich und als mithin schädlich eingestuft. Daraus folgt, so Bydlinski, dass immer dann, wenn eine präzisere fachsprachliche Ausformung der umgangssprachlichen Ausdrücke auszumachen ist, diese der umgangssprachlichen Wortbedeutung vorgeht; Bydlinski, Juristische Methodenlehre und Rechtsbegriff, S. 441. Richtet sich der Rechtstext erkennbar an eine bestimmte Gruppe, soll deren Sprachgebrauch maßgeblich sein; Bydlinski, ebd., S. 439f. Jedoch vermag, so Larenz, weder der allgemeine noch der besondere Sprachgebrauch die spezifische Wortbedeutung festzusetzen; Larenz, Methodenlehre der Rechtswissenschaft, S. 321.

70 BVerfGE 12, S. 53: Dort stellen die Richter des BVerfG fest, dass der Sinngehalt der Begriffe *Gewissen* und *Kriegsdienst* mit der Waffe durch den Richter selbst zu ermitteln sei.

71 BVerfGE 69, S. 65.

72 BVerfGE 1, S. 135.

73 BVerfGE 1, S. 294.

74 Dazu: BVerfGE 1, S. 135; BVerfGE 1, S. 294; BVerfGE 69, S. 65. Der Aufwand, einen etwaigen allgemeinen Sprachgebrauch empirisch festzustellen (falls das möglich sein sollte), wird schon aus Gründen des unter knappen Ressourcen leidenden und unter Entscheidungszwang stehenden Justizapparates nicht erbracht. Finden lassen sich hingegen Bedeutungsexplikationen in Form von Internetrecherchen durch das zur Entscheidung berufene Gericht: BGH, Beschluss vom 25.10.2006-1 StR 384/06 (BeckRS).

75 BVerfGE 4, S. 346; dazu auch BVerfGE 3, S. 381f.

76 Dass die Berufung auf ein Wörterbuch der deutschen Sprache zur Bestimmung der Wortbedeutung zulässig ist, sagen etwa Koch/Rüßmann, Juristische Begründungslehre, S. 190f.

77 BGH, NStZ 1992, S. 490.

den Begriff der *Krankenschwester* im Sinne des § 10b des Tarifvertrages über Arbeitsbedingungen für Angestellte, Arbeiter und Auszubildende des Deutschen Roten Kreuzes zu ergründen.[78] Nach *Brockhaus-Wahrig – Deutsches Wörterbuch* muss unter *Krankenschwester* eine nach

> »Ausbildung und staatlicher Prüfung beruflich in der Krankenpflege tätige Person verstanden (werden; BL), die in Krankenhäusern, Heimen, Ambulanzen oder Privathäusern Kranke betreut, nach ärztlicher Anweisung Medikamente verteilt, bei operativen Eingriffen, Narkosen, Untersuchungen assistiert usw.«[79]

Nach *Duden – Das große Wörterbuch der deutschen Sprache* ist *Krankenschwester*

> »die weibliche Fachkraft für Krankenpflege und Krankenpflege ihrerseits die Gesamtheit aller Maßnahmen, die zur Pflege und Betreuung Kranker nötig sind«.[80]

Nach *Meyers Enzyklopädischem Lexikon* arbeitet die *Krankenschwester*

> »in Krankenhäusern, Sanatorien, Heimen, Heil- und Pflegeanstalten«.[81]

Krankenpflege bedeutet

> »sämtliche von geschultem oder ungeschultem Personal durchgeführte Pflegemaßnahmen am Kranken, z. B. Körperpflege, Umbetten, Fiebermessen, Verabreichen von Medikamenten«.[82]

Um *regelmäßig* im Sinne des Lohnfortzahlungsgesetzes als ein

> »Geschehen, das nach einer bestimmten festen Ordnung in gleichmäßigen Abständen und in gleichförmiger Aufeinanderfolge wiederkehrt«,

zu bestimmen, beruft sich das BAG auf den *Duden – Das große Wörterbuch der deutschen Sprache*[83], den *Brockhaus-Wahrig – Deutsches Wörterbuch*[84] und *Jacob und Wilhelm Grimm – Deutsches Wörterbuch*[85]. Das BVerwG hat unter Verweis auf den *Duden*[86], *Brockhaus-Wahrig* und *Mackensen*[87] festgestellt, dass *beziehungsweise* umgangssprachlich auch als *oder* gelesen werden könne.[88] In anderen Entscheidungen wurden Wörterbücher herangezogen, um die Bedeutung

78 BAG, NZA 1992, S. 663.
79 Brockhaus-Wahrig – Deutsches Wörterbuch (1982), S. 296.
80 Duden – Das große Wörterbuch der deutschen Sprache (1978), S. 1572.
81 Meyers Enzyklopädisches Lexikon (1975), S. 300.
82 Meyers Enzyklopädisches Lexikon (1975), ebd.
83 Duden – Das große Wörterbuch der deutschen Sprache (1980), S. 2121.
84 Brockhaus-Wahrig – Deutsches Wörterbuch (1983), S. 325.
85 Jacob und Wilhelm Grimm – Deutsches Wörterbuch, 14. Bd., (Nachdruck 1984), S. 502.
86 Duden – Das große Wörterbuch der deutschen Sprache (1976).
87 Mackensen – Deutsches Wörterbuch (1955).
88 BVerwG, VerwRspr 1981, S. 1052.

von *als Unternehmer vertreiben*[89], *anschaffen*[90], *Anwohner*[91], *aufbewahren*[92], *Baustelle*[93], *Camper*[94], *Chiquito*[95], *Debilität*[96], *dienen*[97], *Dünen*[98], *eindringen*[99], *einweisen*[100], *Einziehen*[101], *Ergreifen*[102], *Faktor*[103], *fort*[104], *fortlaufend*[105], *führen*[106], *Gebüsch*[107], *Geographen*[108], *giftig*[109], *gründlich*[110], *kontinuierlich*[111], *Label*[112], *Lebensführung*[113], *Maschinenarbeit*[114], *mehrere*[115], *Naturstein*[116], *öffentlich*[117], *Olé*[118], *physiologische Vorgänge*[119], *Pisang*[120], *prospektmäßig*[121], *Psychotherapie*[122], *Schausteller*[123], *Schneeglätte*[124], *Seitenstreifen*[125], *tilgen*[126], *Tunnel*[127], *Turm*[128],

89 BayObLG, NStZ 1984, S. 515.
90 OLG Stuttgart, NJW 1982, S. 586.
91 BayObLG, Beschluss vom 8. Oktober 1980-2 Ob OWI 327/80 (BeckRS).
92 BayObLG, BayVerwBl 1983, S. 58.
93 BAG, NZA 2001, S. 1154.
94 OLG Stuttgart, GRUR 1984, S. 127.
95 Österreichisches Patentamt, GRUR Ausl 1963, S. 309.
96 OLG Düsseldorf, r+s 1996, S. 203; unter Berufung auf Pschyrembel, Klinisches Wörterbuch.
97 BFH, DStR 1993, S. 1665.
98 OVG Lüneburg, VerwRspr 1968, S. 593.
99 LG Oldenburg, NStZ 1999, S. 409.
100 BAG, Urteil vom 25. September 1991-AZR 87/91 (BeckRS).
101 BayObLG, Beschluss vom 03. Februar 1989-3 Ob OWi 179/88 (BeckRS).
102 BGH, NStZ 1999, S. 256.
103 BAG, Urteil vom 27. Juni 1975-4 AZR 284/82 (BeckRS).
104 BayObLG, NJW 1992, S. 1577.
105 BayObLG, ebd.
106 BGH, NStZ 2008, S. 386.
107 OLG Hamm, NVwZ-RR 1993, S. 290.
108 BFH, DStR 1991, S. 842.
109 BAG, NZA 1994, S. 626.
110 BAG, Urteil vom 24. August 1983-4 AZR 32/81 (BeckRS).
111 BAG, NJOZ 2003, S. 1593.
112 BPatG, GRUR 2000, S. 804.
113 BFH, NJW 1986, S. 1898.
114 BAG, NZA 1992, S. 274.
115 BGH, NJW 1995, S. 1424.
116 BAG, Urteil vom 23. November 1988-4 AZR 452/88 (BeckRS).
117 BAG, NZA 1992, S. 119.
118 BGH, NJW-RR 1992, S. 1003.
119 KG, LMRR 2000, S. 53.
120 Österreichischer Oberster Gerichtshof, GRUR Int 1985, S. 769.
121 LG Gießen, MMR 2011, S. 587.
122 BayObLG, NJW 1984, S. 2644.
123 BFH, Urteil vom 25. November 1993-V R 59/91 (BeckRS).
124 BayObLG, NJW 1989, S. 3166.
125 OLG Jena, NZV 1998, S. 166.
126 BVerwG, Urteil vom 10. November 1965-V C 64.65 (BeckRS).
127 BAG, NZA 1994, S. 284.
128 BAG, Urteil vom 06. März 1985-4 AZR 522/83 (BeckRS).

verborgen[129], *Vollwaise*[130], *von Nutzen sein*[131], *Wand*[132], *Waren*[133], *wechseln*[134], *Zahltag*[135], *zu der Familie gehörend*[136] usw. zu bestimmen.

In Österreich befasste sich der Österreichische Oberste Gerichtshof mit der Frage, ob dem Ausspruch *erblödet sich der SPÖ Hinterbänkler H* eine herabwürdigende Bedeutung beizulegen sei.[137] In Bezug auf die Wendung *Hinterbänkler* befand der Gerichtshof unter Berufung auf den *Duden*[138], dass dies eine

> »durchaus übliche und korrekte Bezeichnung für einen Abgeordneten, der in der letzten Parlamentsreihe seinen Platz hat«[139],

sei. Der Begriff *erblödet* könne zwar nur im Sinne von *deppert, dumm* usw. verstanden werden, müsse aber in der heutigen Zeit als gewöhnliche Form der Auseinandersetzung eingestuft werden, so dass der Gerichtshof eine Herabwürdigung des H nicht feststellte.[140]

Auch wenn in vielen gerichtlichen Stellungnahmen von klaren Fällen und somit von der Eindeutigkeit des Wortlautes oder der Konkretisierbarkeit einer eindeutigen semantischen Bedeutung unter Heranziehung eines Wörterbuches oder unter Berufung auf die Sprachkompetenz des Entscheidungsträgers gesprochen wird[141], so lässt sich gleichfalls eine große Zahl von Entscheidungen finden, die das eingangs erwähnte Verdikt[142] des semantisch mehrdeutigen Wortlautes stützen. Demnach wird diesem allein eine Deutungsalternativen eröffnende Funktion zugewiesen[143], der einen Anhaltspunkt für das Verfahren der Bedeutungsermittlung liefert.[144] Die interpretative Operation setzt sich dann unter Gesichtspunkten, die sich nur mittelbar auf den Wortlaut beziehen, fort.

129 OLG Köln, OLGZ 1992, S. 253.
130 BSG, NJW 1962, S. 1174.
131 BFH, DStR 1993, S. 1665.
132 BAG, Urteil vom 26. April 1989–4 AZR 49/89 (BeckRS).
133 OLG Frankfurt, Beschluss vom 25. August 1977–2 Ws (B) 353/77 (BeckRS).
134 BAG, NZA 1990, S. 983.
135 BAG, NJOZ 2004, S. 4556.
136 OVG Hamburg, NJW 1988, S. 1808.
137 Österreichischer Oberster Gerichtshof, ZUM-RD 2000, S. 314f.
138 Duden – Das große Wörterbuch der deutschen Sprache, Bd. 2 (2000), S. 1596.
139 Österreichischer Oberster Gerichtshof, ZUM-RD 2000, S. 314f.
140 Österreichischer Oberster Gerichtshof, ebd., S. 314, 316.
141 BVerfGE 13, S. 267.
142 Siehe oben auf S. 27f.
143 Beispielsweise BVerfGE 74, S. 57.
144 Beispielsweise BVerfGE 8, S. 307f.

3.1.2 Systematische Auslegung

Wird der Wortlaut als semantisch mehrdeutig angesehen, muss der Text ausweislich der juristischen Methodenlehre und der Rechtsprechungspraxis systematisch-logisch und mithin aus dem Regelungszusammenhang heraus interpretiert werden.[145] Dabei dient die systematisch-logische Auslegung dazu, den Kontext des Textes

> »samt den Regeln der Logik und in Verbindung mit der Erfahrung über den üblichen Aufbau von Normensystemen«[146]

zur Ermittlung des spezifischen Inhalts des Textes heranzuziehen. Aus der Einordnung einer einzelnen gesetzlichen Regelung in den innergesetzlichen Zusammenhang sowie in den Zusammenhang anderer relevanter Gesetze sollen Ungenauigkeiten, die bei Betrachtung einer einzelnen Regelung nicht ausgeräumt werden können, durch die Heranziehung des Kontextes behoben werden:

> »Das Verständnis des Ganzen wird zur Aufhellung der einzelnen Teile benutzt, nachdem man es freilich erst durch ein (vorläufiges) Verständnis der einzelnen Teile gewinnen konnte.«[147]

Dabei sollen die möglichen Auslegungsergebnisse und somit die Bedeutungsalternativen des Textes dadurch beschränkt werden, dass die Auslegung des Textes einem im Zusammenhang stehenden Text in Inhalt und Folge nicht widersprechen darf.[148]

3.1.3 Historische Auslegung

Neben der systematischen Auslegung soll die historische Auslegung zur Bestimmung des Gesetzessinns herangezogen werden.[149] Die historische Auslegung sucht die möglichen Bedeutungsalternativen mittels der dem Gesetz zugrundeliegenden gesetzgeberischen Vorstellungen und Wertungen sowie der mit diesen verfolgten Zwecke einzugrenzen.[150] Hierüber hat sich eine Ausein-

145 Larenz, Methodenlehre der Rechtswissenschaft, S. 324f.; Bydlinski, Juristische Methodenlehre und Rechtsbegriff, S. 442ff.

146 Bydlinski, ebd., S. 442.

147 Bydlinski, ebd., S. 443.

148 Nach Bydlinski darf ein Rechtstext ferner nicht so verstanden werden, dass er inhaltlich oder in seiner Rechtsfolge einen anderen Rechtstext wiederholt, da das Funktionslosigkeit zur Konsequenz haben würde; Bydlinski, ebd., S. 444f.

149 Bydlinski, ebd., S. 449ff.

150 Bydlinski, ebd.; Larenz, Methodenlehre der Rechtswissenschaft, S. 328ff. Die Vorstellung, die rezipierende Aktivität des Interpreten werde über die mit dem Text verbundenen

andersetzung zwischen zwei Positionen entsponnen, die sich scheinbar unversöhnlich gegenüberstehen. Im Rahmen der Kontroverse um die subjektive oder objektive Ausrichtung der Auslegung[151] wird darum gestritten, welche Materialien herangezogen werden dürfen, um die mit dem Text verfolgten Vorstellungen, Wertungen und Zwecke des Gesetzgebers zu ermitteln. Konkret geht es um die Frage, ob dem Gesetz vorausgehende Gesetzgebungsvorarbeiten, Gesetzgebungsentwürfe, Bemerkungen zu Gesetzesvorlagen, Debattenbeiträge, Ausschussberichte u. Ä. herangezogen werden könnten, um den Willen des Gesetzgebers zu bestimmen, oder ob die Heranziehung deshalb unzulässig sei, weil der juristische Entscheidungsträger allein den Gesetzestext und keine ihm vorausliegenden und an seiner Entstehung beteiligten Texte auszulegen habe.

Bydlinski ist der Auffassung, dass zumindest dann, wenn der Gesetzestext unklar ist, weiterführende Texte aus der Entstehungsgeschichte des Gesetzestextes zur Bestimmung des Gesetzessinns herangezogen werden könnten.[152] Hierzu zählen u. a. die wissenschaftlichen Vorarbeiten zum Gesetzestext sowie die Vorentwürfe und Protokolle der fachlichen Ausschuss- und Parlamentssit-

---

Vorstellungen und Intentionen des Autors sowie der mit diesen verfolgten Zwecke beschränkt, lässt sich anhand der folgenden kleinen fiktiven Szene rund um den Bob-Dylan-Klassiker *Mr. Tambourine Man* illustrieren. Im Refrain des Liedes heißt es: »Hey, Mr. Tambourine Man, play a song for me. I am not sleepy and there is no place I am going to. Hey, Mr. Tambourine Man, play a song for me. In the jingle jangle morning I will come following you.« Nachdem das Lied 1965 veröffentlicht wurde, wurde der Text in verschiedenster Weise interpretiert. Einige Rezipienten stellten fest, dass das den Text durchziehende Motiv der Konsum von Drogen sei; Heylin, Revolution in the Air, S. 181 ff. Andere hoben hervor, dass es dem Erzähler nicht um Drogen, aber um spirituelle Erlösung gehe; Williamson, The Rough Guide to Bob Dylan, S. 223 f. Wiederum andere waren der Auffassung, dass den Erzähler in seiner Schlaflosigkeit das Lied des Tambourine Man verfolge; Ruhlmann, Mr. Tambourine Man, http://www.allmusic.com/song/mr-tambourine-man-mt0006393085, zuletzt geöffnet am 02. Juni 2014. Eines Tages treffen die Interpreten, namentlich Heylin, Williamson und Ruhlmann, aufeinander, um sich über die Bedeutung der Zeilen einig zu werden. Da sie nicht von ihren Standpunkten ablassen wollen, entscheiden sie, Bob Dylan persönlich aufzusuchen, damit dieser den Streit schlichten möge. Schließlich habe dieser den Text verfasst und müsse daher wissen, was mit ihm ausgesagt werden solle. Im Angesicht seiner Interpreten gibt Dylan seine Auffassung zum Besten … Natürlich ist das so nie passiert, doch gibt das Beispiel den Einfluss, welcher dem Autor hinsichtlich der Interpretation seines Werkes traditionell zugedacht wird, wieder; Augsberg, Die Lesbarkeit des Rechts, S. 95 f. Dem Autor wird eine interpretative Autorität über den Text zugemessen, da er diesem als geistiger Schöpfer am nächsten steht und den Ursprung der Bedeutung bildet.

151 Für einen Überblick zum Streit zwischen subjektiver und objektiver Auslegungstheorie siehe statt vieler Bydlinski, Juristische Methodenlehre und Rechtsbegriff, S. 428 ff.

152 Ganz ähnlich auch Larenz, Methodenlehre der Rechtswissenschaft, S. 329. Dabei seien als Wille des Gesetzgebers allein anzusehen »die zutage liegende Grundabsicht des Gesetzgebers und diejenigen Vorstellungen, die in den Beratungen der gesetzlichen Körperschaft oder ihrer zuständigen Ausschüsse zum Ausdruck gebracht und ohne Widerspruch geblieben sind«.

zungen und die privaten wissenschaftlichen Aufzeichnungen der Gesetzesverfasser.[153] All diese Quellen sollen den Zugang zu den Absichten, die die Verfasser mit einem bestimmten Gesetzestext verfolgen, erlauben. Dabei ist, nach Bydlinski, auch nicht schädlich, dass der Gesetzgeber in der heutigen Zeit keine Einzelperson, sondern ein Personenkollektiv ist: In einem Parlament, das um die mit einem Gesetzestext verbundenen Vorstellungen, Wertungen und Zwecke ringe, setzten sich, zumeist basierend auf Entscheidungen der die Regierungsmehrheit im Parlament stellenden Regierungsfraktionen, bestimmbare und mit dem Text verbundene Absichten durch.[154] Es soll sich dabei um die Absichten der Personen handeln, die auf den – durch Auslegung zu ermittelnden – Inhalt des Gesetzestextes Einfluss geübt haben. Sind dies im Normalfall außerhalb des Parlamentes stehende Personen, wie Ministerialbeamte oder andere politische Funktionäre, würden ihre Vorstellungen durch den formalen Beschluss des Parlamentes übernommen, die wiederum einen beschränkenden Einfluss auf die Verständnismöglichkeiten des gesetzlichen Textes hätten.[155]

Verfechter einer streng objektiven Theorie halten die Heranziehung dieser Materialien für unzulässig, da die Auslegung stets gegenwartsbezogen sein und der historische Gesetzgeberwille, wie er in diesen Dokumenten zum Ausdruck komme, zurückstehen müsse.[156]

Innerhalb der Rechtsprechungspraxis wird, indem Beratungsmaterialien heran- und zugleich nicht herangezogen werden, exemplifiziert, dass sich weder die subjektive noch die objektive Auslegungstheorie durchgesetzt hat. So werden, ausweislich des BVerfG, zur Feststellung des objektivierten Gesetzeszweckes die subjektivierten Vorstellungen und Wertungen des Gesetzgebers, wie sie in den Materialen zum Ausdruck kommen, nur dann herangezogen, wenn sie, ebenso wie die Genese der Vorschrift[157], im Rechtstext selbst angelegt sind.[158]

153 Bydlinski, Juristische Methodenlehre und Rechtsbegriff, S. 449.

154 Bydlinski, ebd., S. 431f.

155 Bydlinski, ebd., S. 432.

156 Etwa Wach, Handbuch des deutschen Zivilprozeßrechts, S. 254ff.; dazu überblicksartig Larenz, Methodenlehre der Rechtswissenschaft, S. 34f.

157 Im Rahmen der historischen Auslegung wird die Gesetzeshistorie herangezogen. Auch diesbezüglich lassen sich innerhalb der Rechtsprechungspraxis einige Inkonsistenzen feststellen. Beispielsweise erläutert das BVerfG in einer Entscheidung die Entstehungsgeschichte der Gewerbeordnung (BVerfGE 13, S. 268), wobei insbesondere die Entwicklung des preußischen Gewerberechts im 19. Jahrhundert beschrieben wird. Diese Ausführungen dienen dazu, die Nichtheranziehung der Entstehungsgeschichte zu rechtfertigen, da, nach Auffassung des Gerichts, die Heranziehung der Entstehungsgeschichte dazu führen würde, dass der Inhalt der zu beurteilenden rechtlichen Regelung zweifelhaft werden würde. In einer anderen Entscheidung wird die Gesetzeshistorie rechtfertigend herangezogen, weil sie *keine* Antwort auf die Frage bereithalte, ob eine rechtliche Regelung in einer bestimmten Art und Weise auszulegen sei oder nicht; BVerfGE 32, S. 341. Schließlich wird der Geset-

Maßgeblich sind für das BVerfG dabei die Wertungen und Regelungsabsichten des Gesetzgebers.[159] Dagegen sollen Äußerungen über die spezifischen Vorstellungen und Absichten einzelner Mitglieder gesetzgebender Körperschaften, die in Ausschussberatungen oder parlamentarischen Beratungen zum Ausdruck kommen, keine direkte Berücksichtigung finden.[160] Schon das RG stellte fest, dass solche nicht Gesetzesinhalt geworden und daher für die Auslegung der Vorschrift nicht maßgeblich seien. Gleichwohl könnten diese Vorarbeiten, die nicht selbst im Text zum Ausdruck kommen, mit äußerster Zurückhaltung herangezogen werden, um den Sinn des Textes zu ermitteln.[161]

3.1.4 Teleologische Auslegung

Die teleologische Auslegung ist, aus Sicht der juristischen Methodenlehreliteratur, dann heranzuziehen, wenn der Gesetzessinn unter Berücksichtigung der anderen Auslegungsmethoden nicht ermittelt werden kann.[162] Dabei soll es sich nicht um eine Auslegung nach dem subjektiven Empfinden des entscheidenden Juristen handeln. Nach der subjektiven Auslegungstheorie müssen die Zweck- und Zweckmäßigkeitsbestimmungen des Gesetzgebers ermittelt werden.[163] Nach der objektiven Auslegungstheorie muss die *ratio legis* ermittelt werden, also der mit einer menschlichen Regelung verbundene vernünftige Sinn:

> »Man kann auch bei Fehlen historischen Materials immer noch fragen, welche Ziele Menschen im Allgemeinen wohl verfolgen, die unter den vorliegenden Umständen eine rechtliche Anordnung wie die auszulegende Norm erlassen.«[164]

Dabei soll der Gesetzgeber als Repräsentant gedacht werden, der sich in seiner Tätigkeit nach den herrschenden Gerechtigkeitsvorstellungen richtet:

> »Wer aber nach der objektiven Auslegungstheorie den Sinn einer gesetzgeberischen Entscheidung ermittelt, denkt sich den Gesetzgeber in der Rolle eines Repräsentanten, der sich legitimerweise nach den Gerechtigkeitsvorstellungen zu richten hat, die in der Rechtsgemeinschaft für die Mehrheit konsensfähig sind; daher legt er dessen Ziel- und

---

zeshistorie, in wiederum anderen Urteilen, maßgeblicher Einfluss auf den Sinn einer Vorschrift zugesprochen; siehe etwa: BVerfGE 58, S. 45, 57.

158 BVerfGE 8, S. 307; BVerfGE 11, S. 130; BVerfGE 47, S. 127; RGZ 27, S. 411; RGZ 128, S. 111.

159 BVerfGE 54, S. 298.

160 BVerfGE ebd.

161 RGZ 128, S. 111.

162 Bydlinski, Juristische Methodenlehre und Rechtsbegriff, S. 453 f.

163 Siehe dazu bereits oben unter 3.1.3.

164 Bydlinski, ebd., S. 454; unter Berufung auf: Alexy, Theorie der juristischen Argumentation, S. 296.

> Zweckmäßigkeitsvorstellungen so aus, als seien sie nach dieser Richtschnur getroffen.«[165]

Um diesen vernünftigen Sinn, verstanden als eine solche objektive Sinntotalität, zu ermitteln, soll das gesamte zur Verfügung stehende Erfahrungswissen herangezogen werden. Wie sich der Methodenlehreliteratur entnehmen lässt, sind dabei die Kriterien maßgeblich zu berücksichtigen, die die Basis einer Rechtsordnung bilden, nämlich die Rechtsidee, Gerechtigkeit, Zweckmäßigkeit und Rechtssicherheit.[166]

In Bezug auf die Anwendung der teleologischen Auslegungsmethode lassen sich innerhalb der Rechtsprechungspraxis wiederum zwei Positionen voneinander scheiden: eine streng positivistische und eine weite, den Sinn und Zweck jenseits des Wortlautes suchende Auffassung. Letztere sprengt die Fesseln eines strengen Gesetzespositivismus, indem die juristische Entscheidung nicht an die Semantik des Buchstabentextes, sondern an den Sinn und Zweck der textlichen Regelung gebunden wird, von dem ausweislich des BVerfG der Text durchdrungen ist.[167] Der Wille des Gesetzes wird zum Medium stilisiert, das die semantische Bindung zu supplementieren vermag, ohne dass die Vorstellung einer Bindung an das Gesetz, wie sie nach rechtsstaatlichen Prämissen in Art. 20 III GG und Art. 97 I GG gefordert wird, aufgegeben werden müsste. Die Haftung des Wortlautes wird, womöglich um sich dieses Ballastes zu entledigen, aufgrund seiner Hinderlichkeit bei der Explikation des Gesetzessinns aufgegeben.[168] Der Sinn und Zweck einer gesetzlichen Regelung wird expressis verbis über den Wortlaut gestellt.[169] Unter anderem stellt das BVerfG fest, dass sich die Bedeutung des Textes

> »Politisch Verfolgte genießen Asylrecht«

nicht allein aus der Formulierung bestimmen lasse.[170] Nach dem Gericht soll eine bestimmte Lesart des Grundgesetztextes nicht bereits deswegen mit dem durch den Verfassungsgeber festgesetzten Inhalt übereinstimmen, nur weil sie durch die semantische Bedeutung des Textes gedeckt sei.[171] In anderen Entscheidungen

---

165 Zippelius, Juristische Methodenlehre, S. 40. Ferner Zippelius, ebd.: »Wenn hier also der Interpret sich anschickt, die Tätigkeit des Gesetzgebers ›in sich künstlich zu wiederholen‹, dann sucht er dabei nach jenen Gedanken, die der Gesetzgeber als Repräsentant der Gemeinschaft und der in ihr konsensfähigen Vorstellungen denken musste oder wenigstens denken durfte, als er die Norm erließ. Der Rechtsanwender steht also auch insoweit im Dienste legitimer Repräsentation.«

166 Bydlinski, Juristische Methodenlehre und Rechtsbegriff, S. 454.

167 BVerfGE 35, S. 279.

168 BVerfGE 8, S. 221.

169 BVerfGE 26, S. 396.

170 BVerfGE 74, S. 57; etwa zum Besoldungsrecht: BVerfGE 8, S. 33f.

171 BVerfGE 74, S. 57.

führt die Feststellung, dass der Zweck über dem Wortlaut stehe, dazu, dass ein als eindeutig beschriebener Wortlaut einschränkend ausgelegt wird, um sinnvolle Auslegungsergebnisse zu erzielen.[172] Dieser Auffassung steht eine positivistisch orientierte Position gegenüber, die davon ausgeht, dass eine Auslegung entgegen dem Gesetzeswortlaut grundsätzlich ausscheide. Demnach finde die Explikation des Gesetzessinns ihre Grenzen im Wortlaut der textlichen Regelung. Letztere Position wird vor allem für den Bereich des Strafrechts (jedoch weniger für den Bereich des Zivilrechts[173]) vertreten.[174] So lassen sich viele Urteile finden, in denen quasi formelhaft darauf verwiesen wird, dass der für den juristischen Entscheidungsträger konkretisierbare[175] Wortlaut des Gesetzes maßgeblich ist für die Bestimmtheit des gesetzlichen Tatbestandes und damit für die Strafbarkeit einer Handlung.[176] Zumindest im Regelfall[177] wird daher die juristische Entscheidungstätigkeit in Strafsachen als durch den Wortlaut des Gesetzestextes beschränkt angesehen.[178]

Die Divergenz von semantischer Bedeutung und überschießendem Sinn greift die Lehre vom Typus in ihrem Programm auf.[179] Nach Larenz hat der Gesetzgeber insbesondere im Zivilrecht[180] die Wahl, ob er einen Tatbestand durch die Festlegung hinreichend präziser Merkmale und somit in begrifflicher Weise im Rechtstext bestimmt oder aber einen Tatbestand mittels der Bezeichnung eines Typus lediglich umschreibt.[181] Nur in ersterem Fall soll der zur Entscheidung berufene Jurist gehalten sein, durch Subsumtion unter den Tatbestand eine Entscheidung herbeizuführen. Im zweiten Fall soll dem juristischen Entscheidungsträger aufgrund der relativen Offenheit des Typus ein weiter interpretativer Spielraum zur Verfügung stehen.[182] Nach Larenz konsti-

172 BVerfGE 59, S. 386.

173 Jedoch lassen sich auch außerhalb des Strafrechts Urteile finden, die maßgeblich auf den *klaren Wortlaut* abstellen; im Bereich des Steuerrechts etwa BVerfGE 13, S. 267.

174 Das hat seinen Grund im, für das Strafrecht maßgeblichen, Bestimmtheitsgrundsatz; siehe dazu Art. 103 II GG und § 1 StGB.

175 BVerfGE 47, S. 121; BVerfGE 64, S. 393; BVerfGE 71, S. 115.

176 BVerfGE 47, S. 121.

177 BVerfGE ebd.

178 Die Problematik der Wortlautgrenze wird in Kapitel 6 zur Sprache kommen.

179 Siehe zum Typus insbesondere: Engisch, Die Idee der Konkretisierung in Recht und Rechtswissenschaft unserer Zeit (2. Auflage Heidelberg 1968); Hassemer, Tatbestand und Typus (Köln 1968); Larenz, Methodenlehre der Rechtswissenschaft, S. 216ff., 461ff.; Leenen, Typus und Rechtsfindung (Berlin 1971).

180 Anders ist dies aufgrund des Bestimmtheitsgrundsatzes im Strafrecht; siehe dazu Art. 103 II GG und § 1 StGB.

181 Larenz, Methodenlehre der Rechtswissenschaft, S. 222f.

182 Larenz, ebd.: »Der Gesetzgeber, der einen Lebenssachverhalt zu regeln unternimmt, hat in der Regel die Wahl, ob er den gemeinten Sachverhalt durch die Festlegung möglichst scharf profilierter, als unverzichtbar und als abschließend gedachter Merkmale, also in begrifflicher Weise, oder durch die Bezeichnung eines Typus, die er durch die Angabe als exem-

tuiert sich der Typus an der Wirklichkeit, der dabei aber – vice versa – auf die Konstitution der Wirklichkeit selbst einwirkt.[183] Er soll gedacht werden als sowohl wirklichkeits- als auch textbezogen, als zu gleichen Teilen abstrakt und konkret.[184] Für seine Verfechter liegt – gegenüber der Begriffsbildung – in dieser Merkmalsfülle ein erheblicher Vorteil des Typus bei der Präzisierung des gesetzlichen Sinngehalts[185], was dem Faktum geschuldet sein soll, dass die semantische Begrenzung der interpretativen Bewegung unter objektivierten und zugleich dem Gesetzgeber zurechenbaren Wertungsgesichtspunkten aufgebrochen wird.[186]

plarisch gemeinter Züge oder von Beispielen erläutern mag, umschreiben will. Für das eine wie für das andere kann er seine Gründe haben. Wo er sich für eine begriffliche Festlegung entschieden hat, da darf sich der Ausleger nicht ohne weiteres darüber hinwegsetzen. Ihm bleiben freilich die Möglichkeiten einer teleologischen Interpretation (…) und darüber hinaus, der Analogie oder der teleologischen Reduktion. Handelt es sich dagegen um einen Typus, so ermöglicht ihm dessen größere Variationsbreite und relative Offenheit von vornherein ein ›elastischeres‹ Verfahren.«

183 Dabei werden die zum Typus gehörenden Erscheinungen sowie die Verbundenheit dieser Erscheinungen (Leenen nennt sie auch Züge: Leenen, Typus und Rechtsfindung, S. 42f.) zum Teil als durch die Wirklichkeit vorgegeben betrachtet. Andererseits erfolgt die Zusammenfassung mittels einer bestimmten Perspektive auf die Wirklichkeit, folglich unter einem Aspekt. Bisweilen wurde vertreten, dass dieser die Wirklichkeit ordnende Aspekt den Dingen selbst entspringe, er also eine in der Natur der Dinge liegende Ordnung reflektiere; Engisch in Bezug auf Troll in Engisch, Die Idee der Konkretisierung in Recht und Rechtswissenschaft unserer Zeit, S. 239f.: »Der Typus ist das ›die Formenvielfalt beherrschende einheitliche Gestaltungsprinzip‹, er ist der ›Bauplan‹, nach dem ›die einzelnen Glieder zum Ganzen der Organisation verbunden sind‹, er ist das ›Urbild‹. ›Der Typusbegriff der Morphologie bezieht sich auf einen in den Objekten vorgefundenen Sachverhalt, jenen Ordnungszustand, der als planhaftes Gefüge dem Aufbau des Organismus zugrunde liegt‹, so dass ›dem Wesen des Typus nur eine realistische Auffassung gerecht zu werden vermag‹. Der Typus ist ›zwar eine Abstraktion, aber eine solche, die sich auf eine in der Natur vorgefundene Ordnung bezieht‹.« In der neueren Literatur wird der die Wirklichkeit strukturierende Aspekt als gesetzgeberischer Wertungsgesichtspunkt ausgemacht. Nach Larenz wird der normative Realtypus als Entität durch die gesetzgeberischen Wertungsgesichtspunkte geordnet; Larenz, Methodenlehre der Rechtswissenschaft, S. 221: »Wenn es sich beim Typus nicht lediglich um eine Summierung einzelner Merkmale handelt, sondern um eine Verbindung der ihn kennzeichnenden Einzelzüge zu einem ›Gesamtbild‹, dann frage es sich, worauf diese Verbindung beruht, anders ausgedrückt, was das die Einheit des Typus stiftende Moment ist. Hier wird nun bedeutsam, dass der ›normative Realtypus‹, wie wir ihn genannt haben, zwar einen in der Realität vielfach anzutreffenden Sachverhalt meint, seine rechtliche Relevanz aber dadurch erhält, dass ihm eine bestimmte Rechtsfolge ›angemessen‹ ist. Der Gesetzgeber bildet den Typus im Hinblick auf die Rechtsfolgen, die er an ihn knüpft, und damit auf die Wertung, die er ihm zu Teil werden lässt.«

184 Engisch, Die Idee der Konkretisierung in Recht und Rechtswissenschaft, S. 239ff.

185 Leenen, Typus und Rechtsfindung, S. 71f.

186 Auf die Unzulänglichkeit, die interpretative Bewegung als durch objektivierte Wertungsgesichtspunkte gesteuert anzusehen, wird unter 3.3 eingegangen.

3.1.5 Zusammenfassung

Bevor zur Kritik an den dargestellten Positionen übergeleitet wird, wird festgehalten, dass die juristische Methodik eine doppelte Strategie verfolgt: Zum einen sieht sie die interpretative Operation in einigen Fällen aufgrund der konkretisierbaren semantischen Bedeutung der den Text konstituierenden Wörter als bestimmt an. Zum anderen wird angenommen, dass die interpretative Operation durch die Intentionen des Gesetzgebers oder den als objektive Sinntotalität gedachten vernünftigen Gesetzessinn gesteuert wird. In diesen Fällen schafft die juristische Methode einen Raum jenseits der, aus ihrer Sicht, unzulänglichen semantischen Bedeutungsbestimmtheit des Textes, um die Ermittlung des Gesetzessinns nach Wertungsgesichtspunkten in einem mehrstufigen Verfahren - in diesem Rahmen - zu vollziehen. Zugleich wird dem entscheidenden Juristen freie Hand bei der Explikation des Gesetzessinns gelassen.[187] Alle verfügbaren Methoden stehen sich in der Auffassung der Gerichte und der Methodenlehreliteratur gleichwertig gegenüber.[188]

3.2 Die Explikation der semantischen Bedeutung des Gesetzeswortlautes unterliegt einem Erkenntnisproblem

Die semantische Bedeutung wird - wie wir gesehen haben - in der juristischen Methodik durch die Berufung auf ein Wörterbuch der deutschen Sprache oder durch die Spracherfahrung des zur Entscheidung berufenen Juristen als konkretisierbar gedacht. Dabei solle der Entscheidungsträger nicht selbst produktiv-rezeptiv tätig werden, da er dem Sinn der gesetzlichen Regelung nichts hinzufügen darf, was nicht bereits selbst in ihr verborgen ist.[189] Diese Auffassung führt aus sprachphilosophischer Sicht in ein Erkenntnisproblem, für das die juristische Methodik keine Lösung parat hält.[190]

Die Annahme, die herkömmliche und unbefangene semantische Bedeutung eines Wortes könne durch den juristischen Entscheidungsträger aufgrund seiner

187 Schluep, Einladung zur Rechtstheorie, S. 914ff. Wobei - wie bereits gezeigt wurde - im Strafrecht aufgrund des Bestimmtheitsgrundsatzes aus Art. 103 II GG und § 1 StGB die Explikation des Sinns durch den Wortlaut der textlichen Regelung als gebunden gedacht wird.

188 BVerfGE 35, S. 279.

189 Larenz, Methodenlehre der Rechtswissenschaft, S. 313.

190 Das Erkenntnisproblem stellt sich auch dann, wenn auf einen besonderen Sprachgebrauch, wie ihn etwa Larenz in Larenz, ebd., S. 320 erwägt, abgestellt wird. Es stellt sich überall in der Sprache!

Spracherfahrung ermittelt werden[191], die ihm mitteilt, ob der Rechtstext auf einen zu beurteilenden Sachverhalt referiert oder nicht, ist vor dem Hintergrund des putnamschen Prinzips der sprachlichen Arbeitsteilung unhaltbar.[192] Das soll etwas näher erläutert werden. Als Grundlage kann Art. 97 II GG herangezogen werden. Dort heißt es in Satz 1:

»Die hauptamtlich und planmäßig endgültig angestellten Richter können wider ihren Willen nur kraft richterlicher Entscheidung und nur aus Gründen und unter den Formen, welche die Gesetze bestimmen, vor Ablauf ihrer Amtszeit entlassen oder dauernd oder zeitweise ihres Amtes enthoben oder an eine andere Stelle oder in den Ruhestand versetzt werden.«

Schwebt dem juristischen Entscheidungsträger die Bedeutung des Wortes *Richter* vor?[193] Die Vorstellung, Bedeutung sei ein geistiger Zustand, geht auf Saussure zurück, der als Begründer der modernen Sprachwissenschaft angesehen wird.[194] Er hat besonderen Wert auf die Feststellung gelegt, dass die kognitiven Fähigkeiten zentral für die Sprache seien[195], da sie dem Einzelnen ermöglichten, Wortbilder innerhalb einer Sprachgemeinschaft identisch abzuspeichern und Laute, die mit diesen Bildern statisch verbunden seien, zu reproduzieren.[196] Daraus schlussfolgert Saussure, dass die Bedeutungen der Worte in den Köpfen der Sprachteilnehmer zu finden seien.[197] Die Wortbedeutungen sollen wiederum die weltlichen Anwendungsfälle eines Wortes eingrenzen, so dass Saussure folgende Thesen, die Auskunft über die Beziehung von

191 BVerfGE 69, S. 65.

192 Putnam, The meaning of ›meaning‹, in: ders., Mind, Language and Reality, S. 246f. Die Quintessenz aus diesem Gedankenexperiment nutzt Jeand'Heur, um zu zeigen, dass nicht das Zeichen, sondern der juristische Entscheidungsträger selbst die Referenz zwischen Text und Welt herstelle; Jeand'Heur, Sprachliches Referenzverhalten bei der juristischen Entscheidungstätigkeit, S. 121ff.

193 So etwa BVerfGE 4, S. 346: »Neben der Weisungsfreiheit und dem gekennzeichneten Maß institutionell gesicherter persönlicher Unabhängigkeit ist jeder richterlichen Tätigkeit wesentlich, daß sie von einem nichtbeteiligten Dritten ausgeübt wird; denn diese Vorstellung ist mit dem Begriff von ›Richter‹ und ›Gericht‹ untrennbar verknüpft, ist diesen Begriffen immanent.«

194 Jäger hat in Jäger, Ferdinand de Saussure zur Einführung, S. 165ff. darauf hingewiesen, dass diese Vorstellung eigentlich unstimmig sei: Saussure könnten die Ausführungen in der Abhandlung über die Grundfragen der allgemeinen Sprachwissenschaft, die als Beginn einer neuen Zeitenrechnung in der Sprachwissenschaft angesehen werden, nicht allein zugerechnet werden. Es handele sich bei der der Abhandlung über die Grundfragen der allgemeinen Sprachwissenschaft um eine Zusammenstellung von Aufzeichnungen seiner Schüler, die, entgegen erheblicher Bedenken Saussures, herausgegeben worden seien. Dazu auch Culler, Ferdinand de Saussure, S. 15.

195 Saussure, Grundfragen der allgemeinen Sprachwissenschaft, S. 16.

196 Saussure, ebd., S. 78.

197 Diese sei mit dem bloßen Lautzeichen fest verbunden; Saussure, ebd., S. 17f.

geistigem Zustand und weltlichen Anwendungsfällen geben, zugeschrieben werden können:

»(I) Die Bedeutung eines Begriffs zu kennen heißt, sich in einem bestimmten psychischen Zustand zu befinden (›psychischer Zustand‹ in dem Sinne, wie Erinnerung und andere psychische Dispositionen ›psychische Zustände‹ sind [...]).

(II) Dass die Bedeutung eines Begriffs (gedacht als ›Intension‹) seine ›Extension‹ (seine Anwendungsfälle; BL) festlegt«.[198]

Aus (I) und (II) folgt logisch:

»Psychische Zustände legen die Extension fest.«[199]

Damit wäre ein direkter Zugang zu den Bedeutungen der Wörter gegeben, die dem juristischen Entscheidungsträger mitteilen könnten, ob die

»Inhaltselemente des Ausdrucks mit den Realdaten des Sachverhalts übereinstimmen«[200],

ob es sich im zu entscheidenden Fall beispielsweise um einen Richter im Sinne des Art. 97 II GG handelt oder nicht – wie es in der Rechtsprechungspraxis angenommen wird.

Gegen die vorstehenden Thesen hat sich Putnam verwahrt.[201] Putnam geht davon aus, dass innere und mithin intensionale Zustände eines Sprechers unzureichend sind, um extensionale Anwendungsfälle eines Wortes in einer Sprachgemeinschaft zu begrenzen. Mit anderen Worten: Die Intension als abstrakte Entität und bezogen auf eine ganze Sprachgemeinschaft ist ungeeignet, um die Extensionen eines Wortes festzulegen. Um das zu illustrieren, bildet Putnam folgendes – zu großer Bekanntheit gelangtes – Gedankenexperiment[202]:

In einer entfernten Galaxie existiert ein Planet, welcher der Erde gleicht und den Putnam aus diesem Grund Zwillingserde nennt. Die Menschen, die sich auf diesem Planeten befinden, sprechen Englisch. Es gibt nur einige wenige Unterschiede zwischen dem weltlichen Standardenglisch und dem Englisch, das auf der Zwillingserde gesprochen wird. Diese Unterschiede beruhen allesamt auf den Eigenarten der Zwillingserde. Einer dieser Unterschiede besteht darin, dass sich Wasser nicht – was bekanntlich auf der Erde der Fall ist – aus H_2O zusammensetzt, sondern aus einer äußerst komplizierten Reihung von Elementen, die Putnam schlicht mit XYZ umschreibt. Unabhängig davon zeigt Wasser auf

198 Putnam, The meaning of ›meaning‹, in: ders., Mind, Language and Reality, S. 219 (übersetzt BL).
199 Searle, Intentionalität, S. 251.
200 Jeand'Heur, Sprachliches Referenzverhalten bei der juristischen Entscheidungstätigkeit, S. 29.
201 Putnam, The meaning of ›meaning‹, in: ders., Mind, Language and Reality, S. 215–271.
202 Putnam, ebd., S. 223ff.

der Zwillingserde dieselben feststellbaren Eigenschaften wie Wasser auf der Erde. Reisen Erdlinge auf die Zwillingserde, stellen sie fest, dass Wasser auf der Zwillingserde dieselbe Bedeutung hat wie auf der Erde. Machen sie Entdeckungen über die Zusammensetzung des Wassers auf der Zwillingserde, so stellen sie darüber hinaus fest: Auf der Zwillingserde bedeutet Wasser XYZ. Spiegelbildlich gilt für den Besuch von Zwerdlingen auf der Erde, dass sie entsprechend berichten: Auf der Erde bedeutet Wasser H_2O.

Aus Putnams Gedankenexperiment kann gefolgert werden, dass Wörtern variante Bedeutungen zukommen, so dass von einer Herkömmlichkeit oder Unbefangenheit von Bedeutungen nicht gesprochen werden kann. Im Beispielsfall hat das Wort Wasser zwei unterschiedliche Bedeutungen.[203] Für den Erdling ist das, was die sogenannten Zwerdlinge als Wasser bezeichnen, kein Wasser und vice versa. Das liegt daran, dass die Extension des Wortes Wasser auf der Erde eine Substanz umfasst, die sich auf eine aus H_2O-Molekülen zusammengesetzte Flüssigkeit bezieht. Umgekehrt gilt, dass sich auf der Zwerde das Wort Wasser auf eine XYZ-Flüssigkeit bezieht. Um das zu unterstreichen, spinnt Putnam sein Gedankenexperiment fort:

Wird das Geschehen in das Jahr 1750 verlegt, haben zu dieser Zeit die Erdlinge die H_2O-Eigenschaft von Wasser noch nicht entdeckt.[204] Ebenso wenig ist den Zwerdlingen bekannt, dass sich Wasser auf der Zwerde aus XYZ zusammensetzt. Ein gewöhnlicher Sprecher auf der Erde – wie auf der Zwerde – versteht folglich Wasser im Jahr 1750 anders als im Jahr 1950, obwohl Wasser zu beiden Zeiten dieselbe Extension besitzt, nämlich H_2O auf der Erde und XYZ auf der Zwerde.

Nach Searle ist diese Argumentation unzulänglich, um zu zeigen, dass Sprecher keinen Zugang zu den Bedeutungen der Wörter haben. Searle weist darauf hin, dass es sich bei der Intension um eine abstrakte Entität handelt.[205] Dass die Wortbedeutung zwischen Innen und Außen einen Bezug festlegt, lässt sich seiner Auffassung nach nicht dadurch widerlegen, dass Beispiele gebildet werden, in denen ein Sprecher die Bedeutung eines Wortes nicht oder nur unzulänglich kennt.[206] Lässt man die Argumentation Putnams jedoch gelten, dann kann nicht länger von einer herkömmlichen[207], unbefange-

203 Putnam, ebd., S. 245f. Siehe dazu auch das Beispiel bei Searle, Intentionalität, S. 251f.: Können manche aufgrund ihres Expertenwissens Buchen und Ulmen auseinanderhalten, gelingt dies vielen anderen nicht. Für diese handelt es sich um denselben Laubbaum.

204 Putnam, The meaning of ›meaning‹, in: ders., Mind, Language and Reality, S. 225.

205 Searle, Intentionalität, S. 252.

206 Dazu führt Searle aus, dass Putnam die Extension eines Ausdrucks wie Wasser mittels seiner Oberflächenstruktur (klare, geschmacksneutrale und farblose Flüssigkeit) festlegt. Erst diese indexikalische Festlegung führe dazu, dass die Extensionen von Wasser auf der Erde und Zwerde divergierten; Searle, ebd., S. 255.

207 So aber etwa: BVerfGE 69, S. 65.

nen[208] oder vernünftigen[209] semantischen Bedeutung eines Wortes gesprochen werden, die dem juristischen Entscheidungsträger aufgrund seiner Spracherfahrung zugänglich ist.

Aus diesem Erkenntnisproblem führt auch der Blick in ein Wörterbuch der deutschen Sprache nicht heraus. Bedeutungsbestimmungen mittels eines Wörterbuches setzen voraus, dass ein zu erklärender Begriff, das Definiendum, durch einen oder mehrere Begriffe derselben Sprache, das Definiens, aus der Gesamtmenge aller Wörter der Sprache ausgegrenzt werden kann. Dabei geht es nicht allein darum, das Definiendum zu paraphrasieren, sondern durch die Konturierung seiner Bedeutung zu verfeinern und zu verbessern oder es in den Sprachgebrauch einzuführen.[210] So ist etwa ein *Junggeselle* ausweislich des grimmschen Wörterbuches[211] ein

> »innerhalb einer Anzahl von Gesellen dem Ansehen nach zurückstehende (…) (Person; BL): Ein Jungesell musz bei den Zusammenkünften aufwarten.«

Außerhalb des handwerklichen Sprachgebrauchs

> »heiszt Jungselle der junge unverheiratete Bursch, im Gegensatz zu dem verheirateten, dem Manne«.

Damit das Definiendum aus der Gesamtmenge der Sprache ausgesondert werden kann, muss diesem das Definiens entsprechen. Behauptet wird also eine Synonymiebeziehung. Doch wie lässt sich die Gleichwertigkeit von Definiendum und Definiens feststellen? Geht man von der Richtigkeit der Feststellung aus, dass Definiendum und Definiens synonym sind, dann müssten sie in jedem nur erdenklichen Kontext austauschbar sein. Dass diese Annahme problematisch ist, lässt sich leicht zeigen. Wird der Begriff *Junggeselle*, der durch unverheirateter Mann definiert werden soll, nochmals herangezogen, dann zeigt sich in einem Satz wie

> »›Jungeselle‹ hat weniger als zwölf Buchstaben«[212],

dass *Junggeselle* nicht gegen *unverheirateter Mann* ausgetauscht werden kann, ohne dass der Wahrheitswert der Aussage verfremdet wird.[213] Damit scheint die Synonymie zwischen Definiendum und Definiens jedenfalls nicht auf Austauschbarkeit zu beruhen. Quine ist der Auffassung, dass definitorische Aus-

208 So aber etwa: BVerfGE 1, S. 135.
209 So aber etwa: BVerfGE 1, S. 294.
210 Quine, Zwei Dogmen des Empirismus, in: ders., Von einem logischen Standpunkt, S. 31.
211 Jacob und Wilhelm Grimm – Deutsches Wörterbuch, Online Wörterbuch, einsehbar unter: http://dwb.uni-trier.de/de/; Jungesell ist zu finden unter: http://woerterbuchnetz.de/DWB/?sigle=DWB&mode=Vernetzung&lemid=GJ01518, zuletzt geöffnet am 27. Mai 2014.
212 Quine, Zwei Dogmen des Empirismus, in: ders., Von einem logischen Standpunkt, S. 34.
213 Quine, ebd.

sagen dann als synonym angesehen werden können, wenn ihr Bikonditional analytisch ist[214], wenn also Aussagen wie

»es ist notwendig, dass alle und nur Junggesellen Junggesellen sind«[215]

und

»es ist notwendig, dass alle und nur Junggesellen unverheiratete Männer sind«[216]

notwendig wahr sind. Das setzt wiederum voraus, dass die semantische Regel bekannt ist, um den jeweiligen Gehalt der Aussage zu bestimmen[217], so dass die Definition Kenntnis davon erfordert, was durch jene selbst erst zu bestimmen versucht wird.

Daraus lässt sich ableiten, dass sich die semantische Bedeutung von Wörtern nicht aus dem Wörterbuch ergibt, da diese den definitorischen Aussagen des Wörterbuches vorausgelegt wird. Die Definitionen des Wörterbuches stellen jedoch eine erste Annäherung an die semantisch regelhaften Verwendungsweisen eines Wortes innerhalb einer Sprachgemeinschaft dar.[218] Es kann dem juristischen Entscheidungsträger mithin als Stütze dienen, ihm jedoch die Entscheidung darüber, welche situative Bedeutung einem Wort zukommt, nicht abnehmen. Das erhellt auch denklogisch, dass dem Lexikographen sonst zugesprochen werden müsste, mit einem endlichen Bewusstsein Zugang zu einem unendlichen Reservoir zukünftiger Fälle zu haben, die er seinen Definitionen zugrunde legen könnte. Die semantische Bedeutung eines Wortes kann nicht mit der Addition seiner Wörterbuchbedeutungen gleichgesetzt werden.[219] Aus diesem Grund stellt Forgó völlig zu Recht fest, dass

214 Quine, ebd., S. 37.
215 Quine, ebd., S. 35.
216 Quine, ebd.
217 Quine, ebd., S. 38.
218 Zur hier bereits angesprochenen Gebrauchstheorie der Bedeutung wird unter 4.1 ausgeführt.
219 Hegenbarth, Juristische Hermeneutik und linguistische Pragmatik, S. 132f.: »Zur Verbesserung der Informationsbasis liegt der Rückgriff auf Wörterbücher nahe. Aber auch für diese wissenschaftlichen Unternehmungen gilt, dass sie die lexikalische Bedeutung des infrage stehenden Ausdrucks nur unvollständig abbilden können. Für ein ›vollständiges‹ Bedeutungswörterbuch wäre die Gesamtmenge der mündlichen und schriftlichen Texte in Richtung signifikant voneinander abweichende textuelle Bedingungen zu untersuchen und das so ermittelte Bedeutungspotential in seiner Abhängigkeit von Kontext und Situation zu beschreiben. (…) Berücksichtigt man ferner, dass die Bedeutung der Wörter einem stetigen – vom alltäglichen Sprachbenutzer allerdings nur selten bewusst registrierten – Wandel unterliegt, (…) dann liegt offen zutage, dass ein juristischen Anforderungen genügendes Wörterbuch weder vorhanden noch erstellbar ist. Hinzu kommt, dass viele sprachliche Lexika im Hinblick auf die vermuteten Benutzerinteressen nicht die empirisch vorfindbare Sprachverwendung abbilden, sondern sich wie klassische Grammatiken als normative Instanzen zur Reglementierung von Kommunikation auf ›gehobenem‹ Sprachniveau ver-

»jeder Studierende der Rechtswissenschaften, der die Frage nach der Bedeutung von ›Besitz‹ mit der Definition aus Duden, Das große Wörterbuch der deutschen Sprache, beantworten zu können glaubt, spätestens nach der zweiten Woche seiner Studien mit einem negativen Prüfungsergebnis beurteilt (wird; BL).«[220]

Insoweit bleibt – vor dem Hintergrund der Konkretisierung der Wortbedeutung durch die Spracherfahrung sowie mit dem Blick in ein Wörterbuch der deutschen Sprache – unerklärlich, wie der entscheidende Jurist die semantische Bedeutung der den Rechtstext konstituierenden Wörter ermitteln kann, ohne selbst produktiv-rezeptiv tätig zu werden.[221]

3.3 Der Ab-Grund des Auslegungsprozederes

Soweit sich die Explikation des Gesetzessinns jenseits des semantischen Wortlautes vollzieht, wird aus juristisch binnenperspektivischer Sicht zweierlei zum Maßstab der Sinnexplikation gemacht: Zum einen soll sich der vernünftige Sinn – den sich der Gesetzgeber aus juristisch-binnenperspektivischer Sicht als mit der Regelung verbunden zuschreiben lassen will – ermitteln lassen. Die Rechtsordnung wird insoweit als objektive Sinntotalität gedacht. Zum anderen sollen die Intentionen und Absichten des Gesetzgebers in der juristischen Entscheidung zum Tragen gebracht werden. Es soll nunmehr gezeigt werden, dass es sich hierbei um idealisierte Konstrukte handelt, die die interpretative Operation nicht zu steuern vermögen und den Ab-Grund des Auslegungsprozederes darstellen.

In Bezug auf die Auffassung, der Inhalt des Gesetzes könne anhand des vernünftigen Sinns konkretisiert werden, hat Somek dies auf den Punkt gebracht, indem er feststellt, dass die Vorstellung, dem Gesetztext könne ein vernünftiger Sinn untergeschoben werden, paradox ist. Einem Gesetzgeber, der bestimmte Anordnungen treffen möchte, kann nicht unterstellt werden, er wolle seinen

stehen. Wörterbücher sind weder ›vollständig‹ noch ›fertig‹ und bieten daher immer nur mehr oder minder planvolle Selektionen aus dem Bedeutungspotential eines Wortes. Wenn sich dessen ungeachtet die Benutzung von Wörterbüchern bei der Rechtsprechung der Obergerichte einer gewissen Beliebtheit erfreut, dann beruht das freilich nicht nur auf der Fehleinschätzung der Funktion und Leistungsfähigkeit von Bedeutungswörterbüchern. Entscheidend ist vielmehr das in der juristischen Hermeneutik verbreitete Missverständnis der Rolle des Interpreten bei der Auslegung von Normtexten.«

220 Forgó, Recht Sprechen, S. 102.

221 Dies zwar anerkennend, aber trotzdem ablehnend Larenz, Methodenlehre der Rechtswissenschaft, S. 313f. Frank geht davon aus, dass es keine unproduktive Rezeption eines Textes durch einen Interpreten geben könne; Frank, Das individuelle Allgemeine, S. 357f.

Willen zur Wertentscheidung idealisieren.[222] Es handelt sich um eine idealisierte Unbestimmtheit, die leer läuft:

> »*Die Wertentscheidung spricht:* ›Ich bin ein Subjekt, das Zwecke verfolgt. Aber meine wesensmäßige Aufgabe besteht darin, mich zwischen konfligierenden Zielen zu entscheiden, ohne auf knappe Ressourcen der Zielerreichung zu achten. Indem ich mich also gegenüber der Wahl der Mittel gleichgültig verhalte, bin ich ein Subjekt, das Zwecke verfolgt. Ich will etwas unter der Bedingung, dass dieses nichts Bestimmtes ist.«[223]

Damit wird dem Gesetzgeber

> »ein idealisiertes Konstrukt, ein (...) Ab-Grund, der sich als Idee des vernünftigen Gesetzgebers maskiert«[224],

zugeschrieben.[225]

Insoweit auf die Auffassung abgestellt wird, in der juristischen Entscheidung müssten die mit dem Text verbundenen Intentionen und Absichten des Gesetzgebers zum Tragen gebracht werden[226], wird der Gesetzgeber zum letzten

---

222 Somek, Gesetzesbindung als Problem der Demokratie, JRP 1998, S. 48.

223 Somek, ebd.

224 Somek, ebd.

225 Somek stellt fest, dass die juristische Methodik sogar hinter den Modellen der neo-klassischen Ökonomie zurückbleibe; Somek, ebd.: »Denn dort werden Präferenzen immerhin mittels Indifferenzkurven den alternativen Möglichkeiten zugeordnet, sie zu befriedigen. Die Punkte auf einer (im geglückten Fall) konvexen Linie, die durch eine solche Indifferenzkurve beschrieben wird, repräsentieren nichts anderes als die Mittel der Wunscherfüllung. Ihre relative Stärke lässt sich nur durch die Alternativität der Mittelwahl ausdrücken, selbst wenn in diesen Modellen die Präferenzen als Daten genommen werden, durch welche die Deduktion der rationalen Entscheidung begrenzt wird. Demgegenüber ist eine ›Wertentscheidung‹ (W), die losgelöst von der Mittelwahl existiert, ein Konstrukt. Sie ist das Unbestimmte des Willens, zu dem die Suche nach dem weiteren Willen des Gesetzgebers hinführt.«

226 Dass die Bedeutung eines Wortes durch seinen Urheber bestimmt wird, hat etwa Grice angenommen. Grice ist der Auffassung, dass zwar eine konventionelle Äußerung wie *Kennst du das Land, wo die Zitronen blühen* nicht *Ich bin ein deutscher Offizier* bedeuten kann. Das könne aber dennoch in bestimmten Fällen durch einen Sprecher gemeint sein; Grice, Utterer's Meaning and Intentions, in: ders., Studies in the Way of Words, S. 103f. Um das zu veranschaulichen, schlägt Grice folgendes Schema vor: »[Ranges of variables – A: audience; f: features of utterance; r: responses; c: modes of correlation] U uttered x intending (1) A to think x possesses f (2) A to think U intends (1) (3) A to think of f as correlated in way c with the type to which r belongs (4) A to think U intends (3) (5) A to think on the basis of the fulfillment of (1) and (3) that U intends A to produce r (6) A, on the basis of fulfillment of (5), to produce r (7) A to think U intends (6).« Dabei geht Grice in Grice, ebd., S. 100f. davon aus, dass sich das Sprechermeinen zwar, aber nicht stets aus etwaigen sprachlichen Konventionen herauslesen lasse: »Of course, I would not want to deny that when the vehicle of meaning is a sentence (or the utterance of a sentence), the speaker's intentions are to be recognized, in the normal case, by virtue of a knowledge of the conventional use of the sentence (indeed my account of nonconventional implicature depends

»Richter seiner Sinnintentionen«[227]

erkoren. Dem widerstreitet das von Wittgenstein ins Zentrum seiner Spätphilosophie gestellte Postulat der Intersubjektivität von Sprache.[228] In den Philosophischen Untersuchungen schreibt Wittgenstein, dass man unmöglich *es ist warm* sagen und *es ist kalt* meinen könne[229], wenn dies nicht wiederum vor dem Hintergrund eines bestehenden Bühnenhintergrundes geschehe.[230] Das heißt: Die Bedeutung der Worte hängt weniger davon ab, was der Sprecher mit ihnen zum Ausdruck bringen möchte, als von der Art und Weise, wie sie in einer Sprachpraxis, in der sich bestimmte Muster herausgebildet haben, gebraucht werden. Demnach gibt es kein vorinterpretatives Meinen, keine vorinterpretativen Intentionen, die die Konkretisierung des Gesetzessinns steuern könnten.[231] Auch insoweit tut sich der Ab-Grund des Auslegungsprozederes auf.

3.4 Fazit

Zusammenfassend wird festgehalten, dass sich die juristische Methodik eines doppelten Idealismus schuldig macht.

Indem der semantischen Bedeutung des Textes attestiert wird, auffindbar zu sein, macht sie sich eines ersten (Bedeutungs-) Idealismus schuldig. Der Gesetzestext wird als Aufbewahrungsort der semantischen Bedeutung begriffen, die für den Rechtsanwender zeitlich invariant verfügbar gehalten wird: Die semantische Bedeutung wird dabei verstanden als eine feste Entität, die durch den Adressaten ermittelt werden kann.[232] Dieses Sprachverständnis führt in ein unlösbares Erkenntnisproblem hinein. Unter Berufung auf Putnam konnte gezeigt werden, dass es keine herkömmliche oder unbefangene ermittelbare Bedeutung eines Wortes gibt. Mit Quine wurde festgestellt, dass dem juristischen Entscheidungsträger ein Wörterbuch der deutschen Sprache als Stütze in Bezug

on this idea). But as I indicated earlier, I would like, if I can, to treat meaning something by the utterance of a sentence (in my extended sense of utterance), and to treat conventional correlation between a sentence and a specific response as providing only one of the ways in which an utterance may be correlated with a response.«

227 Christensen, Was heißt Gesetzesbindung?, S. 130.

228 Siehe zur Problematik des Regelfolgens, die damit angesprochen ist, insbesondere Wittgenstein PU 138–242 sowie Esfeld, Regelfolgen 20 Jahre nach Kripkes Wittgenstein, in: Zeitschrift für philosophische Forschung 57 (2003), S. 128ff. und ausführlich unten unter 4.2.2.3.

229 Wittgenstein PU 510.

230 Searle, Sprechakte, S. 71.

231 Forgó, Recht Sprechen, S. 138f.

232 Müller, Rechtstext und Textarbeit in der Strukturierenden Rechtslehre, in: Christensen [Hrsg.], Methodik, Theorie, Linguistik des Rechts, S. 72.

auf eine zu treffende Interpretation des Gesetzeswortlautes dienen kann. Dessen situative Bedeutung gibt es ihm jedoch keineswegs vor.[233] Vor diesem Hintergrund bleibt unerklärlich, wie der entscheidende Jurist die semantische Bedeutung des Textes ermitteln soll, ohne selbst produktiv-rezeptiv tätig zu werden.[234]

Eines zweiten Idealismus macht sich die juristische Methodik schuldig, indem sie, um in den Fällen Entscheidungsfähigkeit zu suggerieren, in denen eine semantische Bedeutung als nicht hinreichend konkretisierbar angesehen wird, um eine juristische Entscheidung hierauf zu stützen, der gesetzlichen Regelung einen vernünftigen Sinn unterschiebt bzw. die gesetzgeberischen Intentionen, Zwecke und Absichten dem vertexteten Recht als auffindbare, idealisierte Sinntotalitäten anheftet. Dem Gesetzgeber kann nicht zugeschrieben werden, einen vernünftigen Sinn mit einer konkreten gesetzlichen Regelung zu verfolgen. Der Gesetzgeber will keine idealisierte Wertentscheidung herbeiführen, sondern konkrete Anordnungen treffen.[235] Diese Anordnungen liegen jedoch der interpretativen Praxis nicht voraus, so dass sie diese nicht zu steuern vermögen. Sie sind vielmehr selbst Produkte der juristischen Entscheidungspraxis.[236]

Um an der Vorstellung, dem Text könne die Entscheidung entnommen werden, festhalten zu können (der Text als [Bedeutungs-] Container[237]), wird in der juristischen Methodik einem flexiblen Methodenpluralismus das Wort geredet[238], der letztlich allein zutreffend mit der Feststellung *anything goes*[239] umschrieben werden kann[240] und der die nötige Flexibilität gewährt, um vor dem Hintergrund einer unter Entscheidungszwang stehenden Disziplin Entschei-

233 Hegenbarth, Juristische Hermeneutik und linguistische Pragmatik, S. 134: »Wie (…) dargelegt, ist das theoretische Konstrukt ›lexikalische Bedeutung‹ nicht vollständig abbildbar, so dass die in Lexika wiedergegebenen Vertextungsbeispiele bei unkritischem Umgang in die Irre führen.«

234 Dies ablehnend Larenz, Methodenlehre der Rechtswissenschaft, S. 313; Frank hingegen geht davon aus, dass es keine unproduktive Rezeption eines Textes durch einen Interpreten geben kann: Frank, Das individuelle Allgemeine, S. 357f.

235 Somek, Gesetzesbindung als Problem der Demokratie, JRP 1998, S. 48.

236 Forgó, Recht Sprechen, S. 138.

237 Zur Kritik hieran Müller, Rechtstext und Textarbeit in der Strukturierenden Rechtslehre, in: Christensen [Hrsg.], Methodik, Theorie, Linguistik des Rechts, S. 72.

238 Schluep, Einladung zur Rechtstheorie, S. 914ff.

239 Busse weist auf die Willkürlichkeit hin, nach der der juristische Entscheidungsträger je nach Nützlichkeit auf semantische Erwägungen oder hinter dem Text liegende Wertungen, Intentionen, Zweckmäßigkeitserwägungen abstellt; Busse, Semantik der Praktiker, in: Müller/Wimmer [Hrsg.], Neue Studien zur Rechtslinguistik, S. 46f.

240 Das kommt insbesondere in der strategischen Inkonsistenz höchstrichterlicher Entscheidungen zum Ausdruck. Es wird stets das Argument zu Rate gezogen, welches dem Ergebnis dienlich zu sein scheint; so auch: Busse, ebd.

dungsfähigkeit jetzt – hier – sofort[241] zu suggerieren.[242] Das gelingt, da weder der semantische Wortlaut des Gesetzes noch das weitere methodische Prozedere dem zur Entscheidung berufenen Juristen ein bestimmtes Ergebnis vorgeben. Das *gefundene* Ergebnis kann wiederum aufgrund der Unbestimmtheit der ersten beiden Kriterien durch diese gerechtfertigt werden. Dieses Paradox des Auslegungsprozederes sichert der juristischen Methode die Existenz: Durch die Auflösung der gesetzestextlichen Unbestimmtheit in weitere Unbestimmtheit in einem vielstufigen Verfahren, an dessen Ende konkrete Ergebnisse stehen, wird die Arbeitsfähigkeit der Methode exemplifiziert.[243] Die sich diese zu Nutze machende juristische Fachgemeinschaft wird daher wenig geneigt sein, sie in Frage zu stellen: *Whatever works!*[244] Doch aus rechtstheoretischer Sicht ist das wenig befriedigend. Die Vorstellung, die juristische Entscheidung könne dem Text entnommen werden, muss aufgegeben werden. Der Rechtstext ist interpretativ offen und wird durch den Rezipienten konstruiert.[245] Er steht aber, als kultureller Code[246], als gemeinsame Art zu denken, in einer Interpretationspraxis, innerhalb derer dem Text eine Bedeutung zugemessen wird.[247] Eine In-

241 Derrida, Gesetzeskraft, S. 54.

242 Somek spricht in diesem Zusammenhang von einem System von Hintertüren; Somek, Gesetzesbindung als Problem der Demokratie, in: JRP 1998, S. 50.

243 Forgó, Recht Sprechen, S. 32: »Der eine Teil (der juristischen Theorie sprachlicher Bedeutung; BL), der universitär gelehrt und in Urteilen reproduziert wird, garantiert, dass sich das Rechtsystem in seiner Selbstbeobachtung als Kontinuum begreift, ohne durch Veränderungen gefährdet zu werden. Zulässige werden von unzulässigen Anschlussoperationen danach unterschieden, ob sie *lege artis* durchgeführt werden oder nicht.«

244 Hauptmotiv aus Woody Allens gleichnamigem Film *Whatever Works – Liebe sich wer kann* aus dem Jahr 2009.

245 Forgó, Recht Sprechen, S. 206; Frank, Das individuelle Allgemeine, S. 357f.

246 Eco, Semiotik und Philosophie der Sprache, S. 65: »Deshalb sind auf der semiotischen Ebene die Bedingungen der Notwendigkeit eines Zeichens gesellschaftlich bestimmt, entweder aufgrund schwacher Codes oder aufgrund starker Codes. Auf diese Weise kann ein Ereignis ein sicheres Zeichen sein, selbst wenn es das wissenschaftlich nicht ist.«

247 Forgó, Recht Sprechen, S. 138, 206: »Der juristische Text, der zur Anwendung gelangt, wird gleichwohl (derzeit noch meistens erfolgreich) vom Rezipienten konstruiert. Diese Konstruktion erfolgt nicht intuitiv und auch nicht ohne volitive Elemente. Vielmehr ist die Frage, welche allgemeinen normativen Bestimmungen und welche Urteile als (Kon-)Textteile aufzufassen sind, welche Textelemente also als textkonstituierend akzeptiert werden sollen, in juristischen Sprachspielen (Sprachkämpfen), die sich mit der ›Bedeutung‹ normativer Texte befassen, gerade der Gegenstand des im konkreten Fall ablaufenden rechtlichen Konflikts.« Müller, Rechtstext und Textarbeit in der Strukturierenden Rechtslehre, in: Christensen [Hrsg.], Methodik, Theorie, Linguistik des Rechts, S. 72f.: »Der fromme Wunsch der Juristen nach der objektiven und stabilen Bedeutung findet aber in der Sprache keine Grundlage. Selbst die klassische Rechtstheorie hatte in den riskanten Momenten ihrer Reflexion schon deutlich erkannt, dass jeder Sinn nur in einem unendlichen Sinnzusammenhang existiert und in diesem Sinnzusammenhang unübersehbare Wirkungen hervorruft. Die Unübersehbarkeit ›meines‹ Sinns, die des Sinnzentrums, das ich in den Text legen will, ist nicht eine Randerscheinung. Sie ist das Grundphänomen der Ver-

terpretationstheorie des Rechts kommt deshalb nicht umhin, sich mit sprachpragmatischen Erwägungen auseinanderzusetzen.

Das soll im nächsten Kapitel geschehen.

textung und wird noch kategorial verschärft durch die Verschriftung. Am schriftlichen Text ist ein Sinnzentrum, und erst recht sein einziger Sinn nicht festzumachen. Er wird durch andere Texte in einen ebenso unvermeidlichen wie unabbrechbaren Semantisierungsvorgang und in fortdauernde semantische Kämpfe hineingezogen. Diese Vorgänge und diese Kämpfe sind es, welche die Realität der Rechtsarbeit ausmachen, und nicht das kognitive Auffinden des einen richtigen ›Normsinns‹, nicht das getreue Anwenden des gesetzgeberischen ›Willens‹. Die Ordnung des juristischen Sprachspiels wird nicht in der Sprache vorgefunden, sondern sie stellt sich im Sprechen der Juristen erst her.«

4. Normativität als Produkt der juristischen Entscheidungspraxis

»Man kann für eine *große* Klasse von Fällen der Benützung des Wortes ›Bedeutung‹ – wenn auch nicht für *alle* Fälle seiner Benützung – dieses Wort so erklären: Die Bedeutung eines Wortes ist sein Gebrauch in der Sprache.«
Wittgenstein PU 43

»›Die Übergänge sind eigentlich alle schon gemacht‹ heißt: ich habe keine Wahl mehr. Die Regel, einmal mit einer bestimmten Bedeutung gestempelt, zieht die Linien ihrer Befolgung durch den ganzen Raum. – Aber wenn so etwas wirklich der Fall wäre, was hülfe es mir? Nein; meine Beschreibung hatte nur Sinn, wenn sie symbolisch zu verstehen war. – *So kommt es mir vor* – sollte ich sagen.«
Wittgenstein PU 219

Die Erkenntnis, dass der Rechtstext als kultureller Code in einer Interpretationspraxis steht, wirft die Frage auf, wie sich innerhalb einer solchen Praxis die Bedeutungsexplikation vollzieht. Auf die Interpretationspraxis finden die Gesetzmäßigkeiten der Sprache Anwendung. Seit Wittgensteins Spätwerk muss deshalb folgende Feststellung in den Mittelpunkt des Interesses gerückt werden:

»Man kann für eine *große* Klasse von Fällen der Benützung des Wortes ›Bedeutung‹ – wenn auch nicht für *alle* Fälle seiner Benützung – dieses Wort so erklären: Die Bedeutung eines Wortes ist sein Gebrauch in der Sprache.«[248]

Diese Feststellung kann als sprachpragmatische Grundprämisse bezeichnet werden. Für die Interpretation des Rechts ist sie zunächst wenig ergiebig, sagt sie doch nichts darüber aus, ob dieser Gebrauch durch feste Regeln beschränkt ist, die diesem vorgehen. Wäre das der Fall, so könnte stets zwischen einem richtigen und einem falschen Wortgebrauch unterschieden werden – insoweit wird von semantischer Normativität gesprochen. In Bezug auf die juristische Entscheidung würde das bedeuten, dass innerhalb einer so reglementierten Praxis die semantische Bedeutung des Textes normativ abgesteckt wäre und somit eine klare Antwort auf die Frage gegeben werden könnte, ob der Text in einem konkreten Fall zur Anwendung kommen muss oder nicht. Wäre der Gebrauch jedoch nicht durch diesem vorgängige Regeln festgelegt und würde, übertragen auf die Interpretation des Rechts, dem Rechtstext semantische Normativität abgesprochen, so könnte nicht trennscharf zwischen solchen Fällen, in denen der Text zum Zuge kommt, und solchen, in denen das nicht der Fall ist, unterschieden werden. Vielmehr würde sich die Anwendung situativ anhand von innerhalb der Interpretationsgemeinschaft geltenden Standards entscheiden,

248 Wittgenstein PU 43.

sich die Bedeutung im Einzelfall einspielen, ohne dass die Entscheidung als richtig zu rechtfertigen wäre.

Da Letzteres aufgrund sprachphilosophischer Erwägungen zutreffend ist, kann die Bedeutungsexplikation in der juristischen Praxis nicht als durch feste (semantische) Regeln gesteuert gedacht werden. Der Rechtstext regelt seine eigene Anwendung – weder in klaren noch in unklaren Fällen[249] – selbst.[250] Vielmehr wird ihm eine Bedeutung in einer Praxis

> »regelgeleiteten Arbeitens in einem Sprachspiel«[251]

zugemessen. Aus überzeugender pragmatischer Sicht wird der Rechtstext dabei auf die sich vor dem Hintergrund einer Interpretationskultur ausbildenden rezeptiven Erwartungen hin gelesen.

Wie zu zeigen sein wird, handelt es sich bei letzterer Feststellung um einen notwendigen Zwischenschritt hin zu einer verantwortlichen Interpretationstheorie des Rechts.

Das Kapitel wird folgenden Verlauf nehmen:

Zuvörderst wird die wittgensteinsche Spätphilosophie anhand einiger Grundbegriffe skizziert, um die von ihr ausgehenden grundlegenden sprachpragmatischen Erwägungen, die für eine Interpretationstheorie des Rechts von Bedeutung sind, anschaulich zu machen (4.1).

Hiernach sollen drei verschiedene Strömungen innerhalb der Rechtstheorie und -methodik eingeführt werden, die sich allesamt auf das Werk Wittgensteins berufen, dieses aber auf unterschiedliche Art und Weise rezipieren (4.2). Das ist wenig verwunderlich, wird doch Wittgenstein selbst hinsichtlich der hier maßgeblichen Frage, ob der Sprachgebrauch durch Regeln angeleitet, mit anderen Worten: die interpretative Praxis normativ begrenzt werde, eine gewisse Inkonsequenz vorgeworfen.[252] Es wird sich zeigen, dass aufgrund sprachphilosophischer Erwägungen die Positionen unhaltbar sind, die sich auf eine semantische Normativität berufen, unabhängig davon, ob diese aus diskurstheoretischen oder sprachkonventionellen Überlegungen entwickelt wird.

Damit werden die Erkenntnisse der sogenannten Heidelberger Schule[253] sowie des Nachpositivistischen Rechtsdenkens[254] gestützt, wonach sich die

249 Ausweislich der Lehre vom Begriffskern und -hof kann der Rechtstext zumindest im Kernbereich seine Anwendung selbst regeln; siehe dazu unten unter 4.2.1.
250 Forgó, Recht Sprechen, S. 199f.; dagegen Klatt, Theorie der Wortlautgrenze, S. 225f.
251 Forgó, Recht Sprechen, S. 193.
252 Liptow, Regel und Interpretation, S. 120.
253 Siehe unten unter 4.2.3.1.
254 Siehe unten unter 4.2.3.2.

textliche Bedeutung in der Entscheidungspraxis – vor dem Hintergrund einer Interpretationskultur – einspielt und Normativität in dieser erzeugt wird.[255]

Abschließend soll in einem Exkurs auf die Frage eingegangen werden, ob das Recht performativ ist (4.3).

4.1 Wittgensteins Spätphilosophie

Wittgenstein verfolgt in seinem Spätwerk einen sprachpragmatischen Ansatz. Bedeutung wird nicht länger, anders als dies etwa die juristische Methodik vertritt[256], als geistige Entität, die den Wörtern anhaftet, verstanden. Vielmehr schaut Wittgenstein auf die tatsächlichen Gebrauchs- und Anwendungsfälle[257], um Aussagen über die Bedeutung der Wörter treffen zu können: Um die Sprache aus der mentalen Vergeistigung zu befreien, wird sie durch Wittgenstein auf den *rauen Boden* der Realität zurückgeholt.[258]

Im folgenden Abschnitt werden die für eine Interpretationstheorie des Rechts maßgeblichen Gedanken Wittgensteins zusammengetragen. Es soll hier keineswegs die gesamte Spätphilosophie Wittgensteins ausgerollt werden. Das ist weder möglich noch für die hiesigen Zwecke nötig. Jedoch sollen zumindest einige Grundbegriffe expliziert werden, um daran das wittgensteinsche Sprachverständnis zu exemplifizieren. Dabei wird es maßgeblich um die Begriffe des *Sprachspiels*, der *Bedeutung*, der *Regel* und der *Lebensform* gehen.

4.1.1 Das Sprachspiel

Der Begriff des Sprachspiels ist zentral für die Sprachphilosophie Wittgensteins.[259] Mit ihm versucht Wittgenstein darauf aufmerksam zu machen, dass

---

255 Dazu etwa Forgó, Recht Sprechen, S. 193.

256 Siehe dazu oben unter 3.2.

257 Wittgenstein PG 75: »Man denkt sich die Bedeutung als etwas, was uns bei dem Wort *vorschwebt.* Was uns bei dem Wort vorschwebt, charakterisiert jedenfalls die Bedeutung. Was mir aber vorschwebt, ist ein Beispiel, ein Fall der Anwendung des Worts. Und das Vorschweben besteht nicht eigentlich darin, dass, wenn immer ich das Wort anspreche oder höre, eine bestimmte Vorstellung gegenwärtig ist, sondern dass mir, wenn ich nach der Bedeutung des Wortes gefragt werde, Anwendungen des Wortes *einfallen.*«

258 Wittgenstein PU 107: »Wir sind aufs Glatteis geraten, wo die Reibung fehlt, also die Bedingungen in gewissem Sinne ideal sind, aber wir eben deshalb auch nicht gehen können. Wir wollen gehen; dann brauchen wir die *Reibung.* Zurück auf den rauen Boden!«

259 Herbert, Rechtstheorie als Sprachkritik, S. 57.

»›Sprachspiele‹ Vorgänge sind, die in der Praxis der Sprache sich abspielen. Diese Sprachspiele sind gleichsam die ›Sprache am Werk‹. Wenn wir sie betrachten, sehen wir, wie die Sprache funktioniert. Ein Sprachspiel ist also eine ›Praxis‹.«[260]

Doch wieso spielen wir, wenn wir sprechen (oder eben: einen Text interpretieren)? Wittgenstein begründet das verhaltenspsychologisch, indem er jedes Verhalten als ein Verhalten deutet, das durch ein anderes Verhalten ausgelöst wird: *Actio est Reactio.*[261] Auf jedes Verhalten folge ein anderes Verhalten und so fort, bis sich dieses primitive Spiel in komplexe Handlungsstrukturen auswachse. Im Übrigen lässt sich, nach Wittgenstein, nicht weiter spezifizieren, was ein Sprachspiel ist.[262] Zwischen verschiedenen Sprachspielen gibt es nur Ähnlichkeiten. Wittgenstein nennt das: Familienähnlichkeiten.[263] Wie Wittgenstein feststellt, können dem Spiel explizite Regeln in Form eines Regelkataloges zugrunde liegen. Das ist aber keine zwingende Voraussetzung. Einfache Actio-Reactio-Verhaltensweisen vollziehen sich rein intuitiv[264], ohne dass Regeln expliziert werden müssen.[265] Bei diesen Verhaltensweisen handelt es sich um Vergleichsobjekte, von denen sich die komplexeren Sprachspiele absetzen.[266] In

260 Terricabras, Ludwig Wittgenstein. Kommentar und Interpretation, S. 450.

261 Wittgenstein VB, S. 493: »Der Ursprung und die primitive Form des Sprachspiels ist eine Reaktion; erst auf dieser können komplizierte Formen wachsen. Die Sprache – will ich sagen – ist eine Verfeinerung, am Anfang war die Tat.« Zur Illustration Wittgenstein PU 2: »Die Sprache soll der Verständigung eines bauenden A mit einem Gehilfen B dienen. A führt einen Bau auf aus Bausteinen; es sind Würfel, Säulen, Platten und Balken vorhanden. B hat ihm die Bausteine zuzureichen, und zwar nach der Reihe, wie A sie braucht. Zu dem Zweck bedienen sie sich einer Sprache bestehend aus Wörtern: Würfel, Säule, Platte, Balken. A ruft sie aus; – B bringt den Stein, den er gelernt hat, auf diesen Ruf zu bringen.«

262 Wittgenstein PU 69: »Wie würden wir denn jemandem erklären, was ein Spiel ist? Ich glaube, wir werden ihm *Spiele* beschreiben, und wir könnten der Behauptung hinzufügen: ›das, *und ähnliches*, nennt man Spiele‹. Und wissen wir selbst denn mehr? Können wir etwa nur dem Andern nicht genau sagen, was ein Spiel ist? – Aber das ist nicht Unwissenheit. Wir kennen die Grenzen nicht, weil keine gezogen sind.«

263 Wittgenstein PU 67: »Ich kann diese Ähnlichkeiten nicht besser charakterisieren, als durch das Wort ›Familienähnlichkeiten‹; denn so übergreifen und kreuzen sich die verschiedenen Ähnlichkeiten, die zwischen den Gliedern der Familie bestehen (…) – Und ich werde sagen: die ›Spiele‹ bilden eine Familie.«

264 Kleinkindern wird Sprache vermittelt, indem auf Gegenstände gezeigt und der Name dieser Objekte ausgesprochen wird: Hund, Katze, Teller, Tasse, Ball, Schallplatte usw. Es handelt sich bei den primitiven Sprachspielen durchaus um einen Akt der Initiierung eines Sprechers in eine Sprache, in eine Lebensform. Aber Sprache auf diese primitiven Spiele zu beschränken, heißt nach Wittgenstein, die Mannigfaltigkeit der verschiedenen Sprachspiele zu missachten.

265 Wittgenstein PG 26: »Ja so, wie die Grammatik einer Sprache erst aufgezeichnet wird und erst in Existenz tritt, wenn die Sprache schon lange von den Menschen gesprochen worden ist, werden primitive Spiele auch gespielt, ohne dass ihr Regelverzeichnis angelegt wäre, ja wohl auch, ohne dass eine einzige Regel dafür formuliert worden wäre.«

266 Wittgenstein PU 130: »Unsere klaren und einfachen Sprachspiele sind nicht Vorstudien zu einer künftigen Reglementierung der Sprache, – gleichsam erste Annäherung, ohne Be-

PU 23 gibt Wittgenstein einige Beispiele dafür, was er unter einem Sprachspiel versteht:

»Befehlen, und nach Befehlen handeln –
Beschreiben eines Gegenstands nach dem Ansehen, oder nach Messungen –
Herstellen eines Gegenstandes nach einer Beschreibung (Zeichnung) –
Berichten eines Hergangs –
Über einen Hergang Vermutungen anstellen –
Eine Hypothese aufstellen und prüfen –
Darstellen der Ergebnisse eines Experiments durch Tabellen und Diagramme –
Eine Geschichte erfinden; und lesen –
Theater spielen –
Reigen singen –
Rätsel raten –
Einen Witz machen; erzählen –
Ein angewandtes Rechenexempel lösen –
Aus einer Sprache in eine andere übersetzen –
Bitten, Danken, Fluchen, Grüßen, Beten.«[267]

Diese Aufzählung ist nicht abschließend. Vielmehr möchte Wittgenstein zum Ausdruck bringen, dass das Spielen mit Sprache Teil unseres Daseins, unserer Lebensform ist.[268]

4.1.2 Die Bedeutung

Wittgenstein ist der Auffassung, dass sich die Bedeutung sprachspielimmanent bestimmt, dass diese mit dem tatsächlichen Gebrauch identisch ist.[269] Damit attackiert er die Vorstellung – wie sie etwa von der juristischen Methodik vertreten wird[270] –, die Bedeutung eines Wortes sei eine von den einzelnen Anwendungsfällen abgehobene geistige Entität, die wiederum die einzelnen Anwendungsfälle präzise begrenzen könne.[271] Nach Wittgenstein ist die Annahme,

rücksichtigung der Reibung und des Luftwiderstands. Vielmehr stehen die Sprachspiele da als *Vergleichsobjekte*, die durch Ähnlichkeit und Unähnlichkeit ein Licht in die Verhältnisse unserer Sprache werfen.«

267 Wittgenstein PU 23.

268 Wittgenstein ebd.

269 Wittgenstein PU 43.

270 Siehe dazu oben unter 3.2.

271 Die Frage nach der Bedeutung des Wortes kann nach Wittgenstein mit der Frage *Was ist eine Schachfigur?* verglichen werden; Wittgenstein PG 77. Es werden nicht physische Eigenschaften, sondern den Regeln entsprechende Zugmöglichkeiten der Figuren angegeben. Wenn ein bestimmtes Wort durch eine Person ausgesprochen oder geschrieben wird, dann schweben dieser Person, so Wittgenstein, Anwendungsfälle, aber nicht bestimmte begriffliche Vorstellungen vor; Wittgenstein PG 75 oder Wittgenstein PU 71. Diese Feststel-

es gebe eine von dem Wort geschiedene Bedeutung, schlicht absurd.[272] Die Auffassung, über die begrifflichen Einstellungen könnten dem Sprachgebrauch scharfe Grenzen gezogen werden, erachtet er als nicht praktikabel. Die Wirklichkeit, so Wittgenstein, lässt sich nicht in Begriffsgrenzen zwängen, Bedeutung sich nicht idealisieren. Die Sprachpraxis hebt die Grenzen auf: wie scharfe Konturen, hinter denen die Wirklichkeit verschwimmt und sich Unschärfe einstellt.[273] Der Begriff der Bedeutung, den Wittgenstein etabliert, ruft dazu auf, den Blick auf die Verwendung der Wörter in der sprachlichen Praxis zu richten.

4.1.3 Die Regel

Die sprachliche Praxis vollzieht sich, ausweislich Wittgenstein, regelhaft. Sein Verständnis der Regel gleicht dem der Bedeutung: Kognitive Elemente sind für den Begriff der Regel nicht konstitutiv. Für den Begriff der Regel ist nach Wittgenstein entscheidend, dass einer solchen nicht privatim[274], sondern nur

lung sieht Wittgenstein auch deswegen gestützt, da es trotz vieler klarer Anwendungsfälle unklare Fälle geben kann, in denen klärungsbedürftig ist, ob dieser Fall dem Wort unterfallen soll oder nicht. Diese Offenheit muss, so Wittgenstein, letztlich dazu führen, dass, geht man von einer allgemeinen begrifflichen Einstellung aus, alle – auch die zuvor sicheren Anwendungsfälle – unsicher werden; Wittgenstein PG 73.

272 Wittgenstein PG 77: »Hier das Wort, hier die Bedeutung. Das Geld und die Kuh, die man dafür kaufen kann«; Wittgenstein PG 106: »›Der Sinn dieses Satzes war mir gegenwärtig, was geschah da?‹ (…) Ist (er; BL) dann neben dem gesprochenen Ausdruck vorhanden?«; Wittgenstein PU 120: »Man sagt: Es kommt nicht aufs Wort an, sondern auf seine Bedeutung; und denkt dabei an die Bedeutung, wie an eine Sache von der Art des Worts, wenn auch vom Wort verschieden. Hier das Wort, hier die Bedeutung.« Freilich wird dadurch die juristische binnenperspektivische Illusion zerstört, die rechtstextlichen Zeichen könnten über ihre Intension die Extensionen festlegen; siehe dazu ausführlich Jeand'Heur, Sprachliches Referenzverhalten in der juristischen Entscheidungstätigkeit, S. 55: »Die merkmalsdifferenzierende Arbeitsmethode hat bei der juristischen Entscheidungstätigkeit lediglich einen begrenzten Wert. Sie mag zwar dazu dienlich sein, im Rahmen negativer Abgrenzungsprozesse einzelne Referenzbestimmungen von anderen zu unterscheiden und (nur) in diesem Sinne zur Lösung juristischer Fallfragen beizutragen. Zweifellos überfordert – und aus den genannten linguistischen Überlegungen heraus nicht haltbar – wird diese Methode jedoch immer dann, wenn Sprachzeichen wie Referenzobjekten in verdinglichender Weise ein Eigenleben zugestanden wird, hinter dessen Fassade sich der Sprecher – besonders dann, wenn er als Recht Sprechender auftritt, angeblich verbergen kann.« Jeand'Heur weist darauf hin, dass nicht das Zeichen selbst, sondern der juristische Entscheidungsträger (innerhalb der Entscheidungspraxis) die Referenz zwischen Zeichen und Welt herstelle; Jeand'Heur, ebd., S. 121ff.

273 Wittgenstein PG 76: »Will ich zur Aufklärung und zur Vermeidung von Missverständnissen im Gebiet eines solchen Sprachgebrauchs scharfe Grenzen ziehen, so werden sich diese zu den verfließenden Grenzen im natürlichen Sprachgebrauch verhalten wie scharfe Konturen in einer Federzeichnung zu den allmählichen Übergängen von Farbflecken in der dargestellten Wirklichkeit.«

274 Wittgenstein begründet, dass einer Regel nicht privatim gefolgt werden könne, damit, dass

innerhalb einer (sprachlichen) Praxis und mithin einer (Sprach-) Gemeinschaft gefolgt werden kann, die einem Sprecher zuschreibt, ein Wort der Regel entsprechend gebraucht zu haben oder nicht (Sprachspiel der Begriffszuschreibung[275]), und eine Regel immer in der Form offen ist, dass sie Zweifel an ihrer Anwendung nie völlig eliminieren kann.[276] Wittgenstein zieht zur Veranschaulichung dessen den Vergleich zwischen einer Regel und einem Wegweiser.[277] Der Wegweiser, der in eine bestimmte Richtung deutet (etwa: *Eimbeckhausen 3,5 km*), lässt offen, wie seine Anweisung zu befolgen ist, und räumt dem Passanten einen Verhaltensspielraum ein.[278] Schließlich sagt der Wegweiser nicht: *Tue dies oder jenes* – die Regel lässt stets Raum für Zweifel.[279]

4.1.4 Die Lebensform

Aufgrund der Offenheit des Regelbegriffs ist für die Sprachphilosophie Wittgensteins – neben dem Begriff des Sprachspiels – der Begriff der Lebensform unabdingbar, um einsichtig zu machen, wie Verständigung in der Sprache möglich ist. Mit dem Begriff der Lebensform bringt Wittgenstein zum Ausdruck, dass die Sprachpraxis eine Übereinstimmung in den Urteilen voraussetzt:

---

sie ein soziales Übereinkommen, ein konsentiertes Muster ist, welches dem Sprachgebrauch zugrunde liegt; Wittgenstein PU 199. Zwar kann eine Person, die eine bestimmte Reihe fortzusetzen lernt, in dem Moment, in welchem die Fortsetzung der Reihe möglich wird, ein bestimmtes Aha-Erlebnis haben. Sie kann sich denken: Jetzt habe ich verstanden … 2, 5, 9, 14, 20 usw. Der Grund, wieso ihr die Beherrschung einer Regel zugeschrieben wird, beruht jedoch nicht auf diesem inneren Erlebnis, sondern, so Wittgenstein, auf Gepflogenheiten, Gebräuchen und sozialen Institutionen. Dazu auch: Loppe, Bedeutungswissen und Wortgebrauch, S. 109–122.

275 Kripke, Wittgenstein über Regeln und Privatsprache, S. 125, 127; sowie zum Privatsprachargument überblicksartig Esfeld, Regelfolgen 20 Jahre nach Kripkes Wittgenstein, in: Zeitschrift für philosophische Forschung 57 (2003), S. 128–138.

276 So auch Forgó, Recht Sprechen, S. 192f.

277 Wittgenstein PU 85.

278 Gleichfalls bestimmen die Regeln im Tennis nicht, wie hoch der Ball beim Aufschlag zu werfen ist, wie hart oder weich der Aufschlag auszuführen ist usw.

279 Wittgenstein begreift das Regelfolgen zudem nicht als ein Problem der Rechtfertigung. Die Gründe, die für das Befolgen einer Regel angegeben werden könnten, erschöpfen sich, ohne dass eine Antwort auf die Frage, auf welche Regel sich der zuletzt genannte Grund stützen könnte, angegeben werden kann; Wittgenstein PU 217. Diesem Problem liegt der infinite Regress zugrunde. Jede Erklärung verweist auf eine Regel auf höherer Ebene, die wiederum auf eine Regel auf einer höheren Ebene verweist, ad infinitum. Es handelt sich bei diesen Erklärungen für Wittgenstein um ein Scheingesims, das nicht trägt. Es verdeckt den Blick auf den wahren Grund, der dem Regelfolgen vorauseilt: die Gepflogenheiten und Gebräuche und mithin eine geteilte Lebensform. Auf das Problem des Regelfolgens soll nochmals unter 4.2.2.3 vertieft eingegangen werden.

»Zur Verständigung in der Sprache gehört nicht nur eine Übereinstimmung in den Definitionen, sondern (so seltsam das klingen mag) eine Übereinstimmung in den Urteilen.«[280]

Wittgenstein ist der Überzeugung, dass so Kommunikationserfolge erzielt werden können, ohne dass es fester Regeln bedarf, nach denen sich die Mitglieder einer Sprachgemeinschaft richten.

Eine Übereinstimmung in den Urteilen, wie sie Wittgenstein vorschwebt, kann jedoch nicht überall vorausgesetzt werden. Die Partizipation an hochkomplexen Sprachspielen bedingt deshalb eine langwierige Sprachsozialisierung. Erst am Ende dieses abrichtenden Sozialisierungsprozesses kommt einem Sprecher die Kompetenz zu, an der sprachlichen Praxis teilzunehmen.[281] Der Partizipation an der juristischen Praxis etwa geht die langjährige sprachliche Abrichtung in der juristischen Ausbildung voraus.[282]

4.1.5 Zusammenfassung

Die nunmehr ausgebreiteten Grundbegriffe der wittgensteinschen Spätphilosophie sollen als Basis für die folgenden Ausführungen dienen, die sich mit der

280 Wittgenstein PU 242. Mit dem Begriff der Lebensform bringt Wittgenstein ferner zum Ausdruck, dass die sprachliche Praxis in das Leben eingreift. Sprache wird nicht nur benutzt, um über die Welt zu sprechen. Vielmehr werden Sprechhandlungen in der Welt vollzogen. Als Beispiel hierfür kann etwa Wittgenstein PU 2 herangezogen werden; siehe hierzu ferner unter 4.3.

281 Dabei weist der Universitätsdozent bzw. die -dozentin gegenüber den Rechtskandidaten bereits im Studium auf die gemeinsame Lebensform hin, indem permanent die Floskel Kollege bzw. Kollegin in den universitären Übungen verwendet wird: *Und was halten sie davon, Kollege?* oder *Sehen sie das auch so, Kollegin?* Dadurch wird suggeriert, alle säßen von nun an im selben Boot und hätten sich den fachspezifischen Konventionen zu unterwerfen. Diese Hinweise reißen im Berufsleben nicht ab. So ist es durchaus üblich, dass sich Juristen in einem gerichtlichen Verfahren (neben der spezifischen und verfahrensorientierten Rollenbezeichnung) als Kollegen bzw. Kolleginnen betiteln, um so auf die Zugehörigkeit zum Juristenstand und dessen Gewohnheiten aufmerksam zu machen.

282 Während dieser Phase werden den Rechtskandidaten die Argumentationsfiguren der juristischen Praxis indoktriniert. Dabei wirkt als Katalysator, dass in der Benotung der, zumeist den Fällen der Praxis nachgebildeten, universitären Prüfungsklausuren und staatlichen Examensklausuren die Reproduktion professioneller Argumentationsmuster honoriert und Abweichungen bestraft werden. Diese Wirkung wird verstärkt, indem die Übungsklausurbenotungen und noch viel mehr die Examensklausurbenotungen zur Voraussetzung für den weiteren beruflichen Werdegang und das berufliche Fortkommen, mithin für das berufliche Ansehen sowie das monetäre Auskommen, gemacht werden. Diese materielle Bedingung wird zum Antrieb junger Juristen, sich effektiv in die juristische Sprachpraxis einzuüben. Siehe dazu Bourdieu, der jede Sprechsituation als Markt begreift, auf dem die Sprecher versuchen, ihre *Produkte* abzusetzen; Bourdieu, Was sprechen heißt, in: ders., Soziologische Fragen, S. 94f.

Rezeption der Spätphilosophie Wittgensteins in der Rechtstheorie und -methodik beschäftigen.

4.2 Wittgenstein I–III

Innerhalb der Rechtstheorie und -methodik ist die Spätphilosophie Wittgensteins auf verschiedene Art und Weise rezipiert worden. Die Rezeptionen unterscheiden sich maßgeblich in der Beantwortung der Frage, ob dem Rechtstext semantische Normativität zugesprochen wird oder nicht. Dabei können – selbstredend stark simplifiziert – drei Tendenzen voneinander geschieden werden:

Zum einen (Wittgenstein I) herrscht die Auffassung, dass dem Rechtstext in seinem Kernbereich klare Fälle sicher zugeordnet werden können. Insoweit wird dem Text semantische Normativität zugesprochen. Diese Ansicht wird, in verschiedener Ausgestaltung, etwa von Hart[283], Patterson[284], Koch/Rüßmann[285] oder Bydlinski[286] vorgetragen. Diese Positionen sollen hier unter dem Dach der Lehre vom Begriffskern und -hof im Zusammenhang vorgestellt werden.

Zum anderen (Wittgenstein II) wird festgestellt, dass sich *implizite* normative Standards innerhalb der Entscheidungspraxis herausbilden, die im juristischen Diskurs *explizit* gemacht werden können und die die Entscheidungspraxis wiederum selbst reglementieren (semantische Normativität als Produkt der juristischen Argumentation).[287] Demnach ist der Rechtstext analytisch begrenzt, was eine klare Zuordnung von situationsspezifischen Fällen erlauben soll.[288] Klatt hat eine solche Theorie ausgearbeitet[289], die auf ihre Haltbarkeit hin untersucht werden soll.

Zum Dritten (Wittgenstein III) wird behauptet, dass der Rechtstext seine eigene Anwendung nicht steuern könne: Die Bedeutung spielt sich innerhalb einer sprachlichen Entscheidungspraxis ein.[290] Diese Auffassung wird sowohl von den Autoren der sogenannten Heidelberger Schule[291] als auch von den Au-

283 Hart, Der Begriff des Rechts (dt. Frankfurt am Main 1973).
284 Etwa Patterson, Wittgenstein and Constitutional Theory, in: Texas Law Review 71 (1993/1994), S. 1852f.
285 Koch/Rüßmann, Juristische Begründungslehre (München 1982).
286 Bydlinski, Juristische Methodenlehre und Rechtsbegriff, S. 437f.
287 Klatt, Theorie der Wortlautgrenze, S. 235.
288 Klatt, ebd., S. 262f.
289 Klatt, ebd. (Baden-Baden 2003).
290 Siehe dazu exemplarisch Forgó, Recht Sprechen, S. 193.
291 Müller, Strukturierende Rechtslehre (2. Auflage Berlin 1994); Christensen, Was heißt Gesetzesbindung? (Berlin 1989); zur Heidelberger Schule sogleich unter 4.2.3.1.

toren des Nachpositivistischen Rechtsdenkens[292] vorgetragen. Auch insoweit sollen die verschiedenen Positionen zur Sprache kommen und vor dem Hintergrund der Spätphilosophie Wittgensteins auf ihre Haltbarkeit hin geprüft werden.

4.2.1 Wittgenstein-Rezeption I: Die Lehre vom Begriffskern und -hof

Die Lehre vom Begriffskern und -hof folgt in neuerer Zeit der Maßgabe, durch eine semantische Gliederung des Rechtstextes in einen Kern- und einen außerhalb des Kernbereiches liegenden Hofbereich die Entscheidung darüber zu präzisieren, ob ein Text auf einen spezifischen und interpretativ zu entscheidenden Fall anwendbar ist oder nicht. Demnach kann ein Rechtstext seine eigene Anwendung im Kernbereich steuern, so dass ihm in diesem Bereich semantische Normativität zugesprochen wird.[293] In unklaren Fällen hingegen muss – aus dieser Perspektive – der juristische Entscheidungsträger eine Entscheidung treffen, ob der Text auf den Fall zu erstrecken ist oder nicht.[294]

An dieser Stelle wird die Entwicklung der Lehre vom Begriffskern und -hof ausgebreitet, in die auch die Ausführungen Harts zum *Begriff des Rechts* einbezogen werden sollen.

4.2.1.1 Historische Einbettung

Die Lehre vom Begriffskern und -hof wurde von Heck[295] begründet und dann von Jesch[296] und Engisch[297] fortentwickelt. Gemäß ihrer Auffassung wird der Rechtstext in zwei verschiedene Bereiche zergliedert. In den Kernbereich fallen die sogenannten Standardfälle, die dem Text durch Subsumtion zuzuordnen sind. Nach den Vertretern dieser Lehre ist das möglich, da die Reichweite des Rechtstextes im Kernbereich feststeht. Durch die Ontologisierung des Textkerns soll die Berechenbarkeit juristischer Entscheidungen garantiert und mithin

---

292 Forgó, Recht Sprechen (Wien 1997); Somek, Rechtssystem und Republik – Über die politische Funktion des systematischen Rechtsdenkens (Wien/New York 1992); zum Nachpositivistischen Rechtsdenken sogleich unter 4.2.3.2.

293 Hart, Der Begriff des Rechts, S. 179.

294 Hart, ebd., S. 178f.

295 Heck, Gesetzesauslegung und Interessenjurisprudenz, AcP 112 (1914), S. 66; Heck, Begriffsbildung und Interessenjurisprudenz, S. 161.

296 Jesch, Unbestimmter Rechtsbegriff und Ermessen in rechtstheoretischer und verfassungsrechtlicher Sicht, in: AöR 82 (1957), S. 163–249.

297 Engisch, Einführung in das juristische Denken, S. 108.

Rechtssicherheit geschaffen werden.[298] In ihm vereinen sich, so Jesch, der gesetzgeberische Wille, die intuitive Bedeutung und die sprachliche Formulierung.[299] Die Kandidaten, mithin Lebenssachverhalte, die in den Begriffskern fallen, werden positive Kandidaten genannt. In den Begriffshof fallen die neutralen Kandidaten, also diejenigen Sachverhalte, die einem Rechtstext nicht eindeutig zuzuordnen sind. Ausweislich Jesch besteht im Bereich des Begriffshofes dementsprechend und in einigem Umfang Rechtsfindungsfreiheit.[300] Hier habe der juristische Entscheidungsträger zu ermitteln, ob der Rechtstext im konkret zu entscheidenden Fall zur Anwendung gelangen soll oder nicht.[301] Da der Begriffshof nach Meinung Jeschs ein nicht fest umgrenzter diffuser Bereich ist[302], kommt es auf die richtige Anwendung der Methoden an, um neutrale Kandidaten entweder der Regel zuzuordnen oder nicht.

4.2.1.2 Hart

Hart hat in seinem einflussreichen Werk *The Concept of Law* die Geltung des Rechts mittels sprachlicher Überlegungen zu rechtfertigen gesucht – die hierin enthaltenen Erkenntnisse gehen weit über die Annahmen der Lehre vom Begriffskern und -hof hinaus.[303] Die Position Harts an dieser Stelle stark verkürzt darzustellen ist deshalb gerechtfertigt, da er sich einer Untergliederung des Rechtstextes in einen Kern- und Randbereich bedient, die mit der Einteilung der rechtlichen Regel in einen Begriffskern und -hof kongruent ist. Seine Überlegungen sind zudem maßgeblich für die spätere semantische Begründung der Lehre vom Begriffskern und -hof.

In der Auffassung Harts durchziehen die rechtlichen Regeln das Leben. Dabei geht er davon aus, dass jeder rechtlichen Regel ein fester Gehalt zukommt. Dieser Gehalt erlaubt es den von der Regel betroffenen, aber auch dem zur Entscheidung berufenen Richter, sich an dieser auszurichten.[304] Der feste Gehalt repräsentiert dabei einen gemeinschaftlich erwarteten Verhaltensstandard. Dieser kommt in den Kernbedeutungen der rechtlichen Regeln zum Ausdruck. Dabei fixiert die eine rechtliche Regel konstituierende Sprache

298 Jesch, Unbestimmter Rechtsbegriff und Ermessen in rechtstheoretischer und verfassungsrechtlicher Sicht, in: AöR 82 (1957), S. 171ff.
299 Jesch, ebd., S. 176.
300 Jesch, ebd., S. 171ff.
301 Jesch, ebd., S. 183. Fällt der Kandidat in den Begriffshof, kann dieser dem Rechtstext aber nicht zugeordnet werden, muss er hiernach als negativer Kandidat tituliert werden.
302 Jesch, ebd., S. 177.
303 Hart, Der Begriff des Rechts (dt. Frankfurt am Main 1973).
304 Hart, ebd., S. 202.

»notwendige Bedingungen, denen entsprechen muss, was innerhalb der Reichweite dieser Regel liegen soll (…).«[305]

Die notwendigen Bedingungen werden mittels sprachlicher Konventionen *vorgezeichnet.*[306] Daher unterscheidet Hart zwischen einfachen Fällen, in denen die Bedeutung eines Ausdrucks unproblematisch festgestellt werden kann, da sie konventionell vorbestimmt sind, und Fällen, in denen dies unklar ist.[307] Einfache Fälle sind nach Hart solche, die sich stets in ähnlichen Zusammenhängen wiederholen.

So kann man im Sinne Harts behaupten, dass der Begriff *Fahrzeug* gemäß § 315c I Nr. 1 StGB, der die Gefährdung des Straßenverkehrs pönalisiert, sicher einen PKW umfasst. Diesbezüglich würde Hart von einer Übereinstimmung in Bezug auf die Anwendung der Ausdrücke des Textes sprechen – dem Rechtstext wird insoweit semantische Normativität zugedacht. Anders könnte es sich im Fall des Fahrrades oder von Inline-Skates verhalten, die Hart als unklare Fälle bezeichnen würde. Ob diese dem Text zuzurechnen sind, würde Hart als ungewiss einstufen.[308]

Während die Entscheidung von sogenannten einfachen Fällen scheinbar ohne große Mühe vollzogen werden kann, da sie durch Konventionen und Ähnliches bereits vorgezeichnet ist, wirft jede Regelung aus Harts Sicht ungewisse Fälle auf, die jenseits des konventionell vorbestimmten Bereiches liegen. Die Entscheidung darüber, ob in diesen Fällen die Regelung zur Anwendung kommen soll, stuft Hart als ungewiss ein.[309] In diesen Fällen muss der zur Entscheidung berufene Jurist selbst eine Entscheidung treffen und darüber befinden, ob der Sachverhalt der rechtlichen Regel unterfällt oder nicht.

Das ändert jedoch nichts daran, dass Hart der Auffassung ist, dass eine rechtliche Regelung, trotz ihrer prinzipiellen Offenheit, im Kernbereich fest bestimmt und daher der Erkenntnis zugänglich ist. Die Unbestimmtheit des Randbereiches lässt sich, so Hart, auf die Begrenztheit des menschlichen Verstandes zurückführen: Allein die Grenzen im Verstand machten es dem Menschen unmöglich, alle Anwendungsfälle der Regel vorherzusehen.[310] Dies führt aber, nach Hart, nicht dazu, dass die Regel nur in ihrer Kernbedeutung zur Entscheidung heranzuziehen ist. Die Gerichte haben demnach volle Entscheidungsbefugnis über das, was im Kernbereich einer bestimmten Regel liegt, aber auch über das, was an seiner strittigen Grenze liegt.[311] Aus diesem Grund sind

305 Hart, ebd., S. 179.
306 Hart, ebd., S. 176.
307 Hart, ebd.
308 Hart, ebd.
309 Hart, ebd., S. 178.
310 Hart, ebd., S. 178f.
311 Hart, ebd., S. 201f.

»die Richter (...) jederzeit, sogar als Richter eines obersten Gerichtshofes, Teile eines Systems von Regeln, die in ihrem Kern hinreichend bestimmt sind, um als Standards für korrekte richterliche Entscheidungen zu dienen.«[312]

Es lässt sich also konzedieren, dass Hart die Bedeutung versprachlichter Regeln zumindest im Kernbereich als fest umrissen ansieht. Außerhalb dieses Bereiches ist das nicht der Fall. Jede Regel ist daher seiner Auffassung nach zugleich fest bestimmt im Kernbereich, bei gleichzeitiger Offenheit außerhalb dieses Kernbereiches.

Die Gedanken Harts hat sich im amerikanischen Rechtskreis – in neuerer Zeit – Patterson zunutze gemacht.[313] Patterson trennt zwischen Verstehen und Interpretation: Überall dort, wo innerhalb der Rechtsgemeinschaft Konventionen in Bezug auf die Anwendung des Rechtstextes instituiert seien, könne der Text durch den juristischen Entscheidungsträger verstanden werden, ohne dass dieser den Text interpretieren müsse.[314] Für Patterson steht in diesen Fällen fest, dass der Text zur Anwendung kommt oder nicht. Textliche Interpretation werde ausweislich Patterson überhaupt nur dort notwendig, wo derartige Konventionen nicht instituiert sind oder in Frage gestellt werden.[315] Mittels dieser Über-

312 Hart, ebd., S. 202.

313 Etwa Patterson, Wittgenstein and Constitutional Theory, in: Texas Law Review 71 (1993/1994), S. 1852f.; dagegen aber etwa Feldman, The Politics of Postmodern Jurisprudence, in: Michigan Law Review 95 (1996), S. 169ff. Feldman geht – unter Berufung auf Gadamer – davon aus, dass es kein vorinterpretatives Recht gibt. Demnach kann die Sprachpraxis nicht zum harten Kern der Entscheidungspraxis geraten, die dem juristischen Entscheidungsträger die Entscheidung in bestimmten Fällen vorschreibt, ohne dass dieser interpretativ tätig werden müsste.

314 Patterson, The Poverty of Interpretive Universalism: Toward the Reconstruction of Legal Theory, in: Texas Law Review 72 (1993/1994), S. 28: »In this situation, one might say the lawyer has certain knowledge. But what sort of knowledge is it? Is it, as Dworkin would say, ›interpretive‹ knowledge? What is it that the lawyer knows? The answer is plain to see: she knows the law. (...) The reason interpretation never takes hold (and theory is never required) is that there is no reason for it – the need for interpretation simply does not arise.«

315 Patterson, Wittgenstein and Constitutional Theory, in: Texas Law Review 71 (1993/1994), S. 1851: »But Wittgenstein himself adressed this question directly when he drew the distinction between understanding and interpretation. Interpretation – reflection on how to adjudicate between different formulations of a rule – is a uniquely reflective activity. (...) Interpretation is a reflective activity, one we engage in when conventional meanings – employments of the modalities – are called into question. In the activity of interpretation (reflection), participants advance proposals for continuing our practice (...) one way rather than another. In addition to the reflective practice of interpretation – we may engage in further, ancillary reflective practice of putting the criteria themselves into question. Throughout each of these practices, the point is to advance interpretations in the hope of reaching agreement about how to go on with our practice (...). Far from being fundamental, interpretation (reflection) is dependent upon conventional understanding already in place.«

legungen will Patterson einem aus seiner Sicht entfesselten Interpretationismus beikommen und die Interpretation des Rechts auf ein festes Fundament stellen.

4.2.1.3 Koch/Rüßmann

Koch/Rüßmann setzen einen etwas anderen Akzent. In ihrer *Juristischen Begründungslehre* berufen sie sich auf die, auf Sprachkonventionen beruhende, Trennung von Begriffskern und -hof. Standardfälle können dem Rechtstext demnach - im Kernbereich - über innerhalb der Sprachgemeinschaft instituierte sprachliche Konventionen zugeordnet werden.[316] Diese Konventionen müssen seitens des zur Entscheidung berufenen Juristen empirisch erhoben werden.[317] Liegen divergierende Sprachverwendungen vor, so muss der juristische Entscheidungsträger ausweislich Koch/Rüßmann prüfen, ob ein Sprachgebrauch dem anderen aufgrund der tatsächlichen Begebenheiten des geregelten Lebensbereiches vorzuziehen ist.[318] Das gilt auch für die Divergenz zwischen Fach- und Umgangssprache. Gibt es in Bezug auf den fraglichen Wortsinn bereits Konventionen innerhalb der juristischen Fachsprache, so ist dieser der Vorrang einzuräumen.[319] Ist aus Gründen mangelnder Ressourcen eine empirische Erhebung zum Bestand gemeinschaftlicher Sprachkonventionen undurchführbar, muss ihrer Meinung nach eine Annäherung an den konventionellen Gebrauch erzielt werden, indem auf ein Wörterbuch der deutschen Sprache zurückgegriffen wird.[320] Lässt sich ein eindeutiger Sprachgebrauch nicht feststellen und ist bei divergierenden Sprachgebräuchen keinem der Vorrang einzuräumen, ist die Wortbedeutung ausweislich Koch/Rüßmann als vage anzusehen.[321] Dann muss der juristische Entscheidungsträger prüfen, ob das Sachverhaltselement trotzdem dem Text zugeordnet werden kann oder ob dies - als negativer Kandidat - nicht der Fall ist.[322]

316 Koch/Rüßmann, Juristische Begründungslehre, S. 193.

317 Koch/Rüßmann, ebd.

318 Als Mindestforderung stellen Koch/Rüßmann das Gebot auf, dass sich bei Mehrdeutigkeit und Inkonsistenz des gesetzlichen Ausdrucks jede weitere Auslegungstätigkeit zumindest noch im Rahmen einer der möglichen Bedeutungsalternativen des Gesetzesausdruckes halten muss; Koch/Rüßmann, ebd., S. 194. Das stimmt mit den Anforderungen der juristischen Methodik überein; siehe oben unter 3.1.4.

319 Koch/Rüßmann, ebd., S. 188.

320 Koch/Rüßmann, ebd., S. 191.

321 Koch/Rüßmann, ebd., S. 193ff.

322 Koch/Rüßmann, ebd., S. 199.

4.2.1.4 Bydlinski

Diese Position hat weitestgehend Eingang in die juristische Methodenlehreliteratur gefunden. Auch bei Bydlinski lässt sich die auf Sprachkonventionen beruhende Trennung von Begriffskern und -hof ausmachen.[323] Seiner Auffassung nach hat der juristische Entscheidungsträger bei der Zuordnung eines Falles zum Begriffskern oder -hof – wie auch Koch/Rüßmann herausstellen – den Sprachgebrauch eines bestimmten Adressatenkreises zugrunde zu legen, an den sich der rechtliche Text richtet.[324] Bydlinski geht davon aus, dass der gruppenspezifische Sprachgebrauch dem allgemeinen Sprachgebrauch vorgeht.[325] Lässt sich überhaupt kein einheitlicher Sprachgebrauch feststellen, muss sich die Wortlautauslegung an dem Sprachgebrauch orientieren, der als am weitesten verbreitet in Bezug auf den betroffenen Personenkreis angesehen werden kann.[326] Liegt ein uneinheitlicher Sprachgebrauch vor und kann keinem der divergierenden Sprachgebräuche der Vorrang eingeräumt werden, muss sich der juristische Entscheidungsträger fragen,

> »ob es Erfahrungssätze über Sprachliches gibt, die es gestatten, für den durch einen uneinheitlichen Sprachgebrauch begründeten ›Begriffshof‹ der gesetzlichen Begriffe doch noch zu präzisieren, ob das zu prüfende Sachverhaltselement von der Rechtsfolgenanordnung erfasst oder von ihr ausgeschlossen ist.«[327]

4.2.1.5 Zusammenfassung

Die Theorie vom Begriffskern und -hof spricht dem Rechtstext im Kernbereich Normativität zu, da er, aus Sicht der Vertreter dieser Lehre, über seine Anwendung bestimmen kann.[328] Insoweit modifiziert die Lehre vom Begriffskern und -hof das bereits dargestellte Programm der juristischen Methodik. Der Unterschied besteht darin, dass die traditionelle Auslegungslehre in Bezug auf die Steuerung der interpretativen Operation durch die semantische Bedeutung des Rechtstextes zurückhaltender ist als die Lehre vom Begriffskern und -hof. Gilt diese im traditionellen methodologischen Auslegungsprogramm vor allem als Ausgangs- und Endpunkt der interpretativen Bewegung[329], soll ihr, nach der Lehre vom Begriffskern und -hof, eine bestimmende Wirkung zumindest dann

323 Bydlinski, Juristische Methodenlehre und Rechtsbegriff, S. 437f.
324 Bydlinski, ebd., S. 439.
325 Bydlinski, ebd.
326 Bydlinski, ebd., S. 440.
327 Bydlinski, ebd., S. 438.
328 Gegen die Gliederung des Rechtstextes in Begriffskerne und -höfe Forgó, Recht Sprechen, S. 199f.
329 Anders bisweilen in der Rechtsprechungspraxis, wie unter 3.1.4 ausführlich dargelegt.

zukommen, wenn ein spezifischer Fall dem Kernbereich der Regel zugeordnet werden kann.[330]

Problematisch ist, wie Christensen zutreffend feststellt, dass die semantische Einteilung in Begriffskerne und -höfe beansprucht,

> »eine semantische zu sein, wobei sie allerdings nicht beschreibt, was die Bedeutung von Ausdrücken ist, sondern postuliert, wie die Bedeutung sein sollte, nämlich fest, beständig und nach wahr-/falsch-Kriterien anwendbar.«[331]

Der Vorwurf, der ihr zu machen ist, lautet also, dass sie von einem gewünschten Ergebnis, nämlich der klaren Abgrenzung von Anwendungs- und Nichtanwendungsfällen eines Rechtstextes, ausgeht, ohne die Frage nach der Normativität semantischer Bedeutung – vor dem Hintergrund der Spätphilosophie Wittgensteins – systematisch zu erhellen.

Das soll in einer nunmehr folgenden Analyse einer anders gearteten Wittgenstein-Rezeption geschehen.

4.2.2 Wittgenstein-Rezeption II: Semantische Normativität in der juristischen (Argumentations-) Praxis

Klatt hat in neuerer Zeit einen vielversprechenden Versuch unternommen, anhand der Sprachphilosophie Brandoms[332] zu zeigen, dass dem Rechtstext sehr wohl semantische Normativität zukommt.[333] Anders als die Vertreter der Lehre vom Begriffskern und -hof behaupten[334], soll das nicht lediglich im Kernbereich, sondern stets der Fall sein.[335] Das ist der Überlegung geschuldet, dass innerhalb der juristischen Praxis implizit enthaltene sprachliche Standards explizit gemacht werden können, die der Interpretation des Rechtstextes analytische Grenzen ziehen: Bedeutung wird insoweit als institutionelle Tatsache verstanden.[336] Dabei leitet Klatt die normative Regularität der Sprache, die einen bestimmten interpretativen Wortgebrauch innerhalb der juristischen Praxis nicht allein deskriptiv beschreibt, sondern diesen auch präskriptiv vorschreibt – und die juristische Entscheidung damit determiniert –, anknüpfend an das der Ge-

---

330 Dies relativierend aber Bydlinski in Bydlinski, Juristische Methodenlehre und Rechtsbegriff, S. 437f.: »Wortinterpretation ist zwar bei der Rechtsgewinnung mit im Spiel. Wo jedoch das Schwergewicht der juristischen Argumentation bei ihr liegt, handelt es sich normalerweise nicht um besonders schwierige Probleme.«

331 Christensen, Was heißt Gesetzesbindung?, S. 74f.

332 Brandom, Expressive Vernunft (dt. Frankfurt am Main 2000).

333 Klatt, Theorie der Wortlautgrenze, S. 262f.

334 Siehe dazu oben unter 4.2.1.

335 Klatt, ebd.

336 Klatt, ebd., S. 137.

brauchstheorie der Bedeutung zugrunde gelegte Regelmodell Wittgensteins[337], aus der Praxis selbst her.[338] Um über den Ansatz Klatts urteilen zu können, muss an dieser Stelle im Detail geklärt werden, ob semantische Bedeutung normativ ist.[339]

In diesem Abschnitt wird deshalb zunächst, als Vorbedingung dafür, eine Antwort auf die Frage nach der semantischen Normativität geben zu können, zu klären versucht, ob sich die Sprachpraxis nach geteilten Regeln vollzieht. Das klingt zwar nach einer Selbstverständlichkeit, wird aber von einigen Sprachphilosophen durchaus vehement bestritten.[340] Damit ist die Soziolekt-Idiolekt-Debatte angesprochen.[341]

Sodann soll auf die Problematik des Regelfolgens und mithin auf die Frage, ob semantische Bedeutung normativ ist, eingegangen werden. Es werden verschiedene Positionen beleuchtet, die sich dem Problem vor dem Hintergrund der wittgensteinschen Spätphilosophie nähern. In Anbetracht der darzustellenden Positionen ist es durchaus angemessen, nicht davon auszugehen, dass semantische Bedeutung normativ ist.[342]

4.2.2.1 Who is Master?

Die Frage, ob Sprache regelhaft vollzogen wird, um intersubjektive Verständigung zu ermöglichen (Regelmodell der Sprache), scheint auf den ersten Blick einfach mit Ja beantwortet werden zu können. Jedoch wird durchaus eine zweite Perspektive auf die Dinge eingenommen: Anstatt sprachliche Regeln als maß-

337 Wittgenstein hat sich mit dem Problem des Regelfolgens unter anderem intensiv auseinandergesetzt in BGM, S. 80–94, S. 329–409; BPP S. 326; PG S. 40–97, S. 170–190; SPP S. 475ff.; ÜG S. 132–190, S. 214–221; Z S. 342–377.

338 Dabei stützt er sich im Wesentlichen auf Brandom, Expressive Vernunft (dt. Frankfurt am Main 2000).

339 Wie gezeigt werden soll, haben sowohl Vertreter der Heidelberger Schule als auch des Nachpositivistischen Rechtsdenkens diese Frage, unter Berufung auf die Sprachphilosophie Wittgensteins, verneint; siehe etwa Forgó, Recht Sprechen, S. 138, 192ff. und unten unter 4.2.3.

340 Davidson, Denken und Reden, in: ders., Wahrheit und Interpretation, S. 227: »Zwei Sprecher können wechselseitig ihre Äußerungen interpretieren, ohne dass eine gemeinsame Sprache im üblichen Sinne vorhanden ist.«

341 Dieser wurde vor allem zwischen Dummett und Davidson intensiv ausgetragen; siehe zu der Auseinandersetzung etwa Dummett, Was ist eine Bedeutungstheorie?, in: Schulte [Hrsg.], Wahrheit, S. 94–133 und Davidson, Kommunikation und Konvention, in: ders., Wahrheit und Interpretation, S. 372–393.

342 Glüer, Sprache und Regeln, S. 196f. Wright ist der Auffassung, dass die semantische Bedeutung die nötige Stabilität, um einen bestimmten Gebrauch vorzuschreiben, nicht besitzt. Er geht davon aus, dass semantische Bedeutung keine Investigation-Independence besitzt. Was es mit Investigation-Independence auf sich hat, beschreibt Wright in Wright, Rule-Following, Objectivity and the Theory of Meaning, in: ders., Rails to Infinity, S. 34ff.

geblichen Anknüpfungspunkt für die Verständigung heranzuziehen, könnte auch dem sogenannten Sprechermeinen, im Sinne der folgenden Äußerung Humpty Dumptys in Carrols *Through the Looking-Glass, and What Alice Found There*, die Herrschaft über die sprachliche Bedeutung eingeräumt werden (Idiolektisches Sprachmodell):

»›There's glory for you!‹
›I don't know what you mean by glory‹, Alice said.
Humpty Dumpty smiled contempously. ›Of course you don't – till I tell you. I meant there's a nice knock-down argument for you!‹
›But ›glory‹ doesn't mean a nice knock-down argument‹, Alice objected.
›When I use a word‹, Humpty Dumpty said, in rather a scornful tone, ›it means just what I chose it to mean – neither more nor less.‹
›The question is‹, said Alice, ›whether you can make words mean so many different things.‹
›The question is‹, said Humpty Dumpty, ›which is to be master – that's all‹.«[343]

In der neueren Sprachphilosophie hat sich Davidson gegen die Auffassung, Sprache vollziehe sich nach Regeln, ausgesprochen. Daher erfolgt nun eine Auseinandersetzung mit der Philosophie Davidsons. Anschließend soll das regulative Modell der Sprache, wie Dummett es vertreten hat, untersucht werden.

4.2.2.1.1 Davidson

Davidson legt seiner Sprachphilosophie keine geteilte und auf gemeinsamen Regeln[344] aufruhende Sprache zugrunde.[345] Vielmehr geht er davon aus, dass Verständigung zwischen Sprechern und Interpreten möglich ist, ohne auf eine

343 Carroll, Through the Looking-Glass, and What Alice Found There, S. 196.

344 Deshalb lässt sich der Ansatz Davidsons auch nicht aus dem Spätwerk Wittgensteins ableiten; für eine Ableitung der Philosophie Davidsons aus dem Tractatus aber: Smart, How to Turn the Tractatus Wittgenstein into (Almost) Donald Davidson, in: LePore [Hrsg.], Truth and Interpretation, S. 92–100.

345 Davidson, Kommunikation und Konvention, in: ders., Interpretation und Wahrheit, S. 372f.: »Könnte es Verständigung mittels Sprache geben, wenn es keine Konventionen gäbe? Nach David Lewis ist es ›ein Gemeinplatz – etwas, was niemand außer einem Philosophen auch nur im Traum bestreiten würde –, dass es Sprachkonventionen gibt.‹ Gewiss wäre es absurd zu bestreiten, dass viele Konventionen Sprachliches einbeziehen, so etwa, wenn man ›Guten Morgen‹ wünscht, egal, was für ein Wetter herrscht; dies ist jedoch nicht die Art von Konvention, von der die Existenz der Sprache abhängt. Kein Zweifel, was Lewis vorschwebt, ist der Gedanke, dass der Zusammenhang zwischen Wörtern und dem, was sie bedeuten, ein konventioneller ist. Und vielleicht würde niemand außer einem Philosophen das bestreiten; aber wenn dem so ist, liegt das vielleicht daran, dass niemand außer einem Philosophen es überhaupt erst sagen würde. Was tatsächlich offensichtlich genug ist, um ein Gemeinplatz zu sein, ist, dass der Gebrauch eines bestimmten Geräuschs zur Bezugnahme auf das, worauf es sich bezieht, oder um das zu meinen, was es bedeutet, *willkürlich* ist. Aber während das Konventionelle in gewissem Sinne willkürlich ist, braucht das Willkürliche nicht unbedingt konventionell zu sein.«

solche rekurrieren zu müssen.[346] Ausgehend von divergierenden Sprachhaushalten, sogenannten Idiolekten, konstruiert Davidson eine Bedeutungstheorie, die zeigen soll, dass es einem Interpreten in jeder Lage möglich ist, eine situationsspezifische Äußerung eines Sprechers richtig zu interpretieren, obwohl beide – eo ipso – nicht dieselbe Sprache sprechen.[347] Demnach ist Bedeutung nicht mit der Sprache – über Regeln, Konventionen oder in Kontexten – gegeben.[348] Um trotzdem eine Semantik – ohne semantische Begriffe – aufstellen zu können, supplementiert Davidson Bedeutung durch Wahrheit, die zum semantischen Grundbegriff seiner Theorie wird.[349] Er versteht Wahrheit nicht als ein epistemologisches Konzept.[350] Bei Davidson wird Wahrheit zu einem vorreflexiven Phänomen, das nur zwischen verschiedenen Sätzen einer Sprache vermittelt.[351]

---

346 Aus diesem Grund setzt sich die Interpretationstheorie Davidsons aus Belegen zusammen, die keine Kenntnis darüber voraussetzen, wie bestimmte Äußerungen zu interpretieren sind. Verzichtet wird mithin auf bestimmbare Bedeutungen von Wörtern, synonyme Beziehungen und dergleichen mehr; siehe dazu etwa Davidson, Radikale Interpretation, in: ders., Wahrheit und Interpretation, S. 187.

347 Davidson, Denken und Reden, in: ders., Wahrheit und Interpretation, S. 227.

348 Krämer, Sprache, Sprechakt, Kommunikation, S. 178.

349 Davidson, Wahrheit und Bedeutung, in: ders., Wahrheit und Bedeutung, S. 48f. Bung hat die Wahrheitssemantik Davidsons auf Rechtssätze angewandt. Dem steht das Jorgensen-Dilemma entgegen; Jorgensen, Imperatives and Logic, S. 288–296. Mit diesem Problem hat sich Bung intensiv auseinandergesetzt in Bung, Subsumtion und Interpretation, S. 100ff. Das jorgensensche Dilemma besagt, stark verkürzt, dass Rechtssätzen kein Wahrheitswert zukommt, da es sich um Sollens-Sätze handelt, die aber trotzdem Teil von logischen Schlussfolgerungen werden; dazu: Weinberger, Normentheorie als Grundlage von Jurisprudenz und Ethik (Berlin 1981). Bung unterscheidet zwischen dem Akt der Hervorbringung eines Rechtssatzes (dem Willensakt) und dem Ergebnis dieses Willensaktes, nämlich der Norm selbst, um zu zeigen, wie das Dilemma überwunden werden kann. Da das Ergebnis des Willensaktes eine Aussage ist, kommt ihr, nach Bung, ein Wahrheitswert zu. Damit ist für ihn das Problem der Wahrheitsfähigkeit von Rechtssätzen gelöst: Das Problem wird auf die Ebene der Deutung degradiert und zu einem Semantikproblem umgeformt, dem mittels der Wahrheitssemantik des Davidson-Tarski-Typs beizukommen ist; Bung unter Verweis auf den Briefwechsel zwischen Hans Kelsen und Ulrich Klug: Kelsen/Klug, Rechtsnormen und logische Analyse, S. 39. Das Vorurteil, wie Bung es nennt, dass Rechtssätze weder wahr noch falsch sein können, wird demnach über den Rückzug auf das Feld der Semantik ausgebremst; hiergegen Forgó, Recht Sprechen, S. 139f.

350 Wittgenstein hatte im Tractatus angenommen, dass Wahrheit ein epistemologisches System ist. Demnach gelingt es einem Interpreten, einen Satz richtig zu interpretieren, wenn er weiß, was der Fall ist, wenn der Satz wahr ist. Dazu Wittgenstein, Tractatus logico-philosophicus 4.021: »Der Satz ist ein Bild der Wirklichkeit: Denn ich kenne die von ihm dargestellte Sachlage, wenn ich den Satz verstehe. Und den Satz verstehe ich, ohne daß mir sein Sinn erklärt wurde.« Ferner 4.024: »Einen Satz verstehen, heißt, wissen was der Fall ist, wenn er wahr ist.« Von der Vorstellung, der Satz stelle ein Abbild der Welt dar, verabschiedet sich Davidson.

351 Davidson, Radikale Interpretation, in: ders., Wahrheit und Interpretation, S. 195. Den Wahrheitsbegriff Davidsons umschreibt Krämer wie folgt; Krämer, Sprache, Sprechakt,

Was bedeutet das für eine Bedeutungstheorie, um deren Aufstellung sich Davidson bemüht? Das wird leicht ersichtlich, wenn die Überlegungen Davidsons dem Ansatz Tarskis, der eine semantisch orientierte Wahrheitstheorie ausgearbeitet hat, gegenübergestellt werden. Tarski geht von einem korrespondenztheoretischen Wahrheitsverständnis aus.[352] Demnach ist eine Aussage wahr genau dann, wenn ihr ein bestimmter Sachverhalt zugeordnet werden kann. Zu diesem Zweck geht Tarski davon aus, dass es Interpreten möglich ist, zwischen einem objektsprachlichen und einem metasprachlichen Ausdruck zu unterscheiden.[353] Das ermöglicht es ihm, sein korrespondenztheoretisches Wahrheitsverständnis in Form eines Schematismus der folgenden Art, das nachfolgend als W-Theorem bezeichnet werden soll, darzustellen: s (Erklärung in der Objektsprache) ist dann und nur dann wahr, wenn p (Metasprache). s wird durch eine strukturelle Beschreibung der Objektsprache, p durch eben diesen Satz ersetzt. Dieses W-Theorem gibt die notwendige Passform vor, um Sätze der Objekt- und Metasprache zu korrelieren. Als einfaches Beispiel soll das folgende Konditional dienen:

»›Schnee ist weiß‹ ist dann und nur dann wahr, wenn Schnee weiß ist.«[354]

Damit kann Tarski für jeden objektsprachlichen Satz Bedingungen angeben, nach denen dieser wahr ist, da die rechte Seite des Konditionals – und mithin die Übersetzung des objektsprachlichen Ausdrucks in die Metasprache – diese Bedingungen ausweist. Freilich setzt dieser Vorgang bei Tarski voraus, dass die semantische Bedeutung des objekt- und metasprachlichen Ausdrucks bekannt ist, um auf die Wahrheit der objektsprachlichen Aussage schließen zu können. Hiergegen verwahrt sich Davidson. Eine durch W-Theoreme strukturierte Interpretationstheorie ist, in Davidsons Verständnis und anders als Tarski angenommen hat[355], nicht auf die Kenntnis des semantischen Gehalts angewiesen. Bei Davidson wird der Wahrheitsbegriff zum Ankerpunkt der Interpretation, der dem Interpreten intuitiv zugänglich ist und ihm erlaubt, die Sätze des Sprechers zu entschlüsseln. Damit werden Tarskis Überlegungen auf den Kopf gestellt, da dieser die semantische Bedeutung der objekt- und metasprachlichen Sätze vorausgesetzt hatte, um Wahrheitsaussagen zu treffen.

Kommunikation, S. 179: »Wahrheit ist nicht definierbar und ist doch das, was das Verstehen im alltäglichen Kommunikationsgeschehen mit all seinen Figuren vom Märchenerzählen über die Ironie bis zur Lüge durchwirkt und ›am Laufen‹ hält: Alle diese Figuren unserer Sprachlichkeit ›funktionieren‹ nur, wenn wir zugleich eine Intuition darüber haben, was ein wahrer Satz ist.«

352 Tarski, Die semantische Konzeption der Wahrheit und die Grundlagen der Semantik, in: Skirbekk [Hrsg.], Wahrheitstheorien, S. 149.

353 Krämer, Sprache, Sprechakt, Kommunikation, S. 180.

354 Davidson, Wahrheit und Bedeutung, in: ders., Wahrheit und Interpretation, S. 51.

355 Davidson, ebd., S. 48f.

Doch das von Davidson beschriebene Unterfangen sieht sich den nachfolgenden zwei Problemen ausgesetzt. Es geraten W-Theoreme der folgenden Art in den Blick:

> »›Schnee ist weiß‹ ist wahr genau dann, wenn Gras grün ist.«[356]

Beide Seiten des Konditionals sind wahr. Offensichtlich handelt es sich jedoch um keine zulässige Relationierung zwischen der Objekt- und der Metasprache, da keine zielführende Aussage über die semantische Bedeutung der Objektsprache getroffen wird.[357] Um solche Relationierungen auszuschließen, geht Davidson davon aus, dass das W-Theorem nur dann sinnvoll ist, wenn es dem Ganzen der Sprache etwas hinzufügt und einer Einordnung der objektsprachlichen Sätze in einen größeren Gesamtzusammenhang zuträglich ist.[358] Das zweite Problem, das sich stellt, hängt damit zusammen, dass Davidson eine Interpretationstheorie für natürliche Sprachen aufstellen möchte. Damit muss aber der kontextuelle Wahrheitswert von Aussagen Berücksichtigung finden. Davidson hat dieses Problem erkannt. Um ihm entgegenzutreten, hat er das Korrelationsschema um folgende Punkte erweitert:

> »›Ich bin müde‹ ist als potentielle Äußerung von p bei t dann und nur dann wahr, wenn p bei t müde ist.«[359]

und

> »›Dieses Buch ist gestohlen worden‹ ist als (potentielle) Äußerung von p bei t dann und nur dann wahr, wenn das bei t von p gezeigte Buch vor t gestohlen worden ist.«[360]

Wenn ein Interpret folglich eine kontextuelle Äußerung eines Sprechers interpretiert, so stellt er eine Hypothese darüber auf, dass diese Aussage unter bestimmten beobachtbaren Zuständen wahr ist. Doch wieso sollte ein Interpret unterstellen, dass ein Sprecher tatsächlich wahre Aussagen treffen möchte? Nach Davidson gibt es keinen anderen Weg, als dieses Für-wahr-Halten zu unterstellen:

> »Ein geeigneter Ausgangspunkt ist die Einstellung des Einen-Satz-für-wahr-Haltens, des ihn Als-wahr-Akzeptierens. Freilich, dies ist zwar ein Glauben, aber es ist eine einzige Einstellung, die sich auf alle Sätze anwenden läßt und daher nicht verlangt, daß wir imstande seien, diffizile Unterscheidungen zwischen verschiedenen Überzeugungen zu treffen. Es ist eine Einstellung, von der man plausiblerweise annehmen kann, daß der Interpret imstande ist, sie als solche zu erkennen, ehe er zu interpretieren vermag, denn er kann wissen, daß jemand durch die Äußerung eines Satzes eine

356 Davidson, ebd., S. 52.
357 Davidson, ebd.
358 Davidson, ebd., S. 53.
359 Davidson, ebd., S. 65.
360 Davidson, ebd.

Wahrheit zum Ausdruck zu bringen beabsichtigt, ohne daß der Interpret eine Ahnung hat, *welche* Wahrheit das ist.«[361]

Nach Davidson kann (und muss) dieses Einen-Satz-für-wahr-Halten als Beweis dafür dienen, dass eine Äußerung auch tatsächlich wahr ist.[362] Damit ist der Kern der Interpretationstheorie Davidsons freigelegt: Da die Interpreten in einer geteilten Welt leben, teilen sie auch gemeinsame Überzeugungen über deren Beschaffenheit.[363] Diese gemeinsamen Überzeugungen über die Beschaffenheit der Welt ermöglicht es ihnen, sich wechselseitig zu verständigen, ohne dass eine geteilte Sprache zur Verständigung nötig wäre.[364]

Die Überlegungen Davidsons wurden hinreichend dargelegt. Nunmehr soll auf das regulative Modell der Sprache, das in der neueren Zeit insbesondere von Dummett vertreten wurde, eingegangen werden.

361 Davidson, Radikale Interpretation, in: ders., Wahrheit und Bedeutung, S. 196.

362 Davidson, ebd., S. 197.

363 Krämer umschreibt das wie folgt; Krämer, Sprache, Sprechakt, Kommunikation, S. 187: »Der Witz der Interpretationstheorie ist also, daß die Voraussetzung, die unabdingbar erfüllt sein muss, damit Interpretation und Kommunikation möglich ist, gar nicht in einer geteilten Sprache besteht, vielmehr in einer geteilten Welt, die sich im Spiegel unseres gemeinsamen Fürwahrhaltens zeigt.«

364 Während Davidson davon ausgeht, dass sich die Interpreten richtige Annahmen über die Welt gegenseitig zuschreiben, ist die Welt bei McDowell dem Interpreten perzeptiv-zugänglich und gegeben (McDowell nennt dies die Fähigkeit, gegenüber der Realität offen zu sein: McDowell, Geist und Welt, S. 51; prägnanter kann es als Weltoffenheit bezeichnet werden [Bertram/Lauer/Liptow/Seel, In der Welt der Sprache, S. 286], womit McDowell in die geistige Nähe von Merleau-Ponty rückt, wobei die Wahrnehmung, anders als bei Merleau-Ponty, nicht nichtbegrifflich bzw. nichtsprachlich, sondern begrifflich verstanden wird; Merleau-Ponty, Phänomenologie der Wahrnehmung, S. 237ff.) und wird zum direkten Inhalt der interpretativen Erfahrung. Die Erfahrung wiederum reflektiert einen Aspekt der Beschaffenheit der Welt, also wie die Dinge tatsächlich sind, und ist damit nicht lediglich einzelnen Subjekten zugänglich. McDowell stellt fest, dass in der Erfahrung stets neue Qualitäten der objektiven Welt selbst entdeckt werden und nicht lediglich subjektive Projektionen auf diese; McDowell, Geist und Welt, S. 81: »Mitten in einer derartigen Erfahrung, die vermeintlich unsere begriffliche Kraft transzendiert – eine Erfahrung, die *ex hypothesi* ein passendes Muster liefert –, können wir einem Begriff einen sprachlichen Ausdruck verschaffen, welcher genauso feinkörnig wie die Erfahrung selbst ist, indem wir eine Wendung wie ›diese Tönung‹ äußern, wobei sich das Demonstrativum der Gegenwart des Musters bedient.« Erfahrungen sind jedoch sowohl objekt- als auch kontextabhängig. Das heißt, dass sich einem Interpreten der Erfahrungsgehalt nur in einer ganz bestimmten Wahrnehmungssituation darbietet. Zeigt etwa eine Person auf *diesen Mann mit der roten Mütze*, so kann der Erfahrungswert nur von einer Person erfasst werden, die dieser Zeigegeste beiwohnt. Damit ist dieser aber auch abhängig davon, wie er in der Wahrnehmung gegeben ist. Nach McDowell sind diese perzeptiven Gehalte trotz ihrer Abhängigkeit von der Gegenwart des weltlich Gegebenen begrifflich, weil sie über soziale Interpretationspraktiken in einen inferentiellen Zusammenhang eingeflochten werden; hierauf weisen Bertram/Lauer/Liptow/Seel in Bertram/Lauer/Liptow/Seel, In der Welt der Sprache, S. 295ff. hin. Das ist möglich, da die Erfahrung selbst wiederum in der Welt verankert ist und mithin einen sozialen Bezug aufweist.

4.2.2.1.2 Dummett

Dummett geht davon aus, dass die Funktionsweise von Sprache nicht als eine kommunikative Übereinkunft von Idiolekten, also einer Verständigung zwischen Sprechern, die allesamt unterschiedliche sprachliche Haushalte aufweisen, verstanden werden kann.[365] Entscheidend ist für Dummett, dass es Bedingungen gibt, unter denen eine Sprachgemeinschaft einem Sprecher attestiert, eine Äußerung korrekt oder inkorrekt und mithin einer Regel entsprechend getätigt zu haben oder nicht. Diese sogenannten Äußerungsbedingungen[366] bezeichnen, was eine Person wissen muss, damit ihr die Beherrschung der Sprache zugeschrieben werden kann[367]:

> »There is no describing any individual's employment of his words without account being taken of his willingness to subordinate his use to that generally agreed as correct.«[368]

Zugleich garantierten die konsentierten Äußerungsbedingungen seiner Meinung nach, dass sich zwei Personen verständigen können, da sie dieselbe Sprache sprechen.[369] Hierauf zielt Dummett ab, wenn er sagt, Sprache sei ein soziales Phänomen:

> »That is (...) the notion of a language considered as a social phenomenon.«[370]

365 Dummett, Meaning, Knowledge, and Understanding, in: ders., The Logical Basis of Metaphysics, S. 87. Vielmehr werde, nach Dummett, ein Idiolekt durch die Abweichung eines einzelnen Sprechers von einer gemeinschaftlichen Konvention – aufgrund unzulänglichen Wissens um die Konvention oder Unverständnisses – erzeugt.

366 Den Äußerungsbedingungen werden nach Wright in Wright, Second Thoughts about Criteria, in: ders., Realism, Meaning and Truth, S. 267f. und in Anlehnung an Wittgenstein folgende Attribute zugewiesen: (i) Die Äußerungsbedingungen für P generieren Wissen, dass P. (ii) Die Äußerungsbedingungen von P bestimmen den Inhalt von P und dienen als Nachweis, dass P. (iii) Es kann eine Vielzahl von Äußerungsbedingungen für P geben. (iv) Ob die Äußerungsbedingungen für P vorliegen, kann nicht privatim festgestellt werden. (v) Eine veränderte Wissensgrundlage kann zur Erosion der Äußerungsbedingungen für P und zum Nachweis, dass nicht P, führen.

367 Dabei besteht, nach Dummett, zwischen dem Wissen, das eine Person in die Lage versetzt, als ein kompetenter Sprecher wahrgenommen zu werden, und der Wortbedeutung ein Zusammenhang in dem Sinne, dass die Bedeutung der Wörter mit dem Wissen, das notwendig ist, um die Äußerung zu verstehen, identisch ist; Dummett, Meaning, Knowledge, and Understanding, in: ders., The Logical Basis of Metaphysics, S. 83. Hiergegen spricht sich freilich Davidson aus, was Picardi in Picardi, Convention and Assertion, in: McGuiness/Oliveri [Hrsg.], The Philosophy of Michael Dummett, S. 60 darstellt.

368 Dummett, The Social Character of Meaning, in: ders., Truth and Other Enigmas, S. 425.

369 Kritisch dazu: Davidson, The Social Aspect of Language, in: McGuiness/Oliveri [Hrsg.], The Philosophy of Michael Dummett, S. 6ff.

370 Dummett, The Social Character of Meaning, in: ders., Truth and Other Enigmas, S. 425.

Jedoch kann sich die Wissensgrundlage wandeln, die zu einer gewissen Äußerung berechtigt. Das veranschaulicht etwa nachfolgender Fall[371]: Jones sitzt im Wartezimmer eines Zahnarztes. Er hält sich die Backe und verzerrt das Gesicht vor Schmerz. [D1, … , Dn] sind Äußerungen, die diesen Zustand beschreiben. P ist in diesem Zusammenhang die Äußerung *Jones hat Zahnschmerzen.* Es ist nun durchaus vorstellbar, dass eine dritte Person, die Jones dort sitzen sieht und die um die Wahrheit der [D1, … , Dn] weiß sowie keinen Grund hat, anzunehmen, das Jones nicht Zahnschmerzen hat, und auch keine bessere Erklärung bezüglich der [D1, … , Dn] abgeben kann, vernünftigerweise annimmt, dass P, nämlich dass Jones Zahnschmerzen hat. Jedoch ist es vorstellbar, dass sich die Umstände in der Art wandeln, dass [D1, … , Dn] nicht ausreichen, um P anzunehmen, obwohl die dritte Person weiterhin keinen Grund hat, an seinen Annahmen zu zweifeln, und keine bessere Erklärung für die getätigten Beobachtungen hat. Das kann etwa der Fall sein, wenn die dritte Person erfährt, dass Jones regelmäßig simuliert, Zahnschmerzen zu haben, um nicht in die Schule gehen zu müssen. Diese veränderte Wissensgrundlage hat zur Konsequenz, dass nicht länger von P gesprochen werden kann.

Dieser Fall kann auf jede nur erdenkliche Äußerungssituation erstreckt werden. Wright stellt fest, dass es geradezu paradigmatisch ist, dass, wann immer man auf Grundlage eines bestimmten Wissens zu einer Äußerung berechtigt zu sein scheint, auf gleicher Basis das Gegenteil behauptet werden kann.[372] Dem ist insofern zuzustimmen, als es keine Stoppregel, kein festes, einer Erosion der Äußerungsbedingungen entzogenes Fundament und damit keine Garantie gibt, dass eine Äußerung, die zu einem bestimmten Zeitpunkt t akzeptiert wurde, auch zu einem späteren Zeitpunkt (t + 1) funktioniert. Die Wissensgrundlage kann sich entsprechend verändert haben. Jedoch ist damit keine Aussage darüber getroffen, dass es zu einem bestimmten Zeitpunkt t keine Übereinstimmung in Bezug auf eine Äußerungsbedingung (und mithin das P) geben kann, so dass der Einwand zumindest insoweit entkräftet werden kann.

4.2.2.1.3 Zusammenfassung

Die gegensätzlichen Positionen Davidsons und Dummetts wurden nunmehr zureichend dargestellt. Glüer geht davon aus, dass eine Entscheidung zugunsten einer der Positionen nicht getroffen werden muss. Sie stützt sich darauf, dass jeder Sprecher, der sich verständlich machen will, Teil einer Sprachpraxis sein muss, für die es Korrektheitsstandards gibt. Ihrer Auffassung nach gilt das so-

371 Fall nach Wright, Second Thoughts about Criteria, in: ders., Realism, Meaning and Truth, S. 280f.

372 Wright, ebd., S. 281f.: »If criterial grounds are always defeasible, then they must, if the world turns out sufficiently awkward, be defeasible in whole classes.«

wohl für das davidsonsche als auch für das dummetsche Sprachmodell: Bedeutungskonstitutive Regeln müssen für die Unterscheidung von linguistischer Korrektheit und Inkorrektheit aufkommen.[373] Wie Glüer feststellt, wäre sonst in einem Sprachmodell, das sich am Vorrang des Idiolektes ausrichtet, erfolgreiche Verständigung nicht möglich.[374]

4.2.2.2 Inkohärenz von Konstitutivität und Präskriptivität

Das Verhältnis von sprachlicher Regel und Normativität muss – dies als zutreffend unterstellt – weiter ergründet werden. Dummett vertritt die Auffassung, dass sprachliche Normativität durch konstitutive Regeln bestimmt werde:

> »Using a language and playing a game are not like doing one's hair and taking a bath. One may do either of the last two things and still be doing it. But if the game ceases to have rules, it ceases to be a game, and, if there cease to be right and wrong uses of a word, the word loses its meaning.«[375]

Dagegen wird der Einwand der Inkohärenz von Präskriptivität und Konstitutivität sprachlicher Regeln erhoben. Dieser lautet, dass Normativität Präskriptivität und Konstitutivität von Regeln voraussetze – sprachliche Regeln können entweder präskriptiv oder konstitutiv sein, nicht aber beides zugleich.[376] Demnach geben die sprachlichen Regeln nicht vor, was zu tun ist, um mit einem Zeichen eine bestimmte Bedeutung zum Ausdruck zu bringen.[377]

Das soll kurz erläutert werden. Eine vorschreibende und mithin präskriptive sprachliche Regelung wäre etwa folgende:

(G) Um rot zu meinen, musst du *rot* äußern.

---

373 Glüer, Sprache und Regeln, S. 37ff. Ganz ähnlich auch Klatt, Theorie der Wortlautgrenze, S. 132f.: »Das Ziel erfolgreicher Kommunikation kann nur innerhalb einer Sprachgemeinschaft erreicht werden, die Maßstäbe bereithält, die vom individuellen Sprechermeinen unabhängig sind. Gegen die von Davidson geleugnete ›Verantwortlichkeit‹ der Sprecher ist mit Alexy festzustellen, dass ›die mit Sprechakten verbundenen Ansprüche (…) nicht von den Wünschen der Sprecher, sondern von den Sprechakten zugrunde liegenden Regeln‹ abhängen.«

374 Glüer, Sprache und Regeln, S. 83.

375 Dummett, Meaning, Knowledge and Understanding, in: ders., The Logical Basis of Metaphysics, S. 85.

376 Dies ablehnend Klatt, Theorie der Wortlautgrenze, S. 136f.

377 Glüer, Sprache und Regeln, S. 195: »Die Idee, es seien Regeln, die uns sagten, was wir tun müssen, wollen wir mit einem Zeichen eine bestimmte Bedeutung ausdrücken, verdankt sich einmal mehr der Deutung der Spielanalogie in Begriffen konventioneller Sprachsysteme, wie sie natürliche Sprachen darstellen. Der Gedanke wäre dann einfach der folgende: In einem solchen System gibt es eine (finite) Liste von Ausdrücken (Spielsteinen), denen die ›Regeln‹ der Sprache Bedeutungen zuordnen. Innerhalb dieses Systems gilt, dass ich, um fragliche Bedeutung auszudrücken, einfach nur das entsprechende Zeichen in der vorgeschriebenen Weise zu verwenden brauche.«

Damit diese – präskriptive – Regel eine motivationale Wirkung auf einen Sprecher entfalten kann, wird ihre semantische Bedeutung bereits vorausgesetzt.[378] Sie ist folglich auf eine zweite – konstitutive – Regel der folgenden Art angewiesen:

(G1) zum Zeitpunkt t: *rot* wird korrekt auf x angewendet genau dann, wenn x rot ist.

Der konstitutiven Regel allein kommt aber wiederum keine normative Kraft zu. Sie befehligt nichts und schreibt auch nichts vor. Ihr fehlt die motivationale Kraft, und daher kommt ihr eine doxastische Funktion zu.[379] Die motivationale Kraft entsteht erst durch eine zusätzliche Sprechereinstellung.

Freilich ist die Feststellung der Inkohärenz von Präskriptivität und Konstitutivität sprachlicher Regeln durch Klatt kritisiert worden. Den Ansatzpunkt der Kritik bilden dabei zwei Vorannahmen, die nach Klatt unabdingbar sind für die Inkohärenzthese, nämlich die Trennung von Semantik und Pragmatik sowie die Trennung von Präskriptivität und Konstitutivität.[380] Nach seiner Auffassung ist beides vor dem Hintergrund der Spätphilosophie Wittgensteins unhaltbar:

> »Ferner ist die wesentliche Erkenntnis von Wittgensteins Gebrauchstheorie, dass die Bedeutung sprachlicher Ausdrücke in der Praxis konstituiert wird. (…) Das Argument, eine konstitutive Regel könne nicht verletzt werden, weil sie nur eine doxastische Funktion habe, ist vor diesem Hintergrund sinnlos. In der Praxis ist eine konstitutive Regel ausnahmslos mit einer präskriptiven verbunden.«[381]

Und weiter:

> »Die *präskriptive* Regel ›Wenn S die Bedeutung P ausdrücken möchte, muss S den Sprechakt x äußern‹ wird gerade dadurch verletzt, dass die *konstitutive* Regel, die den

---

378 So etwa Glüer/Pagin, Rules of Meaning and Practical Reasoning, in: Synthese 117 (1999), S. 207: »To the extent that rules concerning meaning can serve as reasons for speech acts, they are not meaning determining. Conversely, the rules that can serve as meaning determining rules do not fit into the relevant practical reasoning. Rules that do fit into practical reasoning leading to speech acts require, since they are not themselves meaning determining, that facts of meaning are independently established. Moreover, this is all they require.«

379 Glüer/Pagin, ebd., S. 218. Glüer/Pagin konstruieren in Glüer/Pagin, ebd., S. 224 ferner folgenden Beispielsfall:
Ich möchte sagen, dass P.
(G2) x zu äußern ist korrekt, wenn P,
also möchte ich x äußern.
In diesem Modell kommt (G2) keine leitende Funktion zu. Die motivationale Kraft entsteht erst durch eine zusätzliche Sprechereinstellung. Das heißt aber ferner, dass präskriptive Regeln, wollen sie eine motivationale Wirkung auf einen Sprecher entfalten, sprachliche Bedeutung bereits voraussetzen. Aus eben diesem Grund ist es aber denklogisch nicht möglich, dass präskriptive Regeln semantische Bedeutung bestimmen.

380 Klatt, Theorie der Wortlautgrenze, S. 135f.

381 Klatt, ebd., S. 135.

Zusammenhang zwischen P und x herstellt, im Kontext einer motivationalen Sprechereinstellung (...) nicht beachtet wird. *Weil* Regeln konstitutiv für Bedeutung sind, muss S, wenn er eine bestimmte Bedeutung P äußern will, diese Regeln beachten. Präskriptivität ist in diesem Sinne von Konstitutivität abhängig.«[382]

Nach Klatt stellen semantische Regeln deshalb eine Mischform zwischen konstitutiven und präskriptiven Regeln dar: Sie sind zum einen konstitutiv, weil sie bestimmte institutionelle Tatsachen schaffen.[383] Zum anderen sind sie regulativ, weil die Sanktionsgefahr, die darin besteht, dass einem Sprecher die Sprachkompetenz seitens der Gemeinschaft abgesprochen wird, normativen Druck ausübt:

»Im Sprachspiel ist an der Reaktion der übrigen Sprecher ablesbar, welche Bedeutung in welchem Kontext akzeptiert und verstanden wird und welche nicht. Sprache ist ein System von konstitutiven Regeln, deren konventionelle Realisierung in einer Gemeinschaft die Geltung dieser Regeln sichert. Bedeutung ist ein *institutional fact* im Sinne Searles.«[384]

Der Einwand Klatts verdient eine nähere Analyse. Dabei gilt es zu untersuchen, ob semantische Bedeutung als institutionelle Tatsache im Sinne Searles aufgefasst werden kann.

4.2.2.3 Semantische Bedeutung als *Institutional Fact*

Ob semantische Bedeutung tatsächlich als eine institutionelle Tatsache aufgefasst werden kann, ist innerhalb des sprachphilosophischen Schrifttums umstritten. Nachfolgend sollen die maßgeblichen Positionen untersucht werden.

4.2.2.3.1 Kripkes Normativismus

Kripke hat einen frühen Versuch unternommen, um zu zeigen, dass Bedeutung ein *Institutional Fact* ist. Um das zu exemplifizieren, hat Kripke ein skeptisches Paradox anhand einer mathematischen Additionsaufgabe[385] aufgestellt.[386] In

382 Klatt, ebd., S. 135f.

383 Damit erfüllen sie die von Searle in Searle, Sprechakte, S. 54 hierfür aufgestellten Voraussetzungen: »Konstitutive Regeln (...) regeln nicht nur, sondern erzeugen oder prägen auch neue Formen des Verhaltens.«

384 Klatt, Theorie der Wortlautgrenze, S. 137.

385 Dass Kripke sich der Mathematik zuwendet, um seine Argumentation zu entwickeln, ist allein Darstellungszwecken geschuldet. Er weist darauf hin, dass sich die beschriebenen Fragen überall in der Sprache stellen; Kripke, Wittgenstein über Regeln und Privatsprache, S. 33. Kripke gibt hierfür ein Beispiel an: P sieht einen Tisch am Fuße des Eiffelturms stehen. Der Skeptiker tritt erneut auf den Plan. Diesmal weist er P darauf hin, dass dieser in der Vergangenheit mit dem Begriff Tisch einen nicht am Fuße des Eiffelturms stehenden Tisuhl gemeint hat. P kann dem nichts entgegensetzen, da der Begriff Tisch in einer unendlichen Anzahl von Fällen zur Anwendung gelangen kann. Es sei für P unmöglich, sich

dem von ihm herangezogenen Beispiel soll die Additionsaufgabe 68 + 57 berechnet werden, wobei davon auszugehen ist, dass die die Rechenaufgabe ausführende Person P nie zuvor positive Zahlen addiert hat, die 57 oder größer sind. P gibt – nach mehrmaliger Nachprüfung – die Antwort 125. Das ruft den Skeptiker auf den Plan, der diese Antwort in Zweifel zieht. Der Skeptiker belässt es aber nicht dabei, Zweifel an der gegebenen Antwort zum Ausdruck zu bringen. Vielmehr hält er der Antwort entgegen, dass P seinen früheren Sprachgebrauch falsch interpretiert und statt plus eigentlich quus gemeint habe. Quus wird durch (+) symbolisiert und wie folgt definiert:

x (+) y, wenn x, y < 57

x (+) y = 5 in allen anderen Fällen.[387]

Nach der Quaddition wäre die zu gebende Antwort folglich 5 und nicht 125 gewesen. Um den Skeptiker zu widerlegen, müsste P eine Tatsache angeben können, die das Vorbringen des Skeptikers, die Quaddition sei mit seinen bisherigen Intentionen in Übereinstimmung zu bringen, falsifiziert. Eine solche Tatsache, so der kripkische Skeptiker, kann jedoch nicht angegeben werden.[388]

Kripke erkennt dies an und geht in seiner skeptischen Lösung[389] des aufge-

über all diese Anwendungsfälle im Vorhinein Klarheit zu verschaffen. Da er noch nicht an den Fall eines Tisches am Fuße des Eiffelturms gedacht hat, kann er nicht ausschließen, dass er in der Vergangenheit nicht vielleicht doch Tisuhl gemeint hat. Und sollte er an einen solchen Fall gedacht haben, besteht die Möglichkeit, diese Annahme im Sinne des Skeptikers zu interpretieren und einen am Fuße des Eiffelturms stehenden Tisch dem Begriff Tisuhl zuzuordnen.

386 Überlegungen dieser Art hat allerdings bereits Malcolm in Malcolm, Defending Common Sense, in: Philosophical Review 58 (1949), S. 201–220 kritisiert.

387 Kripke, Wittgenstein über Regeln und Privatsprache, S. 19.

388 Kripke in Kripke, ebd., S. 21 und Stegmüller in Stegmüller, Kripkes Deutung der Spätphilosophie Wittgensteins, S. 21 ff., 30 ff. spielen eine Reihe von Einwänden durch, die dem Skeptiker entgegengehalten werden können. Im Beispielsfall kann P etwa 68 Stifte auf den Tisch legen und weitere 57 Stifte hinzunehmen. Würden alle nun auf dem Tisch liegenden Stifte durchgezählt, so ergibt sich deren Summe: 125. Jedoch verkennt der Einwand die Stoßrichtung des skeptischen Problems. Es geht nicht darum, dass eine Additionsfunktion unrichtig durchgeführt wurde. Wie der Skeptiker gezeigt hat, ist nicht ausgeschlossen, dass die Quaddition mit der vergangenen Intention Ps in Übereinstimmung steht; Stegmüller, ebd., S. 18. Dann muss als Antwort auf die Frage – trotz der sich auf dem Tisch befindenden Stifte – 5 erwidert werden und nicht 125. Deshalb kann dem Skeptiker auch nicht entgegengehalten werden, dass eine Anweisung, das richtige Ergebnis im konkreten Fall zu nennen, mit der in der Additionsfunktion enthaltenen und erlernten Regel bereits vorliegt; Kripke, Wittgenstein über Regeln und Privatsprache, S. 26 f. Kripke entlarvt die Unzulänglichkeit dieser Auffassung. Seiner Meinung nach gibt es nichts im Inneren von P, das ihm verbindlich sagt, wie er in Zukunft zu addieren habe. Vielmehr macht eine solche Funktion hinter ihr liegende Regeln nötig, um den Gebrauch der vordergründigen Regel zu bestimmen; Kripke, ebd., S. 29 f.

389 Esfeld, Regelfolgen 20 Jahre nach Kripkes Wittgenstein, in: Zeitschrift für Philosophische Forschung 57 (2003), S. 133 beschreibt den Unterschied zwischen einer skeptischen und

worfenen Paradoxons davon aus, dass es ein intentionales Faktum, welches dem Sprecher über den gegenwärtigen Gebrauch hinaus als Norm für zukünftiges sprachliches Verhalten dienen könnte, nicht gibt.[390] Die Lösung des Problems besteht darin, dass jeder Begriffsgebrauch einer neuerlichen Entscheidung der Sprachgemeinschaft dahingehend bedarf, ob er mit dem überkommenen Gebrauch und den gemeinschaftlichen Erwartungen an diesen in Übereinstimmung steht.[391] Kripke führt in seinen Überlegungen ferner aus, dass von Regelfolgen nur dort gesprochen werden kann, wo es – neben der Übereinstimmung in Bezug auf den Gebrauch – eine diesbezügliche Kontrolle gibt.[392] Nur wenn gewährleistet ist, dass die Gemeinschaft das Befolgen einer interpretativen Regel nachprüfen kann, kann von einem solchen Vorgang gesprochen werden.[393] Zusammenfassend wird festgehalten, dass die Sprachgemeinschaft,

---

einer direkten Lösung eines skeptischen Problems wie folgt: »Eine direkte Lösung gibt Wahrheitsbedingungen für Aussagen an, die Personen Überzeugungen mit einer bestimmten Bedeutung zuschreiben. Wahrheitsbedingungen sind in diesem Zusammenhang als Wahrmacher in folgendem Sinne zu verstehen: Unabhängig davon, ob einer Person eine Überzeugung mit einer bestimmten Bedeutung zugeschrieben wird, gibt es ein Faktum dessen, das eine solche Zuschreibung wahr macht. Eine skeptische Lösung bestreitet, dass es Wahrheitsbedingungen für solche Zuschreibungen gibt. Es werden lediglich Behauptbarkeitsbedingungen anerkannt. Dass eine Person eine Überzeugung mit einer bestimmten Bedeutung hat, ist genau dann behauptbar, wenn die Person an einer sozialen, sprachlichen Praxis teilnimmt, in der sie von anderen Personen so behandelt wird, dass sie Überzeugungen des betreffenden Typs hat.«

390 Esfeld formuliert in Esfeld, ebd., S. 130 einleuchtend: »Die Beschreibung der Bedeutung der Überzeugungen von Personen ist prinzipiell nicht reduzierbar auf eine Beschreibung von Physikalischem der betreffenden Person – wie deren Gehirnzuständen oder Verhaltensdispositionen – und nicht-begrifflichem Mentalen (wie Repräsentationen oder vorbegriffliche Erfahrungen).« Die Vorstellung, eben das sei der Fall, macht Wright dafür verantwortlich, dass von einer *Investigation-Independence* von Bedeutung gesprochen wird; Wright, Rule-Following, Objectivity and the Theory of Meaning, in: ders., Rails to Infinity, S. 36: »The hypothetico-deductive picture thus encourages us to accept as a matter of course the rider of certain knowledge of the character of one's own understanding of an expression. And this idea is fundamental to our whole conception of concepts, or meanings, as stable, on which the idea of investigation-independence feeds.«

391 Die Vorstellung, allein die gemeinschaftliche Übereinstimmung in Bezug auf eine interpretatorische Operation sichere deren Erfolg, stellt eine Abkehr von der traditionellen Ansicht dar, es müsse Übereinstimmung in den Definitionen vorliegen, um eine einheitliche Anwendung der Begriffe und Regeln und damit vorhersehbare interpretative Operationen zu garantieren; Wittgenstein PU 242 und Bloor, Wittgenstein, Rules and Institutions, S. 27ff.

392 Kripke, Wittgenstein über Regeln und Privatsprache, S. 125, 127. Dazu Forgó, Recht Sprechen, S. 183: »Nur weil es andere Juristen gibt, die über die Validität der Argumente, die sie überzeugen sollen, urteilen, kann ein Sprecher gegen (juristische) Regeln verstoßen, da eine Regel, um in Kraft gesetzt und danach befolgt werden zu können, einer sozialen Gemeinschaft bedarf.«

393 Kontrolle kann, so Kripke, rein intuitiv ablaufen. Das ist etwa so, wenn ein Lehrer zu beurteilen hat, ob ein Kind rechnen kann; Kripke, Wittgenstein über Regeln und Privatsprache, S. 114. Wenn das Kind mehrfach und über einen längeren Zeitraum die Antworten

nach Kripke, in Ad-hoc-Entscheidungen darüber urteilt, ob der situationsspezifische Wortgebrauch einer Person zu akzeptieren ist (Sprachspiel der Begriffszuschreibung).[394] Die Gemeinschaft kann ebenso bestimmen, dass der getätigte Gebrauch der gemeinschaftlichen Regel nicht entspricht und mithin abgelehnt werden sollte.[395]

Kripke hat jedoch keine Aussage darüber getroffen, ob der gemeinschaftlichen Entscheidung, einen bestimmten Wortgebrauch zu akzeptieren, wiederum Standards vorausliegen, an der sich die Entscheidung ausrichtet. Nur wenn das der Fall wäre, könnte von einer normativen Begrenzung des Sprachspiels der Begriffszuschreibung gesprochen werden. Dieser Frage haben sich sowohl Lewis als auch Brandom gewidmet, deren Positionen nachfolgend näher dargestellt werden sollen.

4.2.2.3.2 Scorekeeping in a Language Game

Lewis hat die sprachliche Verständigungspraxis im Sinne einer Kontoführungspraxis dargestellt.[396] Zu diesem Zweck hat er eine Parallele zum Baseball gezogen. Demnach kann zu einem bestimmten Zeitpunkt t der Punktestand eines Spiels anhand einer Reihe von Variablen dargestellt werden:

> »At any stage in a well-run baseball game, there is a septuple of numbers (r, r, h, I, s, b, o) which I shall call the score of that game at that stage. We recite the score as follows: the visiting team has r runs, the home team has r runs, it is the h-th half (h being 1 or 2) of the i-th inning; there are s strikes, b balls, and o outs.«[397]

Für Lewis ergeben sich daraus für das Spiel vier konstitutive Regeln, wovon hier zwei dargestellt werden sollen:

> »(1) *Specifications of the kinematics of score* – Initially, the score is <0, 0, 1, 1, 0, 0, 0>. Thereafter, if at time t the score is s, and if between time t and time t' the players behave in manner m, then at time t' the score is s', where s' is determined in a certain way by s and m.

gibt, die der Lehrer auf die gestellte Frage selbst geben würde, wird er davon ausgehen, dass Kind beherrsche nunmehr die Additionsregel. Rein intuitiv setzt der Lehrer die richtigen Ergebnisse der Rechenaufgabe voraus. Anders verhält sich dies freilich bei der Überprüfung juristischer Entscheidungen. Urteile werden in den Rechtsmittelinstanzen daraufhin geprüft, ob sie entsprechend den professionellen Standards erstellt wurden.

394 Wright, Rule-Following, Objectivity and the Theory of Meaning, in: ders., Rails to Infinity, S. 40f.

395 Stegmüller, Kripkes Deutung der Spätphilosophie Wittgensteins, S. 88f.: »Der ›kritische Beurteiler‹ untersucht nur, ob die Person dieselbe Antwort gibt, die *er selbst unter diesen Umständen geben würde.* Weichen die gegebenen Antworten zu häufig in einer ›zu bizarren‹ Weise von der eigenen Antwort ab, etwa beim Addieren, so wird der Person die Fähigkeit aberkannt, der fraglichen Regel zu folgen.«

396 Lewis, Scorekeeping in a Language Game, in: Journal of Philosophical Logic 8 (1979), S. 339–359.

397 Lewis, ebd., S. 342.

(2) *Specification of correct play* – If at time t the score is s, and if between time t and time t' behave in manner m, then the players have behaved incorrectly. (Correctness depends on score: what is correct play after two strikes differs from what is correct play after three.)«[398]

Worauf Lewis aufmerksam machen möchte, ist, dass das jeweilige Verhalten der am Spiel teilnehmenden Spieler vom *Scoreboard* und mithin vom jeweiligen Punktestand des Spiels abhängig ist[399], mit anderen Worten: Der Punktestand bestimmt letztlich das regelhafte Verhalten der Spieler. Für das Sprachspiel stellt Lewis fest, dass sich ein ganz ähnliches Bild ergibt. Auch insoweit hängt das korrekte Spiel von dem Punktekonto der an der Praxis beteiligten Sprachteilnehmer ab:

»(1) Like the components of a baseball score, the components of a conversational score at a given stage are abstract entities. They may not be numbers, but they are other set-theoretic constructs: sets of presupposed propositions, boundaries between permissible and impermissible courses of action, or the like.

(2) What play is correct depends on the score. Sentences depend (…) *for their acceptability* (Hervorhebung durch den Autor; BL) in other respects, on the components of conversational score at the stage of conversation when they are uttered. Not only aspects of acceptability of an uttered sentence may depend on score. So may other semantic properties that play a role in determining aspects of acceptability.«[400]

4.2.2.3.3 Brandoms normativer Phänomenalismus

Brandom hat diesen Ansatz in seinem Hauptwerk *Expressive Vernunft*[401] zu einem phänomenalistischen Normativismus[402] fortentwickelt und einen Versuch unternommen, die sprachliche Normativität von der sprachlichen Praxis her zu explizieren.[403] Dabei geht er von in der sprachlichen Praxis selbst enthaltenen impliziten Normen aus[404], die mittels des Verlangens und Gebens von

398 Lewis, ebd.

399 Lewis, ebd., S. 342f.

400 Lewis, ebd., S. 345.

401 Brandom, Expressive Vernunft (Frankfurt am Main 2000).

402 So die Einschätzung Liptows in Liptow, Regel und Interpretation, S. 153.

403 Wie Brandom in Brandom, Expressive Vernunft, S. 106 selbst feststellt, greift er mit der Explikation der sprachlichen Normativität von der sprachlichen Praxis die großen Themen Wittgensteins auf: die Regelhaftigkeit der Sprache, die Intersubjektivität der Sprache und die Rolle der Intentionalität im Rahmen der sprachlichen Verständigung.

404 Das Programm vorgebend Brandom in Brandom, ebd., S. 71: »Das Problem, das Wittgenstein aufwirft, ist die Erläuterung eines Begriffs praxisimpliziter Normen, der weder, wie der Regulismus, den Begriff des Implizitseins verfehlt noch, wie der einfache Regularismus, den der Norm. McDowell formuliert das sehr schön: ›Wittgenstein muss einen Kurs ansteuern, der zwischen einer Szylla und einer Charybdis hindurch führt. Die Szylla ist der Gedanke, Verstehen sei stets Deutung. Sie lässt sich umschiffen, wenn man betont, dass zum Beispiel etwas ›grün‹ zu nennen etwas ganz ähnliches sei, wie ›Hilfe‹ zu rufen, wenn man

Gründen explizit gemacht werden können.[405] Auf den folgenden Seiten wird seine Theorie in groben Zügen vorgestellt, damit sie sodann auf ihre Haltbarkeit hin geprüft werden kann.

Brandom ist der Überzeugung, dass die Berechtigung zu einem sozialen Verhalten, wie beispielsweise eine Behauptung aufzustellen, in

> »erster Linie ein sozialer (– deontischer – ; BL) Status (ist; BL), den ein Akt oder eine Festlegung innerhalb einer Gemeinschaft hat«.[406]

Als anschauliches Beispiel kann der Erwerb einer Eintrittskarte für eine Filmvorführung dienen. Der Erwerb der Eintrittskarte berechtigt den Erwerber aus Sicht des Kontrolleurs, der Ersterem die Berechtigung zuweist, dazu, eine spezifische Filmvorführung von einem bestimmten Sitzplatz aus anzusehen.[407]

Ob ein Sprecher zu einer Äußerung berechtigt bzw. verpflichtet ist, hängt, wie Brandom ausführt, davon ab, ob ihm innerhalb der Sprachgemeinschaft ein entsprechender Status zugewiesen werden kann.[408] Die Zuschreibung erfolgt in einer auf Inferenzen beruhenden Folgerungspraktik, in der sich Sprecher auf gewisse Status behauptend festlegen, die sie berechtigen und verpflichten und über die – ähnlich wie das bei Lewis zum Ausdruck gekommen ist – Konto geführt wird.[409] Nur wenn ein Sprecher seine Äußerung zu rechtfertigen vermag[410], wenn er das Sprachspiel des Gebens und Verlangens von Gründen beherrscht, kann er sein Konto erfolgreich fortentwickeln.[411] Entscheidend sind die Frage, wie sich der aktuelle Kontostand auf die Angemessenheit des sprachlichen Aktes auswirkt, sowie der Einfluss, den dessen Vollzug auf den veränderten Kontostand und mithin auf die Festlegungen und Berechtigungen, die sich die Teilnehmer – einschließlich des Sprechers selbst – gegenseitig zuschreiben,

---

ertrinkt – einfach das, was man in der Situation zu tun gelernt hat. Doch dann laufen wir Gefahr, bei Charybdis zu stranden – in einer Landschaft ohne Normen … Wie kann eine Performanz lediglich eine ›blinde‹ Reaktion auf eine Situation sein und keine auf einer Deutung beruhende (Szylla wird vermieden), und gleichzeitig eine regelbefolgende Performanz (Charybdis wird vermieden) darstellen? Die Antwort: indem sie zu einer Gepflogenheit (PU § 198), Praxis (PU § 202) oder Institution (BGM VI 3I) gehört‹.«

405 Brandom, ebd., S. 66.

406 Brandom, ebd., S. 267.

407 Siehe einen vergleichbaren Fall bei Brandom, ebd., S. 245.

408 Brandom macht das anhand des nachfolgenden Beispiels einsichtig; Brandom, ebd., S. 246f.: Die Aufnahme in den königlichen Militärdienst im 18. Jahrhundert erfolgte durch die Annahme des königlichen Schillings aus der Hand eines Offiziers. Mit der Annahme des königlichen Schillings ging der Statuswechsel einher, der den Rekruten autorisierte, ihn aber – gleichfalls – festlegte (nämlich auf alle militärischen Pflichten). Der Rekrut hatte, worauf Brandom hinweist, von nun an zu befürchten, vor ein Militärgericht gestellt zu werden, falls er seinen militärischen Pflichten nicht nachkam.

409 Brandom, ebd., S. 253.

410 Brandom, ebd., S. 260.

411 Brandom, ebd., S. 274.

ausübt.[412] Brandom hat die Folgerungspraktik, die sich zwischen drei Dimensionen, die miteinander in Interaktion stehen, aufspannt, wie folgt beschrieben:

In der ersten Dimension sind zwei verschiedene deontische Status involviert: die Festlegung und die Berechtigung zu Festlegungen sowie die Vererbung einer Festlegung (also auf eine Behauptung aufgrund einer anderen festgelegt zu sein) im Sinne einer festlegenden oder festlegungserhaltenden inferentiellen Relationierung.[413] Die Aussage, *Braunschweig liegt östlich von Hannover, also liegt Hannover westlich von Braunschweig*, ist hierfür ein Beispiel. Jeder Teilnehmer, der auf die Prämissen des inferentiellen Programms festgelegt ist, ist es in gleicher Weise auf die Schlüsse, die daraus zu ziehen sind. Einer Behauptung kann eine (festlegungsvererbende) Autorität nur insofern zukommen, als der sie äußernde Sprecher zu der Äußerung berechtigt ist: Ein Sprecher kann nichts ausleihen, was er selbst nicht besitzt.[414] Das Aufstellen einer Behauptung durch einen Sprecher, der zu dieser Behauptung nicht berechtigt ist, stellt eine Verletzung der sprachspielimmanenten Norm dar, allein das zu behaupten, wozu man berechtigt ist. Die Verletzung der Norm führt dazu, dass die eine Festlegung instituierende Behauptung nicht als berechtigend – weder für den Sprecher noch den Hörer – anzusehen ist.[415] Die Sanktion realisiert sich sprachspielimmanent, also allein im Kontoführungssystem der am Sprachspiel beteiligten Sprecher.[416] Ferner können berechtigende oder berechtigungserhaltende inferentielle Relationen vererbt werden.[417] Die Prämissen derartiger Inferenzen berechtigen zu bestimmten Schlüssen, aber – anders als die Vererbung festlegender inferentieller Relationen – zwingen nicht dazu.

Die zweite Dimension betrifft die begleitende und kommunikative Vererbung des deontischen Status. Insoweit muss zwischen intrapersonaler und interpersonaler Vererbung unterschieden werden. Die Festlegung oder der Erwerb einer Berechtigung, so Brandom, hat Folgen für den Träger des Status.[418] Mit der Festlegung sind andere begleitende Festlegungen verknüpft. Der Erwerb einer Berechtigung erlaubt es dem Träger des Status, bestimmte Behauptungen zu tätigen. Neben diesen intrapersonalen Auswirkungen zeitigen die Behauptungsakte auch Auswirkungen auf die interpersonale Verständigung und sind

412 Brandom, ebd., S. 254.

413 Brandom, ebd., S. 255.

414 Brandom, ebd., S. 270.

415 Brandom, ebd., S. 271: »Die von einem Behauptungsakt ausgedrückte Festlegung als eine unberechtigte zu behandeln heißt sie als nicht berechtigend zu behandeln – und zwar weder den Sprecher noch die Zuhörer des Aktes – zu Festlegungen, deren Gehalte inferentiell aus dem behaupteten Gehalt folgen.«

416 Brandom, ebd.

417 Brandom, ebd., S. 255f.

418 Brandom, ebd.

mithin nicht auf den sprachlichen Haushalt des Sprechers beschränkt.[419] Die Festlegung kann anderen Sprechern für zukünftige Behauptungen zur Verfügung gestellt werden. Akzeptieren die anderen Sprachteilnehmer diese Festlegung als wahr, so hat das Auswirkungen darauf, zu welchen Folgefestlegungen diese berechtigt sind.

Die dritte und letzte Dimension der Behauptungspraxis betrifft die Abhängigkeit von diskursiver Autorität und Verantwortung.[420] Das muss etwas näher expliziert werden: Es wurde bereits darauf hingewiesen, dass gemäß der Auffassung Brandoms soziales Verhalten der vorausgehenden Autorisierung bedarf (wie etwa die Eintrittskarte dem Filmvorführer vor Betreten des Kinosaals zu zeigen ist). Im Falle der behauptenden Festlegung ist fraglich, wie man zu einer solchen genehmigenden Behauptung berechtigt werden kann. Auf die Vererbung einer Berechtigung abzustellen, erscheint Brandom wenig sinnvoll, da die Vererbung keine Auskunft darüber gibt, ob eine Berechtigung in Bezug auf die zu vererbende Berechtigung vorliegt.[421] In diesem Zusammenhang kommt die Verantwortung ins Spiel. Eine Behauptung hat nicht nur einen autorisierenden Charakter zugunsten des Sprechers und der anderen Teilnehmer, Folgebehauptungen zu treffen. Der Sprecher steht dieser gegenüber auch in der Verantwortung. Mit der Behauptung legt sich der Sprecher darauf fest, diese – im Zweifelsfall – rechtfertigen zu können. Erstens, so Brandom, besteht die Möglichkeit, die Behauptung durch das Vorbringen weiterer Gründe zu rechtfertigen.[422] Zu diesem Zweck können Prämissen behauptet werden, aus denen das Ergebnis – zwangsläufig – als Konklusion folgt. Wird diese Rechtfertigung seitens der anderen Sprachteilnehmer akzeptiert, so wird damit eine bestimmte Inferenz anerkannt. Durch die Anerkennung werden inferentielle Richtigkeiten behauptender Akte instituiert und ihnen semantischer Gehalt übertragen. Zweitens kann eine Festlegung dadurch gerechtfertigt werden, dass sich ein Sprecher auf die Autorität eines anderen Behauptenden beruft (und somit die Last, einen Berechtigungsnachweis zu führen, auf diesen verlagert).[423] Insoweit kommt die kommunikative Funktion von Behauptungen zum Tragen. Sie besteht darin, dass Sprechern ermöglicht wird, die ursprüngliche Behauptung eines anderen Sprechers zu wiederholen und so der Verantwortung zum Berechtigungsnachweis nachzukommen.[424] Es obliegt dann dem Sprecher, dessen Behauptung wiederholt wurde, seine Berechtigung zu dieser Behauptung zu rechtfertigen. Daraus wird ersichtlich, dass Sprecher auch die Berechtigung zu

419 Brandom, ebd., S. 257.
420 Brandom, ebd.
421 Brandom, ebd., S. 258.
422 Brandom, ebd., S. 263.
423 Brandom, ebd., S. 264.
424 Brandom, ebd.

einer bestimmten Behauptung von einem anderen erben können. Ausweislich Brandom wachse den Sprechern damit eine weitere Möglichkeit zu, die Behauptung, die sie tätigen, zu rechtfertigen, um so ihrer Verantwortung, in der sie stünden, nachzukommen.[425] Zudem

> »spielen Behauptungen auf der Kommunikationsseite wie auf der Rechtfertigungsseite eine Doppelrolle: sie werden einerseits mitgeteilt (anderen zugänglich gemacht), und andererseits sind sie das, *wozu* die Kommunikation *dient:* die Behauptung eines Gesprächspartners füttert die Inferenzen anderer für weitere Behauptungen. Die Zuhörer weisen dem, der eine assertionale Performanz hervorbringt, nicht nur die Festlegung auf Behauptungen zu, die aus ihr (nach festlegungserhaltenden Inferenzen) folgen, sondern sie gehen womöglich auch Festlegungen ein und erwerben Berechtigungen, die Konsequenzen von ihr sind.«[426]

Aus dem nunmehr hinreichend dargestellten brandomschen Prämissen folgt nach Klatt die Annahme, dass Bedeutung intersubjektiv zugänglich und kommunizierbar, mithin normativ ist.[427]

Doch wo liegen hier die Bedenken? Bei Brandom kann zwischen dem Berechtigtsein und dem Als-berechtigt-Nehmen unterschieden werden, indem jeder Akt des Als-berechtigt-Nehmen wiederum der Kritik seitens der Sprachgemeinschaft zugänglich ist.[428] Das ist nach Liptow aber nicht ausreichend, um Normativität zu begründen, weil

> »es keinen Sinn macht, zu sagen, alle (oder auch nur die meisten) Mitglieder der entsprechenden Praxis würden regelmäßig hinsichtlich des Befolgens und Sanktionierens (und Sanktionieren des Sanktionierens usw.) *einer bestimmten* Norm richtig oder falsch liegen. Die Begriffe der Richtigkeit oder Falschheit können innerhalb des (…) Modells einfach nicht auf einzelne konformistische Normen *selber* angewendet werden.«[429]

Demnach ist das brandomsche Modell unzureichend, um einsichtig zu machen, dass sich der Wortgebrauch innerhalb der Sprachgemeinschaft nach Standards richtet, die diesem vorausliegen, um so zwischen einem richtigen und einem falschen Sprachgebrauch unterscheiden zu können und semantische Normativität zu begründen.[430]

---

425 Brandom, ebd.
426 Brandom, ebd.
427 Klatt, Theorie der Wortlautgrenze, S. 137.
428 Liptow, Regel und Interpretation, S. 153f.
429 Liptow, ebd., S. 154.
430 Esfeld hat in Esfeld, Regelfolgen 20 Jahre nach Kripkes Wittgenstein, in: Zeitschrift für philosophische Forschung 57 (2003), S. 136 ferner folgende Bedenken geäußert: Das Dilemma besteht darin, dass »man (…) (mit Brandom; BL) auf die Behauptung festgelegt (wird; BL), dass der Diskurs über Bedeutung ein eigenständiger Diskurs in dem Sinne ist, dass von Vokabular für Nicht-Normatives aus kein Zugang zu diesem Diskurs besteht.«

4.2.2.3.4 Zusammenfassung

Die Argumente, die für und gegen die Normativität semantischer Bedeutung sprechen, wurden abgewogen. Es ist im Ergebnis überzeugend, davon auszugehen, dass semantische Bedeutung kein *Institutional Fact* im Sinne Searles ist. Innerhalb der Praxis ist jeder Akt des Als-berechtigt-Nehmens der Kritik zugänglich, denn ein Einzelner – als Teil der Sprachgemeinschaft – kann ebenso wenig über die Richtigkeit oder Falschheit des Sprachgebrauchs aussagen wie die Sprachgemeinschaft als Ganze:

> »None of us unilaterally can make sense of the idea of correct employment of language save by reference to the authority of securable public assent on the matter; and for the community itself there is no higher authority, so no standard to meet except in its own judgements of linguistic propriety.«[431]

Deshalb muss sowohl auf der Ebene des Sprechers als auch auf der Ebene der Sprachgemeinschaft abgelehnt werden, zwischen einem richtigen und einem falschen Sprachgebrauch zu unterscheiden. Die semantische Bedeutungsregel ist nicht mehr als ein Muster, selbst das Konstrukt einer sozialen Praxis, um die sich Letztere wiederum organisiert[432]:

> »(...) we shall reject the idea that, in the sense implied by investigation-independence, a community goes right or wrong in accepting a particular decidable question; rather – from that point of view – it just goes.«[433]

Eine Erklärung dafür, wie Bedeutung innerhalb der Sprachpraxis instituiert wird, scheint aus diesem Grund nicht möglich zu sein, da das zu Erklärende, nämlich die Bedeutung, immer schon vorausgesetzt werden muss.

431 Wright, Rule-Following, Objectivity and the Theory of Meaning, in: ders., Rails to Infinity, S. 40.

432 Wimmer, Referenzsemantik, S. 32: »Wenn man in Anlehnung an Wittgenstein die Bedeutung sprachlicher Ausdrücke in ihrer Verwendungsweise sieht und dementsprechend Bedeutungen in einem engen Zusammenhang mit Handlungsmustern zu beschreiben sucht, kann man sie nicht als starre Entitäten auffassen, mit denen die Sprecher und Hörer wie mit Bausteinen umgehen, um in der Kommunikation das, was sie sagen bzw. verstehen, aufzubauen oder abzubauen. Bedeutungen sind vielmehr offene Regeln, die sich in der kommunikativen Praxis festigen und auch verändern. Selbst wenn man in einer strikt synchronischen Sprachbeschreibung idealisierend annimmt, man erfasse einen Sprachzustand zu einem bestimmten historischen Zeitpunkt, kann man nicht von einer festen und einheitlichen Bedeutung ausgehen. Denn erstens stehen bei jeder einzelnen sprachlichen Handlung zu jedem beliebigen Zeitpunkt die genauen Grenzen der Gebrauchsregeln für die verwendeten Ausdrücke in Frage, und zweitens beherrscht wegen unterschiedlicher Sozialisationsgeschichten kein Sprachteilhaber zu irgendeinem Zeitpunkt genau die gleichen Regeln wie die anderen Mitglieder seiner Gruppe, d.h. es kann für keine Gruppe von Sprechern ein völlig einheitlicher Sprachgebrauch mit einheitlichen Bedeutungen angenommen werden«; dazu auch Wimmer, Einstellungen zu Normen aus sprachlicher Sicht, in: Christensen/Pieroth [Hrsg.], Rechtstheorie in rechtspraktischer Absicht, S. 267.

433 Wright, Rule-Following, Objectivity and the Theory of Meaning, in: ders., Rails to Infinity, S. 41.

Die Auseinandersetzung mit der Frage, ob semantische Bedeutung ein *Institutional Fact* sei, soll mit dieser Feststellung sein Ende finden. In der Sprachpraxis bemisst sich der Gebrauch allein daran, ob er funktioniert oder nicht, und folglich, ob er vor dem Hintergrund der interpretativen Erwartungen der Sprecher akzeptiert wird.[434] Damit ist der von Klatt unternommene Versuch, die Interpretation des rechtlichen Textes unter Verweis auf die innerhalb der juristischen Praxis implizit enthaltenen und explizierbaren Standards semantisch normativ zu begrenzen[435], fehlgeschlagen. Durch dieses Urteil sehen sich sowohl die Vertreter der Heidelberger Schule als auch die des Nachpositivistischen Rechtsdenkens in ihren Annahmen gestärkt.

Auf diese Positionen soll nunmehr eingegangen werden.

4.2.3 Wittgenstein-Rezeption III: Recht Sprechen – Heidelberger Schule und Nachpositivistisches Rechtsdenken

Die Vertreter der Heidelberger Schule und des Nachpositivistischen Rechtsdenkens rezipieren die wittgensteinschen Prämissen auf eine andere Art und Weise, als das auf den vorhergehenden Seiten bei den Vertretern der Begriffskern und -hof-Lehre sowie bei Klatt gelesen werden konnte. Die juristische Entscheidung wird, aus dieser Warte, durch die Semantik des Rechtstextes nicht begrenzt. Seine situative Bedeutung spielt sich innerhalb der Entscheidungspraxis ein. Die Rechtspraxis wird zum wittgensteinschen Sprachspiel, indem die Züge der involvierten Akteure kontextvariant sind und sich an den rezeptiven Erwartungshaltungen der Akteure ausrichten.[436]

4.2.3.1 Die Heidelberger Schule

Die hier so betitelte Heidelberger Schule fasst eine interdisziplinäre, aus Linguisten, Rechtswissenschaftlern und Medienwissenschaftlern bestehende Arbeitsgruppe um den Heidelberger Rechtsprofessor Friedrich Müller zusammen, deren Arbeitshypothesen durch die Spätphilosophie Ludwig Wittgensteins inspiriert wurden.[437] Da Wittgenstein, wie bereits gezeigt wurde, die Bedeutung

434 Darauf zielt Wrights Ausspruch *it just goes* ab; Wright, ebd.

435 Klatt, Theorie der Wortlautgrenze, S. 262f.

436 Forgó, Recht Sprechen, S. 193f.

437 Nur eine kleine Auswahl maßgeblicher Schriften: Busse, Juristische Semantik (Berlin 1993); Christensen, Was heißt Gesetzesbindung? (Berlin 1989); Jeand'Heur, Sprachliches Referenzverhalten bei der Juristischen Entscheidungstätigkeit (Berlin 1989); Müller, Strukturierende Rechtslehre (2. Auflage Berlin 1994); Müller, Untersuchungen zur Rechtslinguistik (Berlin 1989). Die Anzahl der Veröffentlichungen ist bisweilen unüberschaubar geworden.

eines Wortes mit seinem Gebrauch gleichsetzt[438], lassen die Vertreter der Heidelberger Schule die Vorstellung einer A-priori-Bedeutung von Rechtstexten und mit ihr die Gleichsetzung von Norm und Normtext fahren:

> »Das latent noch herrschende positivistische Bild von der Rechtsnorm als einem fertigen Befehl und jenes andere von der Anwesenheit normativer Geltung im Wortlaut verwechseln Norm und Normtext geradezu systematisch.«[439]

Aufgrund der Verabschiedung der A-priori-Bedeutung des Textes öffnet sich den am Verfahren beteiligten Akteuren ein textliches Feld, auf dem diese ihren Streit um Obsiegen und Verlieren bzw. um die semantische Bedeutung des Rechts austragen können.[440] Der Kläger wird bereits mit der Klageschrift versuchen, seinem Verständnis des rechtlichen Textes beim juristischen Entscheidungsträger Gehör zu verschaffen. Auch die beklagte Partei erhält die Möglichkeit, bereits in einem frühen Stadium des Verfahrens ihre Bedeutungsvorstellungen in das Verfahren einzubringen. Diese werden, jedenfalls in den für die Entscheidung des Falles wichtigen Punkten, regelmäßig von denen der klagenden Partei abweichen. Nach Christensen sieht sich der zur Entscheidung berufene Jurist also mit mindestens zwei gänzlich divergierenden Fallversionen konfrontiert, über die er zu entscheiden hat.[441] Dem juristischen Entscheidungsträger kommt die Aufgabe zu, in seinem Urteil die Rechtsnorm im Sinne einer positiven Entscheidung über die Bedeutung des Textes herzustellen.[442] Dabei kann der Normtext

> »als Text nur signalisieren, nicht dagegen einen vorgegebenen Inhalt vergegenwärtigen. Er regt die rechtsstaatlich zulässigen Möglichkeiten von Konkretisierung an und begrenzt sie. Sie können nur die aktive Leistung des Empfängers, des konkretisierenden Juristen, beeinflussen. Das ist die Abkehr von der positivistischen Grundannahme der Subsumtion aus einem Text, ferner der Abschied von Rechts›anwendung‹ als bloßer Auslegung von Texten.«[443]

Recht wird folglich nicht angewendet, sondern erzeugt.[444] Aus diesem Grund rücken die Vertreter der Heidelberger Schule die Entscheidungstätigkeit des

438 Wittgenstein PU 43.

439 Müller, Strukturierende Rechtslehre, S. 235.

440 Christensen, Was heißt Gesetzesbindung?, S. 255f.

441 Christensen, ebd.; ebenso: Müller/Christensen/Sokolowski, Rechtstext und Textarbeit, S. 39; Müller, Rechtstext und Textarbeit in der Strukturierenden Rechtslehre, in: Christensen [Hrsg.], Methodik, Theorie, Linguistik des Rechts, S. 76.

442 Christensen, Was heißt Gesetzesbindung?, S. 256.

443 Müller, Strukturierende Rechtslehre, S. 235.

444 Insoweit stellt Jeand'Heur zutreffend fest, dass die Referenz eines Wortes auf die Welt nicht qua eines, im Zeichen selbst immanenten, Sinns erfolgt. Nach Jeand'Heur stellt der zur Entscheidung berufene Jurist den Referenzakt in seiner Entscheidung selbst her; Jeand'Heur, Sprachliches Referenzverhalten bei der juristischen Entscheidungstätigkeit,

Juristen[445] in den Mittelpunkt ihrer rechtstheoretischen und rechtsmethodologischen Ausführungen, um

> »deren Entscheidungsarbeit unmittelbar auf den Begriff (zu; BL) bringen.«[446]

Zu diesem Zweck hat Müller ein methodologisches Konzept beschrieben, welches die Entscheidungstätigkeit in verschiedene Konkretisierungsstufen untergliedert.[447] Dieses Konzept soll nachfolgend vorgestellt werden. In der Entscheidungstätigkeit müssen Sprachdaten (Normtexte und andere Texte) sowie Realdaten verarbeitet und zur Entscheidungsnorm hin konkretisiert werden.[448] Zu Beginn des Konkretisierungsprozesses stehen dem juristischen Entscheidungsträger Realdaten aus dem Sachverhalt zur Verfügung, der sich wiederum aus den verschiedenen Fallerzählungen der Verfahrensbeteiligten generiert.[449] Ferner stehen dem Rechtsanwender Rechtstexte zur Verfügung. Deren Einschlägigkeit bemisst sich daran, ob ihr Sachbereich als

> »Menge aller Sachaspekte (Realdaten), die nach Kenntnis und Meinung des entscheidenden Juristen mit den (zunächst in Gestalt ihrer Normtexte) herangezogenen Rechtsnormen in Beziehung stehen können«.[450]

Aus dem Sachbereich wählt der juristische Entscheidungsträger die entscheidungsrelevanten Daten aus und konkretisiert ihn so zum Fallbereich. Diese Selektion soll der juristische Entscheidungsträger aufgrund eines ersten Vor-

---

S. 135f. Er »verhält sich stets dann regelgerecht (regelhaft), anders ausgedrückt und unsere Fragestellung berücksichtigend: er referiert regelgerecht, wenn er sich an das jeweilige, in der Sprachgemeinschaft, im jeweiligen Sprachspiel tradierte Muster hält, wenn er die Methode seines Sprechens (Referierens) an den bisherigen referentiellen Verwendungsweisen der Ausdrücke ausrichtet«; Jeand'Heur, ebd., S. 136. Da diese Erkenntnis letztlich dazu führen würde, dass gesetzliche Ausdrücke keine Bezeichnungsfestigkeit hätten und mithin zu jeder Bezeichnung von Welt willkürlich herangezogen werden könnten, hat sich Jeand'Heur in den Referenzfixierungsakten einen Ausweg geschaffen, um den Gebrauch von Ausdrücken nicht dem willkürlichen Gebrauch auszuliefern. Die Idee hinter den Referenzfixierungsakten ist, dass mittels dieser Bezeichnungskonventionen für einen fest umrissenen Personenkreis institutionalisiert werden können; Wimmer, Referenzsemantik, S. 110f. Das ist nach Jeand'Heur die paradigmatische Situation in der juristischen Entscheidungspraxis, da Referenzen mittels höchstinstanzlicher Entscheidungen innerhalb der Rechtspraxis konventionalisiert werden; Jeand'Heur, Sprachliches Referenzverhalten bei der Entscheidungstätigkeit, S. 149f. Der Referenzakt wird demnach Teil der Kommunikationsgeschichte eines Rechtstextes.

445 Müller, Juristische Methodik, S. 269; Christensen, Was heißt Gesetzesbindung?, S. 183; ebenso bereits Rottleuthner, Richterliches Handeln, S. 7ff.

446 Müller, Strukturierende Rechtslehre, S. 236.

447 Müller, ebd., S. 250ff.

448 Müller, ebd., S. 250.

449 Müller, ebd., S. 250ff.

450 Müller, ebd., S. 251.

verständnisses der Verwendung der, die einschlägigen Rechtstexte konstituierenden, Wörter vornehmen.[451] Der Fallbereich

> »bildet gegenüber der größeren und unbestimmteren Faktenmenge aus dem Sachbereich den fallbezogenen Filter, der eine sonst übergroße Komplexität auf arbeitstechnisch wünschenswerte Art einschränkt«.[452]

Unter Zuhilfenahme des Normprogramms, zu dem der juristische Entscheidungsträger die einschlägigen Normtexte durch Hinzuziehung weiterer Texte aus der juristischen Dogmatik und Kasuistik fortbildet, wird der Fallbereich zum Normbereich präzisiert.[453] In einem letzten Schritt wird der Normbereich, in Auseinandersetzung mit dem positiven System, zur Rechtsnorm und schließlich zur Entscheidungsnorm konkretisiert[454]:

> »Eine Rechtsnorm ist also die einen bestimmten Fall mittelbar regierende, in der Regel abstrakt-generelle Anordnung, die *nach einer Reihe von Arbeitsvorgängen als Zwischenergebnis* der Konkretisierung sachlich bestimmt und sprachlich formuliert werden muss. Unmittelbar normativ, den bestimmten Fall regelnd, ist dann das Endprodukt der Konkretisierungsarbeit, die Entscheidungsnorm. Deren Elemente entstehen aus individualisierender Verengung der Elemente der Rechtsnorm.«[455]

Zwar sind Rechtsnormen nicht per se durch das Verfahren ihrer Gewinnung oder aber ihrer Erkenntnis bestimmt. Christensen geht aber davon aus, dass vor dem Hintergrund einer Interpretationskultur[456] und der soeben dargestellten müllerschen Verfahrensmaßstäbe durchaus zwischen besseren und schlechteren Argumenten unterschieden werden kann, die für eine bestimmte rechtstextliche Interpretation sprechen. Es handelt sich zwar nicht um einen Algorithmus[457], jedoch bringen die Methoden über die Anbindung der Entscheidung an die Bindungsstellen der sprachlichen Verfahrensdaten Ordnung in die Unordnung der Entscheidungstätigkeit.[458] Der Normtext bietet eine semantische Grundlage, die eine gewisse Steuerungsfunktion im Entscheidungsprozess in dem Sinne

451 Dazu auch Jeand'Heur, Sprachliches Referenzverhalten bei der juristischen Entscheidungstätigkeit, S. 130.
452 Müller, Strukturierende Rechtslehre, S. 256.
453 Müller, ebd.
454 Müller, ebd.
455 Müller, ebd., S. 264.
456 Balkin spricht insoweit von *cultural software* in Balkin, Ideology as Cultural Software, in: Cardozo Law Review 16 (1995), S. 1228: »An equally important aspect of cultural software, which is not true of all forms of computer software, is the fact that it is collectively created by the individuals who are constituted by it. Language is perhaps the most prominent form of collective cultural software. Like language, the forms of cultural software are constantly being written and rewritten. Just as languages evolve over time, so do the many forms of cultural software.«
457 So auch Schiffauer, Wortbedeutung und Rechtserkenntnis, S. 15.
458 Christensen, Was heißt Gesetzesbindung?, S. 286.

übernimmt, dass bestimmte Interpretationsangebote des Lebenssachverhaltes aufgrund ihrer Anbindung an die semantischen Anknüpfungspunkte des Textes als vorzugswürdig einzustufen sind. Insoweit ist es dem juristischen Entscheidungsträger möglich, sich zwischen den konfligierenden Interpretationsangeboten der Konfliktparteien zu entscheiden: Nach Christensen wird sich das Interpretationsangebot einer der am Verfahren beteiligten Konfliktparteien durchsetzen, das vor dem Hintergrund des rechtlichen Geländes die tragfähigsten Argumente auf sich zu vereinen vermag.[459] Dabei muss diese Entscheidung stets an den Normtext rückkoppelbar sein. Somit vermag der Gesetzgeber allein durch eine möglichst präzise Formulierung des Textes Einfluss auf die konkrete interpretative Entscheidung zu üben[460], da dem Gesetzgeber die Kompetenz zur Setzung von Normtexten, der Judikative die Kompetenz zur Setzung von Rechts- und Entscheidungsnormen zukommt.[461] Christensen stellt fest, dass hierdurch zugleich die rechtserzeugende Gewalt, durch Teilung und Kontrolle, wirkungsvoll gebunden wird.[462]

4.2.3.2 Das Nachpositivistische Rechtsdenken

Ähnliche Überzeugungen können auch den Vertretern des Nachpositivistischen Rechtsdenkens zugeschrieben werden.[463] Das Nachpositivistische Rechtsdenken ist vor allem mit den Namen Forgó und Somek verbunden.

Forgó, der sich unter anderem um eine ausführliche Darstellung der Performativität des Rechts verdient gemacht hat[464], geht, in diesem Punkt den Autoren der Heidelberger Schule beipflichtend, davon aus, dass der Rechtstext nicht über seine eigene Anwendung urteilt.[465] Rechtstexte

> »können normative Fragen ihrer regelgerechten Anwendung nicht regeln. Dies tut vielmehr eine Praxis regelgeleiteten Arbeitens in einem Sprachspiel. Eine Regel ist nicht einfach vorgegeben und wartet darauf interpretiert zu werden, sondern entsteht über Interpretation.«[466]

---

459 Christensen, ebd., S. 256.

460 Christensen, ebd., S. 296.

461 Christensen, ebd.

462 Christensen, ebd.

463 Siehe zu den Ergebnissen des sogenannten Nachpositivistischen Rechtsdenkens: Somek/Forgó, Nachpositivistisches Rechtsdenken, in: Buckel/Christensen/Fischer-Lescano, Neue Theorien des Rechts, S. 263–289; Somek/Forgó, Nachpositivistisches Rechtsdenken (Wien 1996).

464 Sogleich unter 4.3.

465 Forgó, Recht Sprechen, S. 138.

466 Forgó, ebd., S. 193.

Eine

> »Etablierung von Bedeutung normativer Texte (erfolgt; BL) überhaupt nur über geregelte, regelkonforme und zugleich die Regel verändernde Sprachspiele (...), die freilich nicht vorab den Gegenstand erzeugen, der nachher erkannt wird, sondern als Handlungen in einem disziplinären Kontext zu begreifen sind, der sich als Arena semantischer Kämpfe beschreiben lässt, an deren Ende vorläufiges und stets revidierbares Bedeutungswissen steht.«[467]

Jedoch soll das nicht heißen, dass Interpretationen nach Belieben getroffen werden könnten. Forgó ist der Auffassung, dass interpretative Operationen durch zweierlei begrenzt sind: zum einen durch die eigene Sprachsozialisierung des Interpreten, zum anderen durch die, wie Forgó es nennt, normativen Anschauungen der Rezipienten.[468] Dabei sollen beide Faktoren in der Art verbunden sein, dass es dem Interpreten aufgrund seiner sprachlichen Sozialisierung potentiell möglich ist, die Probleme eines Falles zu erkennen. Dies versetzt ihn in die Lage, den Erwartungshorizont des interpretativen Empfängers abzuschätzen, um mit diesem Wissen eine Strategie zu entwickeln, die es erlaubt, den Ausgang des Verfahrens zu seinen Gunsten zu beeinflussen:

> »Der Anwender findet die (...) Interpretation nicht in einem Zustand völliger Freiheit, sondern auf der Grundlage seiner ›juristischen Sozialisation‹, die ihn erkennen lässt, in welchem Kontext er sich bewegt und wo die ›Probleme des Falls‹ liegen. Diese seine Sozialisation hat ihn über seine Ausbildung den regelrechten Gebrauch gelehrt, hat ihn darüber belehrt, wo ›Zweifel am Wortlaut‹ effizient, soll heißen: mit Chancen, Höchstrichter zu überzeugen, angewandt werden können und wo dies, weil der gemeinsame Gebrauch der Sprache zu etabliert ist, zu unterlassen ist, da damit kein Prozess gewonnen werden kann.«[469]

Ob eine bestimmte Interpretation akzeptiert wird,

> »ergibt sich daraus, ob es eine konventional entstandene – im normativen Kontext: durch einheitliche Rechtsprechung oder eine allein beherrschende dogmatische Meinung erzeugte – Regel gibt, die dieses Manöver als unzulässig erscheinen lässt, weil ihr blind zu folgen ist, oder eben nicht. Gibt es eine derartige interpretative Praxis nicht, kann es taktisch klug sein, das Augenmerk auf einen behaupteten ›natürlichen Sinn‹ zu legen oder dies gerade zu vermeiden.«[470]

Heißt das, dass Interpretationen im juristischen Sprachspiel verurteilt sind, bestehenden interpretativen Mustern bzw. Konventionen – wo solche bestehen – nachzueifern? Somek verneint dies.[471] Seiner Auffassung nach resultiert die Re-

467 Forgó, ebd., S. 138.
468 Forgó, ebd., S. 193.
469 Forgó, ebd.
470 Forgó, ebd., S. 194f.
471 Somek, Der Gegenstand der Rechtserkenntnis, S. 80ff.

Artikulation von konventionalen Mustern in deren Suspension.[472] Damit ist gemeint, dass interpretative Konventionen den Boden für die situationsspezifische Textbedeutung bereiten. Was will Somek damit aussagen? Indem eine interpretative Konvention durch einen Interpreten in der juristischen Entscheidung zitiert wird, wird eine Stellungnahme zu einer früheren Verwendungsweise abgegeben.[473] Jede Interpretation fügt daher der vorherigen Praxis etwas hinzu, indem sie zum Thema einer Folgeoperation gemacht wird. Nach Somek begrenzen interpretative Konventionen die interpretative Operation mithin nicht. Vielmehr besteht ihre Aufgabe allein darin, eine Öffnung herbeizuführen, damit sich eine situative Textbedeutung einspielen kann.

Indem Somek auf die Kontextvarianz von Bedeutung abhebt, stimmt er mit Forgó, aber auch mit den Autoren der Heidelberger Schule insoweit überein, als einer semantischen Aufladung des Rechtstextes[474] Einhalt geboten und diesem semantische Normativität abgesprochen wird.

4.2.4 Konklusion

Die Positionen Harts und Koch/Rüßmanns, die klattsche Normativitätslehre sowie die Vorstellungen der Heidelberger Schule und des Nachpositivistischen Rechtsdenkens, wie es von Forgó und Somek vertreten wird, wurden nunmehr zureichend behandelt. Obwohl sich die drei erwähnten Strömungen in der Tradition der Sprachpragmatik Wittgensteins wähnen, konnten zwischen diesen Positionen große Unterschiede aufgezeigt werden. Anders als Hart und Koch/Rüßmann sind sowohl die Vertreter der Heidelberger Schule als auch des Nachpositivistischen Rechtsdenkens der Auffassung, dass der Rechtstext seine eigene Anwendung weder im Kern- noch im Hofbereich zu steuern vermag.[475] Konsequent wird daher das Verdikt der semantischen Normativität abgelehnt, wie es sich Klatt zu Nutze machen will, um eine analytische Begrenzung der Rechtsanwendung zu erzielen.[476] Das wird – unisono – auf die Feststellung Wittgensteins zurückgeführt, dass die Bedeutung eines Wortes mit seinem Gebrauch identisch ist.[477] Hieraus ziehen weder die Vertreter der Heidelberger Schule noch die des Nachpositivistischen Rechtsdenkens den Schluss, dass ein

472 Somek, ebd., S. 82.
473 Somek, ebd., S. 81.
474 So aber etwa: Koch/Rüßmann, Juristische Begründungslehre, S. 199; Bydlinski, Juristische Methodenlehre und Rechtsbegriff, S. 437f.
475 Forgó, Recht Sprechen, S. 193f.
476 Dazu Klatt, Theorie der Wortlautgrenze, S. 262f.
477 Wittgenstein PU 43.

Interpretationsnihilismus im Sinne eines *anything goes*[478] einträte. Christensen hält es demnach durchaus für möglich, dass vor dem Hintergrund des interpretativen Geländes und der sich im Rahmen der Interpretationskultur ausbildenden Verfahrensmaßstäbe zwischen besseren und schlechteren Interpretation unterschieden werden kann.[479] Forgó ist dann auch der Auffassung, dass die Spielzüge der an der Entscheidungspraxis beteiligten Akteure maßgeblich durch die rezeptive Erwartungshaltung des Publikums gesteuert werden.[480] Mit anderen Worten: Rechtstextliche Bedeutung spielt sich innerhalb der juristischen Sprachpraxis ein.

Damit sich die rechtstextliche Bedeutung innerhalb der unter Entscheidungszwang stehenden juristischen Praxis effizient einzustellen vermag, ist die interpretative Entscheidung eingebunden in ein interpretatives Gelände, das im Anschluss an Esser[481] als positives System tituliert werden kann, sowie in ein instanziell gegliedertes und institutionalisiertes Entscheidungsprozedere.

Das positive System[482] zwingt den juristischen Entscheidungsträger in die argumentative Auseinandersetzung und leistet der interpretativen Operation Widerstand[483], wobei es dem Entscheidungsträger zugleich – paradoxerweise – ermöglicht, im Rahmen dieser Auseinandersetzung akzeptable Interpretationen in zukünftigen Entscheidungssituationen zu generieren.[484] Das darf allerdings nicht darüber hinwegtäuschen, dass der konstruktive Freiraum des Interpreten

478 Zu dieser Bezeichnung: Busse, Semantik der Praktiker, in: Müller/Wimmer [Hrsg.], Neue Studien zur Rechtslinguistik, S. 46.

479 Christensen, Was heißt Gesetzesbindung?, S. 286.

480 Forgó, Recht Sprechen, S. 194f.

481 Esser, Vorverständnis und Methodenwahl in der Rechtsfindung, S. 150f.

482 Damit sind vor allem Gesetz und Doktrin, also die dogmatisierten Rechtsvorstellungen, gemeint. Eine differenzierte Dogmatik fordert den entscheidenden Juristen heraus, sich an dieser abzuarbeiten, und ermöglicht diesem über eine kritische Distanz zum rechtlichen Stoff durch das Hinzufügen von Überlegungen, Gründen und Abwägungen, den Stoff über seine bloße Existenz hinaus zu kontrollieren und verwendungsfähig aufzubereiten; Luhmann, Rechtssystem und Rechtsdogmatik, S. 18: »Durch Dogmatisierung des Rechtsstoffes – und das heißt zunächst: durch seine begrifflich-klassifikatorische Durcharbeitung – wird erreicht, dass jenes oft beschriebene Hin- und Herwandern des Blicks zwischen Normen und Fakten nicht ohne Führung bleibt, sich nicht nur der Entscheidungssituation, sondern auch dem Rechtssystem verpflichtet weiß und sich nicht aus der Rechtsordnung hinausspiralt.«

483 Luhmann, ebd., S. 16.

484 Forgó, Recht Sprechen, S. 194: »Ob der ›Spielzug‹, einen ›natürlichen Sinn der Worte nach ihrem Gebrauch‹ zu relevieren, zulässig, soll heißen: von den Mitspielern als gültiger Zug akzeptiert, ist, ergibt sich daraus, ob es eine konventional entstandene – im normativen Kontext: durch einheitliche Rechtsprechung oder eine allein herrschende dogmatische Meinung erzeugte – Regel gibt, die dieses Manöver als unzulässig erscheinen lässt, weil ihr ›blind‹ zu folgen ist, oder eben nicht. Gibt es eine derartige interpretative Praxis nicht, kann es taktisch klug sein, das Augenmerk auf einen behaupteten ›natürlichen Sinn‹ zu legen oder dies gerade zu vermeiden.«

nicht ausgeschlossen wird.[485] Es sind seine Überzeugungen, vor deren Hintergrund sich die Bedeutung einstellt:

> »The absence of external or independent constraints only means that the constraints inherent in the condition of belief – the condition of having been persuaded to some vision, the condition not seeking but already occupying a position – are always and inescapably in *force.*«[486]

Ferner versichert die institutionelle Gliederung der Entscheidungspraxis, dass sich eine situationsspezifische Bedeutung einstellt. Folgender Fall, den der Bundesgerichtshof im Jahr 2009[487] zu entscheiden hatte, eignet sich, um zu zeigen, wie sich innerhalb der interpretativen Praxis die Bedeutung eines Textes über verschiedene gerichtliche Instanzen hinweg einspielt:

Die Klägerin, eine Bank, nahm das beklagte Ehepaar auf Rückzahlung eines Darlehens in Anspruch. Die Bank gewährte dem Ehepaar einen Kredit in Höhe von € 35.000, wobei ein Betrag von € 10.000 zur Tilgung einer Restschuldversicherung, die die Eheleute mit einer so im Vertrag bezeichneten Partnerin der klagenden Bank geschlossen hatten, verwendet wurden. Die Eheleute gerieten postwendend in Zahlungsrückstand, so dass die klagende Bank das Darlehen kündigte. Daraufhin widerriefen die Beklagten – frist- und formgerecht – ihrerseits den mit der Klägerin geschlossenen Darlehensvertrag wie auch den Restschuldversicherungsvertrag.

Der entscheidende Senat des Bundesgerichtshofes hatte sich bei der Urteilsfindung mit der Frage zu beschäftigen, ob der hier geschlossene Darlehensvertrag und der Restschuldversicherungsvertrag verbundene Verträge im Sinne des § 358 III BGB sein könnten, da nur in diesem Fall der Widerruf der auf den Abschluss des Darlehensvertrages gerichteten Willenserklärung die Unwirksamkeit der Willenserklärung zur Folge hätte, die auf den Abschluss des mit dem Darlehensvertrag geschlossenen Rentenversicherungsvertrages zielte. Es oblag folglich dem entscheidenden Senat, die Bedeutung des § 358 III BGB zu bestimmen. Zuvor wurde die Frage, ob Darlehens- und Restschuldversicherungsverträge verbundene Verträge sein können, unterschiedlich beurteilt. Etwa das LG Bonn[488], das LG Bremen[489], das LG Hamburg[490], das OLG Rostock[491] und das OLG Schleswig[492]

---

485 Anders etwa Larenz, der dem Interpreten einen maßgeblichen Einfluss abspricht; Larenz, Methodenlehre der Rechtswissenschaft, S. 313f. Wiederum anders aber etwa Fish, der von einem maßgeblichen Einfluss des Interpreten auf die interpretative Operation ausgeht; Fish, Is There a Text in This Class?, in: ders., Is There a Text in This Class?, S. 317f. Für diesen werden sich immer Gründe ergeben, einen Text auf eine bestimmte Art und Weise zu interpretieren; Fish, Force, in: ders., Doing What Comes Naturally, S. 522.

486 Fish, ebd.

487 BGHZ 184, S. 1–13.

488 LG Bonn, BKR 2008, S. 78, 79f.

489 LG Bremen, WM 2009, S. 2215f.

bejahten die Frage, interpretierten § 358 III BGB also entsprechend, wohingegen das LG Braunschweig[493], das LG Bremen[494], das OLG Celle[495], das LG Essen[496], das OLG Karlsruhe[497], das LG Kiel[498], das LG Münster[499] und das OLG Oldenburg[500] dies verneinten. Ein ähnliches Bild zeichnete sich in der juristischen Literatur ab.[501] Der Senat schloss sich der Meinung an, dass Darlehen- und Restschuldversicherungsvertrag in diesem Fall verbundene Verträge seien, und begründete dies damit, dass der Darlehensvertrag teilweise der Sicherung der Restschuldversicherung diene und der Zweck der Regelung der Annahme eines verbundenen Vertrages im Sinne des § 358 III S. 1 BGB nicht entgegenstehe.[502] In der Auffassung des Gerichts ist das ausreichend, um einen verbundenen Vertrag anzunehmen. Damit hat der BGH zugleich die Interpretationen des § 358 III BGB durch das LG Braunschweig[503], das LG Bremen[504], das OLG Celle[505], das LG Essen[506], das OLG Karlsruhe[507], das LG Kiel[508], das LG Münster[509] und das OLG Oldenburg[510] verworfen.

Zweifelsohne sagt die Entscheidung des Senats des BGH nichts darüber aus, ob derselbe oder ein anderer Senat in zukünftigen interpretativen Operationen – aufgrund einer veränderten Wissensgrundlage – die Sache nicht anders sehen wird. Jedoch kann der Bundesgerichtshof in einem in seine Zuständigkeit fallenden konkreten Fall aus seiner Stellung im institutionellen Gefüge heraus

490 LG Hamburg, VuR 2008, S. 111f.
491 OLG Rostock, NJW-RR 2005, S. 1416.
492 OLG Schleswig, NJW-RR 2007, S. 1347ff.
493 LG Braunschweig, Urteil vom 27. Oktober 2008-4 O 2320/07 (unveröffentlicht).
494 LG Bremen, Beschluss vom 18. Juni 2008-2 O 2019/06 (unveröffentlicht).
495 OLG Celle, WM 2009, S. 1600, S. 1601f.
496 LG Essen, Beschluss vom 3. Mai 2007-6 O 108/07 (unveröffentlicht).
497 OLG Karlsruhe, Urteil vom 16. Oktober 2009-14 U 32/07 (BeckRS).
498 LG Kiel, Urteil vom 26. Juni 2008-13 O 8/07 (unveröffentlicht).
499 LG Münster, Urteil vom 19. Februar 2009-14 O 547/08 (BeckRS).
500 OLG Oldenburg, WM 2009, S. 796f.
501 Bejahend etwa: Emmerich in von Westphalen/Emmerich/von Rottenburg, VerbrKrG, § 9 Rdn. 74; Staudinger/Kessal-Wulf, BGB, § 358 Rdn. 40; Palandt/Grüneberg, BGB, § 358 Rdn. 7. Ablehnend etwa: Mülbert/Wilhelm, Rechtsfragen der Kombination von Verbraucherdarlehen und Restschuldversicherung, WM 2009, S. 2241f.; Münstermann/Hannes, VerbrKrG, Rdn. 545; Freitag, Verbraucherdarlehens- und Restschuldversicherungsvertrag als verbundene Geschäfte?, ZIP 2009, S. 1297ff.
502 BGHZ 184, S. 7.
503 LG Braunschweig, Urteil vom 27. Oktober 2008-4 O 2320/07 (unveröffentlicht).
504 LG Bremen, Beschluss vom 18. Juni 2008-2 O 2019/06 (unveröffentlicht).
505 OLG Celle, WM 2009, S. 1600ff.
506 LG Essen, Beschluss vom 3. Mai 2007-6 O 108/07 (unveröffentlicht).
507 OLG Karlsruhe, Urteil vom 16. Oktober 2009-14 U 32/07 (BeckRS).
508 LG Kiel, Urteil vom 26. Juni 2008-13 O 8/07 (unveröffentlicht).
509 LG Münster, Urteil vom 19. Februar 2009-14 O 547/08 (BeckRS).
510 OLG Oldenburg, WM 2009, S. 796f.

entscheiden, wie ein Rechtstext in einer bestimmten Situation zu interpretieren ist. Diese Position kommt ihm qua gesetzlicher Autorisierung zu.[511] Will ein Senat des Bundesgerichtshofs von der Rechtsprechung eines anderen Senats desselben Gerichts abweichen, so muss ein überparteiliches Gremium, der Große Senat, angerufen werden, wobei der Vereinigte Große Senat angerufen werden muss, wenn ein Strafsenat von einem Zivilsenat bzw. dem Großen Senat für Zivilsachen, oder vice versa, abweichen möchte.[512] Auch für den Fall, dass ein höchstinstanzliches Gericht eines anderen Gerichtszweigs von der Rechtsprechung des Bundesgerichtshofs, oder vice versa, abweichen will, gibt es die Möglichkeit, mittels Einberufung des Gemeinsamen Senats der obersten Gerichtshöfe des Bundes eine Schlichtung herbeizuführen.[513]

Es handelt sich um einen hierarchisch angelegten Mechanismus, um innerprofessionelle Konflikte beizulegen. Die Begründungsarbeit wird nicht durch feststehende Bedeutungsgehalte des Normtextes auf berechenbaren Bahnen gehalten. Vielmehr spielt sich innerhalb des institutionellen Mechanismus eine situationsspezifische Textbedeutung ein, die Teil der textlichen Kommunikationsgeschichte wird.[514]

Dass sich ein solcher Mechanismus auch zwischen den europäischen und mitgliedstaatlichen Institutionen etabliert, kann folgendem Fall[515] entnommen werden, den der EGMR zu der Feststellung nutzte, dass die nachträgliche zeitliche Verlängerung der Sicherungsverwahrung, wie sie in Deutschland durch Gesetzesänderung möglich geworden war, gegen Art. 5 und Art. 7 EMRK verstößt. Das Gericht hatte dabei folgenden Sachverhalt zu beurteilen:

Der Beschwerdeführer wurde 1986 aufgrund eines versuchten Mordes sowie der Begehung anderer Delikte der Gewaltkriminalität zu fünf Jahren Freiheitsstrafe verurteilt. Nachträgliche Sicherungsverwahrung wurde angeordnet. Die Höchstfrist der Sicherungsverwahrung bei erstmaliger Unterbringung im Maßregelvollzug betrug zum Zeitpunkt der Anordnung zehn Jahre, § 67d StGB a.F. Diese zulässige Höchstgrenze fiel 1998 weg, zu einer Zeit, als sich der Beschwerdeführer noch im Maßregelvollzug befand. Grundsätzlich wurde mit der Einführung des § 67d III StGB eine Ausdehnung der Sicherungsverwahrung über die ursprüngliche Höchstdauer von zehn Jahren hinaus möglich, wenn zu befürchten stand, dass der Untergebrachte nach seiner Entlassung erhebliche

511 § 123ff. GVG.
512 § 132 II GVG.
513 Art. 95 III GG.
514 Jeand'Heur, Sprachliches Referenzverhalten bei der juristischen Entscheidungstätigkeit, S. 151ff.
515 EGMR, Urteil vom 17. Dezember 2009–Nr. 19359/04, abgedruckt in: NJW 2010, S. 2495–2500.

Straftaten begehen werde, durch welche seine Opfer seelisch oder körperlich schwer geschädigt würden.

Das BVerfG hatte diese Änderung als mit dem Grundgesetz vereinbar erklärt.[516] Das Gericht verwies darauf, dass der Grundsatz *nulla poena sine lege*, wie er in Art. 103 II GG zum Ausdruck kommt, nicht verletzt sei, da sich der Anwendungsbereich des Art. 103 II GG auf die hoheitliche Reaktion und damit auf ein rechtswidriges, schuldhaftes Verhalten beschränke, also auf eine staatliche Kompensationshandlung, die dem Schuldausgleich diene. Nach Meinung des Gerichts ist durch die langandauernde Unterbringung in der Sicherungsverwahrung die Menschenwürde nicht verletzt, wenn diese wegen der andauernden Gefährlichkeit des Betroffenen geboten ist. Die Unterbringung des Betroffenen müsse bei längerer Verweildauer aber an den Umstand angepasst werden, dass es sich hierbei nicht um eine Strafe, sondern eine Maßnahme zur Besserung des Betroffenen handele.

Der EGMR ist dem entgegengetreten. In seiner Interpretation wurde durch die nachträgliche Änderung des § 67d StGB das Recht des Beschwerdeführers aus Art. 5 und 7 EMRK verletzt. Das Gericht berief sich darauf, dass eine Freiheitsentziehung nach Art. 5 EMRK nur dann zulässig sei, wenn sie nach der Verurteilung durch ein zuständiges Gericht vorgenommen worden sei. Ein Kausalzusammenhang zwischen der Verurteilung und der Freiheitsentziehung müsse mithin bestehen. Für die über die ursprüngliche Höchstdauer hinausgehende Fortdauer der Sicherungsverwahrung, die durch die Änderung des § 67d StGB möglich wurde, ist nach Auffassung des EGMR der notwendige kausale Zusammenhang zwischen Verurteilung und Freiheitsentzug durchbrochen. Der Freiheitsentzug könne sich, wenn dieser die ursprünglich zulässige Höchstdauer überschreite, so der Gerichtshof, nicht mehr auf die Verurteilung, sondern nur auf die nachträgliche Änderung stützen, was für den nach Art. 5 EMRK geforderten Zusammenhang zwischen Verurteilung und Freiheitsentziehung unzulänglich sei.

Ferner hat der EGMR die Sicherungsverwahrung als Strafe im Sinne des Art. 7 EMRK gewertet. Der Gerichtshof wies darauf hin, dass er in der Beurteilung frei sei, ob eine Maßnahme eine Strafe darstelle oder nicht.[517] Er gelangte zu der Ansicht,

> »dass die Sicherungsverwahrung wie eine Freiheitsstrafe eine Freiheitsentziehung zur Folge hat. Es fällt im Hinblick auf die Art und Weise, wie die Unterbringung in der Sicherungsverwahrung in Deutschland in der Praxis im Vergleich zu normalen Freiheitsstrafen vollzogen wird, auf, dass Sicherungsverwahrte in regulären Strafvollzugsanstalten, wenn auch in separaten Abteilungen, untergebracht sind. Die gering-

516 BVerfGE vom 5. Februar 2004–2 BvR 2029/01, abgedruckt in: NJW 2004, S. 739–750.
517 EGMR, NJW 2010, S. 2497f.

fügigen Unterschiede des Vollzugs im Vergleich zu Strafgefangenen, zum Beispiel Privilegien wie etwa das Recht, eigene Kleidung zu tragen und die – komfortableren – Zellen noch zusätzlich auszustatten, können nicht darüber hinwegtäuschen, dass es keinen wesentlichen Unterschied zwischen dem Vollzug einer Freiheitsstrafe und dem Vollzug einer Sicherungsverwahrung gibt. (...) Der Gerichtshof kann sich angesichts der tatsächlichen Situation von Sicherungsverwahrten dem Argument der Regierung (...) nicht anschließen, dass die Sicherungsverwahrung einem rein vorbeugenden und keinem Strafzweck diene.«[518]

Die Auffassung des EGMR wird in zukünftigen nationalen interpretativen Folgeoperationen in Bezug auf die zeitliche Ausweitung der Sicherungsverwahrung zu berücksichtigen sein. Zudem ergibt sich aus der Interpretation des EGMR eine konkrete Verbesserungschance[519] in Bezug auf die zukünftige nationale Ausgestaltung des Maßregelvollzuges.[520]

4.3 Exkurs: Performativität des Rechts?

Ein Aspekt, der in einem engen Zusammenhang zur Verabschiedung der Vorstellung – wie sie von der juristischen Methodik vertreten wird[521] –, Bedeutung sei eine geistige Entität, die dem Rechtstext anhefte, und der Hinwendung zur juristischen Entscheidungspraxis (und der sich in ihr einspielenden Bedeutung) steht, ist bisher unterbelichtet geblieben und soll in einem Exkurs erläutert werden: die Performativität des Rechts.

Die Trennung zwischen dem geistigen Inhalt einer Interpretation und seiner performativen Wirkung[522], also der Einwirkung der Interpretation auf die Um-

518 EGMR, ebd., S. 2498f.

519 Anmerkung von Eschelbach zum Urteil des EGMR, ebd., S. 2500.

520 Diese kann darin bestehen, dass im Maßregelvollzug zukünftig die notwendige sozialtherapeutische Behandlung der sicherungsverwahrten Person zur Pflicht wird; siehe dazu die Anmerkung von Eschelbach zum Urteil des EGMR, ebd. Damit geht einher, dass sich die Bedingungen des Maßregelvollzuges deutlich von denen der Haft unterscheiden müssen, will man Ersteren nicht als Strafe einstufen.

521 Siehe hierzu oben unter 3.2.

522 Bereits Merleau-Ponty hat auf die performative Seite der Sprache hingewiesen. Ihm zufolge sind die sprachlichen Akte konstitutiv für die Wortbedeutungen; dazu: Bucher, Zwischen Phänomenologie und Sprachwissenschaft (Münster 1991). Zwischen Sprache und Akt besteht eine Interaktion in der Form, dass die strukturelle Anordnung der Wörter, die gleichfalls die Position eines Wortes in der Sprache bestimmt, eine situative Nutzung bestimmter Wörter möglich macht. Die Nutzung wirkt dann auf die Struktur zurück, deformiert sie durch das Hinzufügen situativer Anwendungen und ruft dadurch Wortbedeutungen hervor. Für diese Deutung spricht ebenso, dass Merleau-Ponty den außersprachlichen Bedingungen einen hohen Stellenwert bei der Konstitution von Bedeutung beimisst; Merleau-Ponty, Die indirekte Sprache, in: Merleau-Ponty, Die Prosa der Welt, S. 86: »Man sagt, dass die genaue Aufzeichnung des brillantesten Gesprächs später einen

welt[523], kann paradoxe Folgen zeitigen. Das zeigt die *Catch-22*-Problematik. *Catch-22* geht zurück auf den amerikanischen Autor Joseph Heller. Heller beschreibt in seinem gleichnamigen Roman[524] die zum Scheitern verurteilten Versuche des amerikanischen Soldaten John Yossarian, den Wirren des Zweiten Weltkrieges zu entkommen. Der auf der Insel Pianosa im Mittelmeer stationierte Yossarian ist Bombenschütze in einer Flugstaffel des U.S. Militärs. Yossarian ist des Kriegsdienstes überdrüssig und möchte in seine amerikanische Heimat zurückkehren. Da die Sollflüge, die ein Soldat ableisten muss, um in die Heimat zurückversetzt zu werden, ständig angehoben werden, verbleibt Yossarian nur die Möglichkeit, sich auf die militärische Vorschrift mit dem Titel *Catch-22* zu berufen: Die Vorschrift ermöglicht die Rückkehr amerikanischer Soldaten nach Amerika unter der Bedingung, dass ein Soldat geisteskrank ist und selbst danach verlangt, vom Kriegsdienst befreit und nach Hause versetzt zu werden. Das Paradox, welches die Vorschrift aufwirft, besteht darin, dass sich Bedingungen und Folge der Vorschrift scheinbar widersprechen. Ein Soldat, der um Entlassung aus dem Kriegsdienst bittet, ist nicht geisteskrank, da er erreichen möchte, was jeder vernünftigen Person als offensichtlich erscheinen wird, nämlich aus dem Kriegsdienst entlassen zu werden. Vielmehr muss ihm das Attribut *mental gesund* zugesprochen werden. Hingegen ist ein Soldat, der nicht nach Versetzung in die Heimat bittet, potentiell nicht bei Sinnen, jedoch führt das gleichfalls nicht zu seiner Versetzung. Nach der *Catch-22*-Vorschrift ist es scheinbar unmöglich, vom Kriegsdienst befreit zu werden, obwohl die Vorschrift genau das unter bestimmten Voraussetzungen bewirken soll.

Schlag ist der Auffassung, dass die Widersprüchlichkeit des *Catch-22* aus der Divergenz zwischen der Rechtsbedeutung und der Rechtswirkung, zwischen dem *what law means* und dem *what law does,* resultiere.[525] So ist dann auch Schlags Äußerung zu verstehen, wenn er sagt:

---

dürftigen Eindruck erweckt. Hier lügt die Wahrheit. Das genau reproduzierte Gespräch ist nicht mehr das, was es war im Augenblick, als wir es erlebten: es fehlt die Gegenwart derer, die sprachen, dieser ganze Sinnüberschuss, den die Gesten, die Physiognomien, vor allem aber die Evidenz eines abrollenden Ereignisses, einer fortlaufenden Erfindung und Improvisation dem Gespräch verleihen.« Merleau-Ponty hat selbst keine kohärente Sprechakttheorie ausgearbeitet. Es bleibt weithin im Dunkeln, in welchem Verhältnis Sprache und Sprechakt stehen und welche Funktion ihnen bei der Konstitution von Bedeutung zukommt. Jedoch ist festzuhalten, dass Merleau-Ponty den Akt des *Erschaffens* bei der Konstitution von Bedeutung in den Vordergrund stellt. Diesen Ansatz hat die moderne Sprechakttheorie, die von Austin und Searle ausgearbeitet wurde, aufgegriffen.

523 Austin, How to do things with words, S. 5f.

524 Heller, Catch-22 (New York 1961).

525 Schlag, Cannibal Moves: An Essay on the Metamorphoses of the Legal Distinction, in: Stanford Law Review (1988), S. 948.

»The paradox arises because we forget about the performative significance of the doctrine and yet the performative significance of the doctrine works to reverse the meaning of its constative significance.«[526]

Forgó hat deshalb darauf hingewiesen, dass das Interpretieren rechtlicher Texte nicht als hermetisch abgeriegelte, geistige Tätigkeit verstanden werden kann. Dies kann wie folgt auf den Punkt gebracht werden:

»Interpretation teilt die Welt nicht mit, sie teilt sie ein.«[527]

Wird diese Unterscheidung nicht vollzogen, so Forgó, verkommt eine Interpretationstheorie zu einer Beschreibung innerer Zustände (*deskriptiver Fehlschluss*), ohne wahrzunehmen, dass sprachliche Handlungen wie physisches Handeln verändernd auf die Realität einwirken.[528] Dabei beruft er sich auf die Sprechakttheorie, die auf Austin und Searle zurückgeht. Sie gründet in der Überzeugung, dass Sprechen heißt, sich regelgeleitet zu verhalten, spezifischer:

»in Übereinstimmung mit Regeln Akte zu vollziehen.«[529]

Mit Worten allein kann ein Akt, wie etwa das Heiraten, nicht vollzogen werden. Es bedarf neben der sprachlichen Formel

(A) Willst du mich heiraten?

(B) Ja, ich will!

noch außersprachlicher Bedingungen, die mit der Äußerung zusammentreffen müssen, damit dieser erfolgreich ist.[530] Austin nennt solche sprachlichen Akte performative Äußerungen und stellt Voraussetzungen auf, die erfüllt sein müssen, damit eine performative Äußerung erfolgreich ist:

»(A.1) There must be an accepted conventional procedure, having a conventional effect, that procedure to include the uttering of certain words by certain persons in certain circumstances, and further,
(A.2) the particular persons and circumstances in a given case must be appropriate for the invocation of the particular procedure invoked.
(B.1) The procedure must be executed by all participants both correctly and
(B.2) completely.
(T.1) Where, as often, the procedure is designed for use by persons having certain thoughts or feelings, or for the inauguration of certain consequential conduct on the

526 Schlag, ebd., S. 947.

527 Es handelt sich um eine Variation von Luhmann/Fuchs, Reden und Schweigen, in: dies., Reden und Schweigen, S. 7: »Eine Kommunikation teilt die Welt nicht mit, sie teilt sie ein.« Forgó hat diese Formulierung ebenfalls abgewandelt in Forgó, Recht Sprechen, S. 5: »Kommunikation teilt nicht mit, Kommunikation teilt ein.« Siehe dazu: Goebel, Rechtsgespräch und kreativer Dissens, S. 109–149.

528 Forgó, Recht Sprechen, S. 140f.

529 Searle, Sprechakte, S. 38.

530 Austin, How to do things with words, S. 6f.

part of any participant, then a person participating in and so invoking the procedure must in fact have those thoughts or feelings, and the participants must intend so to conduct themselves, and further

(T.2) must actually so conduct themselves subsequently.«[531]

Für den soeben angesprochenen Vollzug der Eheschließung bedeutet das, dass die Bedingungen (A.1) bis (T.2) für einen wirksamen Vollzug des sprachlichen Aktes vorliegen müssen. Hierbei beziehen sich die Voraussetzungen (A.1) bis (B.2) auf die Einhaltung gemeinschaftlich etablierter Standards und die Voraussetzungen (T.1) und (T.2) auf die innere Einstellung und das äußere Verhalten des Sprechers bezüglich des in Übereinstimmung mit den Vorgaben geäußerten sprachlichen Aktes.

Im juristischen Kontext heißt das, dass der Kontext maßgeblichen Einfluss auf den Erfolg bzw. Misserfolg von Rechtshandlungen übt. Das kann – nochmals auf den Eheschluss zurückgreifend – wie folgt verdeutlicht werden: Gemäß § 1310 I 1 BGB wird die Ehe nur dann geschlossen, wenn die Eheschließenden vor dem Standesbeamten erklären, die Ehe miteinander eingehen zu wollen – von dieser Voraussetzung gibt es Ausnahmen in § 1310 III BGB. Die Ehe kann, anders als die Lebenspartnerschaft[532], nur zwischen Mann und Frau begründet werden. Ferner müssen die Eheschließenden berechtigt sein, den Akt des Eheschlusses zu vollziehen. Voraussetzung hierzu ist, dass die Eheschließenden volljährig sind, § 1303 I BGB, es sei denn, das Familiengericht erteilt der oder dem Antragenden, die oder der das 16. Lebensjahr vollendet hat, eine Befreiung von dieser Bedingung, § 1303 II BGB. Geschäftsunfähige können die Ehe nicht eingehen, § 1304 BGB. Zudem dürfen keine Eheverbote vorliegen, § 1306ff. BGB. Die performative Äußerung ist nur dann erfolgreich, wenn keiner der zwei Eheschließenden bereits mit einer dritten Person verheiratet ist, § 1306 BGB. Die Eheschließenden dürfen nicht in gerader Linie verwandt sein, § 1307 BGB usw. Schließlich setzt der Eheschluss voraus, dass gemäß § 1314 BGB keine Aufhebungsgründe vorliegen, insbesondere müssen die Eheschließenden auch intendieren, die Ehe zu schließen. Sollte das nicht der Fall sein, so kann die Ehe gemäß § 1314 Nr. 5 BGB aufgehoben werden. Die Eheschließenden müssen sich an die Ehe gebunden fühlen. Nur wenn die sprachliche Äußerung

(A) »Willst du mich heiraten?«

(B) »Ja, ich will!«

mit diesen außersprachlichen Bedingungen zusammenfällt, ist der Sprechakt demnach erfolgreich.

Für den Erfolg einer juristischen Entscheidung ist zudem maßgeblich, dass der Entscheidungsträger legitimiert ist, eine bestimmte Äußerung zu treffen.

531 Austin, ebd., S. 14f.

532 § 1 I LPartG.

Das Urteil eines Nichtrichters ist nichtig.[533] Das Todesurteil, das über Maria Stuart in Schillers gleichnamigem Trauerspiel[534] gefällt wird, kann tatsächlich nicht auf der Bühne vollstreckt werden. Es ist nicht durch einen juristischen Entscheidungsträger, der gemäß den Vorgaben des DRiG ernannt wurde, gesprochen worden. Dies soll gewährleisten, dass nur wirksam sprechen kann, wer eine bestimmten Anforderungen entsprechende Sprachsozialisierung durchlaufen hat. Der juristische Entscheidungsträger muss ferner zuständig sein, eine bestimmte Entscheidung zu treffen. Im Rechtsstaat ist hinreichend präzise gesetzlich bestimmt, wer zu einer Entscheidung berufen ist. §§ 23, 71 GVG etwa regeln die sachliche Zuständigkeit der Amts- und Landgerichte in bürgerlichen Rechtsstreitigkeiten. Ein Verstoß gegen die Zuständigkeitsregelungen führt jedoch nicht zu einem Nichturteil, worauf Forgó hinweist.[535] Vielmehr muss gemäß § 504 GVG die sachliche oder örtliche Unzuständigkeit des Amtsgerichts durch den Beklagten nach Hinweis des Gerichtes gerügt werden, sonst ist die Unzuständigkeit des Gerichts unbeachtlich. Ferner führen Verstöße gegen das materielle Recht nur zur Anfechtbarkeit, nicht zur Nichtigkeit des Urteils. Eine juristische Entscheidung ist mithin erfolgreich, wenn

> »der mit ihr verbundene direktive Anspruch konventional als konform mit intersubjektiv gültigen Normen und daher als zu befolgen interpretiert wird«.[536]

Jedoch sind die Schlussfolgerungen Forgós, aber auch Schlags, zur Performativität des Rechts nicht zwingend. Deckt man mit Derrida, der sich ausgiebig mit der Performativität der Sprache auseinandergesetzt hat[537], die Unzulänglichkeit der Sprachakttheorie auf, so kann gleichfalls die performative Seite rechtstextlicher Interpretation abgesetzt werden.[538]

Für den Erfolg des Sprechaktes ist maßgeblich, dass der Kontext stimmt. Der Kontext garantiert folglich, dass dem Sprechakt eine Bedeutung zukommt. Diese Totalisierung des Kontextes lehnt Derrida ab. Das Zeichen kann einem anderen Kontext aufgepfropft werden, nur damit es sich diesem, ohne Halt in ihm zu finden, neuerlich entzieht.[539] Damit bringt Derrida zum Ausdruck, dass jedem Kontext ein überschüssiges Interpretationspotential innewohnt, das die interpretative Operation nicht zu begrenzen vermag.[540] Das soll anhand des Ehe-

533 Forgó, Recht Sprechen, S. 150.
534 Schiller, Maria Stuart (Tübingen 1801).
535 Forgó, Recht Sprechen, S. 150.
536 Forgó, ebd., S. 169.
537 Derrida, Signatur Ereignis Kontext, in: ders., Randgänge der Literatur, S. 340–351; sowie: Derrida, Limited Inc, S. 61–168. Eine eingehende Analyse kann man etwa bei Rolf, Der andere Austin (Bielefeld 2009), finden.
538 Siehe zur Dekonstruktion performativer Sprechakte insbesondere: Rolf, ebd., S. 178ff.
539 Derrida, Limited Inc, S. 107.
540 Culler, On Deconstruction, S. 128.

schlusses verdeutlicht werden. Im Fall des Eheschlusses können beispielsweise immer neue kontextuelle Umstände erdacht werden, die zwar die Voraussetzungen einer wirksamen Eheschließung erfüllen, diese aber unwirksam machen und mithin der Äußerung ihre illokutionäre Kraft nehmen.[541] So könnte die Eheschließung – ohne Wissen der Beteiligten – nicht auf der Erde, aber auf der Zwerde[542] stattgefunden haben, auf der solche Verbindungen grundsätzlich unwirksam sind, usw.

Da sich der Kontext einer Totalisierung verweigert, hat Augsberg darauf hingewiesen, dass in der juristischen Entscheidungstätigkeit das Performativ hinter das deklarative Moment einer Interpretation zurücktritt. Seiner Auffassung nach ist das der Fall, da die Einzigartigkeit des sich ereignenden Performatives der juristischen Entscheidung zugleich die Einschreibung in eine Pluralität anderer korrespondierender, juristischer Operationen darstellt.[543] In diesem Verständnis ist folglich die Setzung sogleich Ruf nach einer Wiederholung in einem anderen Fall. Jedes Urteil eröffnet zwar eine neue Perspektive. Diese tritt aber, nach Augsberg, hinter die deklarative Einschreibung der Entscheidung in ein Netz anderer Entscheidungen (Anschlusszwang!) zurück.[544] Aus seiner Sicht ebnet sich die Unterscheidung zwischen konstativen und performativen Sprechakten ganz ein[545]:

> »Das Urteil sagt, was es macht, und macht, was es sagt, und beschreibt dabei im selben Moment, auto-logisch, den eigenen Prozess.«[546]

Dieser Auffassung soll insoweit Beifall gezollt werden, als der Aufbruch des Kontextes zu einer Pluralisierung des operationsinternen Interpretationshorizontes führt. Damit, und das ist bei Augsberg bedenkenswert, ist aber mehr gemeint als die bloße deklarative Einschreibung der interpretativen Operation in ein Netz vorhergängiger Interpretationen. Wird der Aufbruch des Interpretationshorizontes anerkannt, ruft das den juristischen Entscheidungsträger in die Pflicht, den Abschluss des Textes zu verhindern, indem eingeschliffene Interpretationsmuster abgesetzt werden, und immer neue rechtliche Welten vor

541 Culler, ebd., S. 121 f.

542 Dieser Begriff ist dem bereits ausgeführten putnamschen Gedankenexperiment entlehnt; siehe dazu oben unter 3.2.

543 Augsberg, Rechtslektionen, in: Rechtstheorie 40 (2009), S. 79. Zur Kritik etwa: Vogel, Blinde Flecken in der juristischen Hermeneutik, in: Rechtstheorie 41 (2010), S. 30 ff.; Roellecke, Juridische Kommunikation, in: Rechtstheorie 40 (2009), S. 509–515.

544 Augsberg, Rechtslektionen, in: Rechtstheorie 40 (2009), S. 79.

545 Dazu Derrida, Mémoires. Für Paul de Man, S. 188.

546 Augsberg, Rechtslektionen, in: Rechtstheorie 40 (2009), S. 79.

dem Hintergrund dessen, *was sein soll*, zu konstruieren.[547] Eine solche Interpretationstheorie wird unter 5. ausgebreitet.

4.4 Fazit

Nunmehr wurden die durch die Spätphilosophie Wittgensteins inspirierten rechtsmethodischen und rechtstheoretischen Positionen zureichend behandelt. Es hat sich gezeigt, dass seitens der Heidelberger Schule und des Nachpositivistischen Rechtsdenkens angenommen wird, dass die Entscheidungspraxis nicht semantisch normativ programmiert ist.[548] Eine Aufarbeitung des sprachphilosophischen Schrifttums lässt durchaus den Schluss zu, dass diese Annahme richtig ist. Rechtstextliche Bedeutung spielt sich innerhalb der hierarchisch angelegten Entscheidungspraxis ein.

So überzeugend diese Annahmen auch sein mögen – eine Interpretationstheorie des Rechts kann hierbei nicht stehen bleiben. Lässt sich das Dogma der interpretativen Praxis im Anschluss an die Spätphilosophie Wittgensteins auf ein

»it just goes«[549]

reduzieren, so wird deutlich, dass ein erneuter Blick auf das Räderwerk der Textinterpretation geworfen werden muss, um zu ergründen, welches Potential sich darin verbirgt. Scheint das Mantra der sich vor dem Hintergrund einer geteilten Lebensform[550] bzw. Interpretationskultur vollziehenden juristischen Entscheidungspraxis, in der sich die Bedeutung des Textes einspielt[551], die teubnersche Auffassung der autopoietischen Systemschließung[552] und das konventionelle Kreiseln der interpretativen Operationen um sich selbst zu unterstreichen, so wird durch die Ersetzung der methodisch-idealisierten Wertungen durch das Primat der interpretativen Praxis der Aufbruch zu neuen Ufern[553] unterbunden. Doch die Interpretation des Rechts ist mehr als ein Spiel[554]:

---

547 Cornell, The Good, the Right, and the Possibility of Legal Interpretation, in: dies., The Philosophy of the Limit, S. 111.

548 Christensen/Kudlich, Theorie des richterlichen Begründens, S. 151.; Forgó, Recht Sprechen, S. 138.

549 Wright, Rule-Following, Objectivity and the Theory of Meaning, in: ders., Rails to Infinity, S. 41.

550 Dazu Wittgenstein PU 241.

551 Christensen, Was heißt Gesetzesbindung?, S. 286.

552 Teubner, Recht als autopoietisches System, S. 21 ff.

553 Rosenfeld, Deconstruction and Legal Interpretation: Conflict, Indeterminacy and the Temptations of the New Legal Formalism, in: Cardozo Law Review 11 (1989/1990), S. 1239.

554 Das anzuerkennen ist umso wichtiger, da der Vorgang freier Interpretation durch den

»(...) law as a practice is not simply a game like chess or checkers (...)«.[555]

Der juristische Entscheidungsträger muss für die von ihm getätigte Interpretation, die ihm weder durch den Text noch innerhalb der Praxis herausgebildete Standards vorgeschrieben wird, Verantwortung übernehmen.[556] Dieser Verantwortung kann der juristische Entscheidungsträger nur nachkommen, indem er den Rechtstext jenseits der sich innerhalb der juristischen Praxis herausbildenden interpretativen Muster und mithin jenseits des juristischen Programms beständig fortliest und das Recht transformiert. Indem auf diese Art und Weise immer neue Rechtswelten ausgestaltet werden, kann dem dauerhaften Ausschluss (bestimmter interpretativer Positionen aus dem Recht) durch Abschluss des Rechtstextes vorgebeugt und die geübte symbolische Gewalt im Sinne einer

»Macht, der es gelingt, Bedeutungen durchzusetzen und sie als legitim durchzusetzen, indem sie die Kräfteverhältnisse verschleiert, die ihrer Kraft zugrunde liegen«[557],

---

juristischen Entscheidungsträger (und unter der Wendung *Im Namen des Volkes* ...) gewaltsam in sein Gegenteil verkehrt wird: Eine Interpretation, die von einem bestimmten Deutungshorizont her getroffen wird, wird innerhalb der Sprachgemeinschaft durchgesetzt; Cover, Violence and the Word, in: Yale Law Journal 95 (1985/1986), S. 1617. Andere werden unterdrückt. Dabei wird nach Derrida die Gewalt, die in der ursprünglichen Setzung des Gesetzes gegenwärtig ist, in jeder interpretativen Operation aktualisiert; Derrida, Gesetzeskraft, S. 29: »Im gründenden Augenblick, in dem Augenblick, der ihr eigener Augenblick ist, sind sie weder recht- noch unrechtmäßig. Sie gehen über den Gegensatz, der zwischen dem Ge- oder Begründeten und dem Un-be-gründeten besteht, hinaus, sie übersteigen den Gegensatz zwischen dem, was begründen will, und dem, was sich gegen alle (Be)gründung richtet. Selbst wenn das Gelingen performativer Akte, die das Recht begründen (solcher Akte zum Beispiel (...), die den Grund für den Staat als Rechtsgaranten legen), vorgängige Bedingungen und Übereinkünfte voraussetzen (...), wird die nämliche ›mystische‹ Grenze sich dort wieder bemerkbar machen, wo diese Bedingungen, Regeln, Konventionen und deren vorherrschende Deutung ihren Ursprung haben.« Und weiter in Derrida, ebd., S. 79f.: »Die Lesbarkeit wird also ebenso wenig neutral wie gewaltfrei sein. Eine ›gelungene‹ Revolution, eine ›gelungene‹ Staatsgründung (...) wird im Nachhinein hervorbringen, was hervorzubringen sie im Vorhinein bestimmt war: Interpretationsmodelle, die sich zu einer rückwirkenden Lektüre eignen, die geeignet sind, der Gewalt, die unter anderem das fragliche Interpretationsmodell selbst (...) hervorgebracht hat, Sinn zu verleihen – die geeignet sind, die Notwendigkeit und besonders die Legitimität dieser Gewalt hervorzuheben.«

555 Rosenfeld, Deconstruction and Legal Interpretation: Conflict, Indeterminacy and the Temptations of the New Legal Formalism, in: Cardozo Law Review 11 (1989/1990), S. 1243f.

556 Hillis Miller, The Ethics of Reading: Kant, de Man, Eliot, Trollope, James, and Benjamin, S. 43.

557 Bourdieu/Passeron, Grundlagen einer Theorie der symbolischen Gewalt, in: dies., Grundlagen einer Theorie der symbolischen Gewalt und Bourdieu, Kulturelle Reproduktion und soziale Reproduktion, S. 12.

destruiert werden. Worum es geht, kann der Position Derridas im folgenden fiktiven Streitgespräch mit einem Vertreter der juristischen Pragmatik, etwa Christensen, entnommen werden[558]:

Christensen: »Nur weil wir Teil einer Gemeinschaft mit einer geteilten Interpretationskultur sind, spielt sich textliche Bedeutung ein.«

Derrida: »Ich verstehe, worauf Sie hinauswollen, aber ich sehe da eine Gefahr in dem, was Sie sagen. Wenn wir Teil einer interpretativen Gemeinschaft sind, in einer interpretativen Vergangenheit stehen und diese Zugehörigkeit unser Denken, unser Verstehen bestimmt, dann wird unser Denken von all den Vorurteilen und Interessen durchzogen, aus denen sich die Tradition dieser Gemeinschaft zusammensetzt.«

Christensen: »Aber wenn Sie eine Fundierung der textlichen Bedeutung wünschen, dann kommt allein der Sprachkampf, der sich innerhalb einer Sprachgemeinschaft vor dem Hintergrund unserer interpretativen Vorurteile, Interessen, Erwartungen vollzieht, in Frage.«

Derrida: »Ich ziehe da mit ihnen. Aber es geht mir darum, dass genau darin die Etablierung von Herrschaft, von Unterdrückung usw. besteht. Es liegt mir daran, die Vertiefung ungerechtfertigter Herrschaft und Unterdrückung von Anderem zu beenden. Das ist doch nicht legitimierte Gewalt, die in unseren ständig durchgeführten interpretativen Operationen geübt wird.«

Christensen: »Ich stimme Ihnen zu. Sie müssen aber konzedieren, dass wir – trotz aller Ungerechtigkeit und nicht legitimierter Ausübung von Herrschaft – in praxi immer weiter interpretieren. Interpretationen lassen sich nicht den ganzen Weg hinab legitimieren. Nur weil Sie sagen, das sei ungerecht, hören wir nicht auf. Und ich will nur beschreiben, was sich tatsächlich vollzieht.«

Derrida: »Ja, das mag schon zutreffen. Aber Sie müssen mir doch zustimmen, dass wir die sich in unseren interpretativen Operationen einschleifende Herrschaft hinterfragen, dekonstruieren müssen. Wir müssen etwas genauer hinsehen …«

Dass jede Interpretation über sich selbst hinausweist und mithin das nötige Potential für die Öffnung gegenüber anderen interpretativen Positionen mitbringt[559], um eingeschliffene interpretative Standpunkte permanent zu hinterfragen, diese Einsicht ist der im Einfluss der wittgensteinschen Spätphilosophie stehenden juristischen Pragmatik und mithin den Vertretern der Heidelberger Schule und des Nachpositivistischen Rechtsdenkens aufgrund ihrer Ausrichtung

558 Die Idee wurde von Feldman übernommen, der ein Gespräch zwischen Gadamer und Derrida inszeniert in Feldman, The Politics of Postmodern Jurisprudence, in: Michigan Law Review 95 (1996), S. 190f.

559 Cornell, The Good, The Right, and the Possibility of Legal Interpretation, in: dies., The Philosophy of the Limit, S. 110f.

an der sprachlichen Entscheidungspraxis verwehrt geblieben.[560] Statt den Rechtstext auf einen kulturellen Code, der sich innerhalb einer geteilten Praxis, einer gemeinsamen Art zu Denken realisiert[561], zu reduzieren, muss dieser auf seine Pluralität hin gelesen werden.

Eine so verstandene, verantwortliche Interpretationstheorie des Rechts, die sich auf den Aufbruch der interpretativen Praxis verlegt und die Potentialität des Rechtstextes ausschöpft, soll im nächsten Kapitel ausgestaltet werden.

560 Dabei kann den aufgeführten Vertretern durchaus unterstellt werden, dass sie diese Fragen und Einsichten teilweise ausblenden: Somek/Forgó, Nachpositivistisches Rechtsdenken, S. VIIff. Hierzu kritisch Culler, On Deconstruction, S. 131: »Those who cite Wittgenstein are inclined to adduce the language game and its rules as a simple given. ›But – it is just a fact,‹ Wittgenstein is reported as saying, ›that people have laid down such and such rules‹. It is always possible, though, that redescription will alter rules or place an utterance in a different language game. Discussing a sentence that appears in quotation marks in Nietzsche's Nachlass, ›I have forgotten my umbrella,‹ Derrida writes, ›a thousand possibilities will always remain open‹. They remain open not because the reader can make the sentence mean anything whatever but because other specifications of context or interpretations of the ›general text‹ are always possible.«

561 Eco, Semiotik und Philosophie der Sprache, S. 65; ähnlich auch Fish, Is There a Text in This Class?, in: ders., Is There a Text in This Class?, S. 306f.

5. Dekonstruierte Normativität/Transformatives Recht

»Die Rechtsordnung ist so eingerichtet, dass es ›nur ein einziges Schicksal‹ – nur ein einziges Geschick, nur eine einzige Geschichte – gibt. Dieser Begriff des Schicksals (des Schicksals oder seiner vollkommenen Einzigartigkeit) ist ein Schlüsselbegriff des Textes, aber auch einer der dunkelsten.«
Jacques Derrida, Gesetzeskraft, S. 88

Wittgenstein ist der Auffassung, dass es kein Zurück hinter die geteilte Lebensform und mithin die sprachliche Praxis gibt[562]: An ihr biegt sich der Spaten des Theoretikers zurück. Übertragen auf das Recht bedeutet das, dass sich in der Entscheidungspraxis – wie bereits gezeigt wurde – die interpretative Bedeutung des Rechts einzuspielen vermag.[563] Doch die Interpretation des Rechts kann nicht auf die Spielmetapher beschränkt werden.

Wenn eine interpretative Operation vollzogen wird, wird eine bestimmte Perspektive auf den rechtlichen Text besetzt, die jeweils eine andere Perspektive auf diesen ausschließt. Die ausgeschlossenen Sichtweisen werden aus der interpretativen Tradition ausgesondert.[564] Dabei beinhaltet jede Bestimmung einer Bedeutung, als Counterfeit, die Definition des Anderen als Anderes. Ohne dieses Andere kann es überhaupt keine Bedeutung geben. Der Ausschluss des Anderen wird zur Vorbedingung jeder sich innerhalb der juristischen Entscheidungspraxis einspielenden Textbedeutung.[565]

Um den Ausschluss bestimmter interpretativer Positionen aus dem Recht zu verhindern, muss der Rechtstext jenseits der sich innerhalb der juristischen Praxis einspielenden Textbedeutung beständig fortgelesen werden.[566] Damit sich der Interpret aus dem Kontinuum immer gleicher Lesungen lösen kann, muss

562 Wittgenstein PU 217.

563 Damit wird dem Text seitens der juristischen Pragmatik eine Bedeutungsidealität zugemessen, die sie ihrerseits am ontologisierenden Sprachverständnis der juristischen Methodik und Entscheidungspraxis beklagt hatte: Der Text wird bedeutungsidealistisch abgedichtet.

564 Feldman, The Politics of Postmodern Jurisprudence, in: Michigan Law Review 95 (1996), S. 190.

565 Feldman, Made for each other, in: Philosophy & Social Criticism 26 (2000), S. 62: »Without the Other, without the trace of denied potential meaning, ›no meaning would appear‹ at all.« Eine verantwortliche Interpretationstheorie des Rechts versteht sich zugleich als Gegenbewegung zur textlichen Sinnverleihung; dazu Feldman, How To Be Critical, in: Chicago-Kent Law Review 76 (2000/2001), S. 910f.

566 Cornell, The Good, the Right, and the Possibility of Legal Interpretation, in: dies., The Philosophy of the Limit, S. 109: »We are called to remain open to the invitation to create new worlds.«

die Identität der Textbedeutung zugunsten einer pluralen Text-›Bedeutung‹ aufgebrochen und der Text für den Einzug des Anderen offen gehalten werden.[567] Die juristische Entscheidung gerät hierdurch zu einer verantwortlichen Interpretation des Rechts: Durch den Aufbruch der Textbedeutung tritt die Freiheit des Interpreten zu Tage, den Text und seinen pluralen Sinn immer weiter auszuschöpfen, der die Verantwortung, eben dies zu tun, vorausliegt.[568] Dieser Imperativ ruft den juristischen Entscheidungsträger in die Pflicht, den Rechtstext nicht als durch die juristisch dogmatischen Sedimente verschlossen zu betrachten, sondern eine Entscheidung jenseits des juristischen Schematismus zu treffen.[569] Eine so verstandene verantwortliche Interpretationstheorie des Rechts soll im folgenden Kapitel entworfen werden.

Dieses Kapitel wird folgenden Verlauf nehmen:

Es wird mit der philosophischen Hermeneutik Gadamers begonnen (5.1). In Gadamers hermeneutischem Ansatz ist die Öffnung zum Anderen und mithin die Chance, den Text jenseits eingespielter interpretativer Positionen fortzulesen, bereits angelegt.

Sodann wird der Aufbruch der Textbedeutung anhand der Philosophie Derridas thematisiert (5.2). Wird hiernach die Identität der Textbedeutung abgesetzt und der Text als ein sich innerhalb der Praxis konstituierendes differentielles Gewebe verstanden, wird er zu einem unerschöpflichen Sinn-Reservoir.

Unter (5.3) wird eine verantwortliche Interpretationstheorie des Rechts gezeichnet. Mit dem Aufbruch der Textbedeutung geht die Verantwortung des juristischen Entscheidungsträgers einher, den Rechtstext stets aufs Neue aus-

567 Dadurch soll das Primat der Vergangenheit über die Gegenwart, wie es etwa Gadamer beschrieben hat, durchkreuzt oder – mit Derridas Terminus (Derrida, Die différance, in: ders., Randgänge der Philosophie, S. 36ff.) – dekonstruiert werden; Feldman, The Politics of Postmodern Jurisprudence, in: Michigan Law Review 95 (1996), S. 189: »Derrida wants to remind us about tradition, to bring the background to the foreground, and to underscore how tradition often establishes its authority through brutality and duplicity.«

568 Sartre, Was ist Literatur?, S. 31: »Das Kunstwerk hat keinen Zweck, darin stimmen wir mit Kant überein. Es ist aber ein Zweck. Kants Formulierung lässt den Appell außer Acht, der aus jedem Bild, aus jeder Statue, aus jedem Buch spricht. Kant glaubt, das Kunstwerk existiere zunächst an sich und werde dann erst gesehen. Während es tatsächlich nur existiert, wenn man es betrachtet, und während es zunächst reiner Appell, reiner Anspruch auf Existenz ist. Es ist kein Werkzeug, dessen Existenz klar auf der Hand liegt und dessen Zweck unbestimmt ist: es bietet sich als eine Aufgabe an, die erfüllt werden soll, es stellt sich ohne weiteres auf das Niveau des Kategorischen Imperativs. Man ist vollkommen frei, dieses Buch auf dem Tisch liegen zu lassen. Wenn man es aber aufschlägt, übernimmt man die Verantwortung dafür. Denn die Freiheit erweist sich nicht in der Freude über eine freie subjektive Tätigkeit, sondern in einem schöpferischen Akt, den ein Imperativ fordert.« Hillis Miller, The Ethics of Reading: Kant, de Man, Eliot, Trollope, James, and Benjamin, S. 43.

569 Ville, Deconstruction and Law: Derrida, Levinas and Cornell, in: Windsor Yearbook of Access to Justice 25 (2007), S. 60f.

zuschöpfen und durch das Schaffen immer neuer interpretativer Rechtswelten beständig fortzulesen.

Im Anschluss hieran (5.4) soll geprüft werden, wie eine so verstandene Interpretationstheorie zu dem in der juristischen Binnenperspektive postulierten Verdikt der *kleinen Schritte*, nachdem das Rechtssystem nur behutsam aus sich selbst heraus fortgebildet werden darf, steht.

Schließlich wird untersucht, ob sich die hier entworfene Interpretationstheorie eines Relativismus schuldig macht, der zur Konsequenz hätte, dass juristische Interpretationen gegen Kritik immun gemacht werden und sich die Wertvorstellungen des Juristenstandes in der Interpretation des Rechtstextes durchsetzen (5.5).

Mit den Ausführungen zu Gadamers philosophischer Hermeneutik soll nunmehr begonnen werden.

5.1 Gadamers philosophische Hermeneutik

An dieser Stelle soll keine ausführliche Besprechung der Philosophie Gadamers vorgenommen werden, denn diese ist mit den bereits angestellten sprachpragmatischen Erwägungen kaum in Einklang zu bringen.[570] Es kommt lediglich

570 Für Gadamer spannt sich der hermeneutische Zirkel zwischen dem Interpreten, dem Text und der Wirkungsgeschichte, in die der Interpret eingebettet ist, auf; Gadamer, Wahrheit und Methode, S. 277: »Der Zirkel ist nicht formaler Natur, er ist weder subjektiv noch objektiv, sondern beschreibt das Verstehen als das Ineinanderspiel der Bewegung der Überlieferung und der Bewegung des Interpreten. Die Antizipation von Sinn, die unser Verständnis des Textes leitet, ist nicht eine Handlung der Subjektivität, sondern bestimmt sich aus der Gemeinsamkeit, die uns mit der Überlieferung verbindet. Diese Gemeinsamkeit aber ist in unserem Verhältnis zur Überlieferung in beständiger Bildung begriffen. Sie ist nicht einfach eine Voraussetzung, unter der wir schon immer stehen, sondern wir erstellen sie selbst, sofern wir verstehen, am Überlieferungsgeschehen teilhaben und es dadurch selber weiter bestimmen. Der Zirkel des Verstehens ist also überhaupt nicht ein ›methodischer‹ Zirkel, sondern beschreibt ein ontologisches Strukturmoment des Verstehens.« Folglich fasst Gadamer das Verstehen weniger als einen subjektiv-individuellen Akt zu denken auf. Gemäß seinem Verständnis besteht das Verstehen in der Versenkung in das Überlieferungsgeschehen, in dem sich Vergangenheit und Gegenwart berühren, Gadamer, ebd., S. 274f. Da diese Horizonte verschmelzen, kann zwischen beiden nicht getrennt werden; Gadamer, ebd., S. 251: »Wir stehen (…) ständig in Überlieferungen, und dieses Darinstehen ist kein vergegenständlichendes Verhalten, so dass das, was die Überlieferung sagt, als ein anderes, Fremdes gedacht wäre – es ist immer schon ein Eigenes, Vorbild und Abschreckung, ein Sichwiedererkennen, in dem für unser späteres historisches Nachurteil kaum noch Erkennen, sondern unbefangenste Anverwandlung der Überlieferung zu gewahren ist.« Nach Gadamer wird die Gegenwart immer im Spiegel der Überlieferung gesehen; Gadamer, ebd.: »Selbst wo das Leben sich sturmgleich verändert, wie in revolutionären Zeiten, bewahrt sich im vermeintlichen Wandel aller Dinge weit mehr vom Alten, als irgendeiner weiß, und schließt sich mit dem Neuen zu neuer Geltung zusammen.«

darauf an zu zeigen, dass in der Philosophie Gadamers die interpretative Öffnung zum Anderen – die Derrida radikalisiert hat[571] – bereits angelegt ist[572], die dann für eine verantwortliche Interpretationstheorie des Rechts nutzbar gemacht werden soll.

Gadamer ist der Ansicht, dass ein Text außerhalb von interpretativen Operationen keinen Bestand hat.[573] Demnach bedeutet das subjektive In-der-Welt-Sein, dass die Welt nur vor dem Hintergrund der ihr Sinn verleihenden interpretativen Operationen als bedeutungsvoll wahrgenommen wird.[574] Wenn der Interpret einen Text verstehen will, muss er ihn immer auch selbst entwerfen.[575] Der Interpret tritt dabei mit gewissen Erwartungen an den Text heran[576], die er aufgrund seiner Zugehörigkeit zu einer Interpretationsgemeinschaft ausgebildet hat.[577] In diesem Spiegel, der zugleich die Verständnisvarianten limitiert[578],

Wittgenstein lehnt einen Bedeutungsintentionalismus, wie Gadamer ihn betreibt, ab. Bei Gadamer vollzieht sich die Bedeutungserschließung des Textes im inneren Dialog des Interpreten mit dem von ihm zu interpretierenden Text. Bei Wittgenstein spielt sich die textliche Bedeutung im Sprachspiel ein; Wittgenstein PU 43. Hierin liegt der wesentliche Unterschied zwischen den Positionen Gadamers und Wittgensteins.

571 Feldman, How To Be Critical, in: Chicago-Kent Law Review 76 (2000/2001), S. 907f.

572 Risser, Hermeneutics and the Voice of the Other, S. 164f.

573 Gadamer, Wahrheit und Methode, S. 251f.; Feldman, How To Be Critical, in: Chicago-Kent Law Review 76 (2000/2001), S. 904f.; dagegen: West, Are There Nothing But Texts in This Class? Interpreting the Interpretive Turns in Legal Thought, in: Chicago-Kent Law Review 76 (2000), S. 1163f.

574 Feldman, The Politics of Postmodern Jurisprudence, in: Michigan Law Review 95 (1996), S. 168; anders Patterson, Wittgenstein and Constitutional Theory, in: Texas Law Review 72 (1993), S. 1852: »It simply cannot be the case that everyone is interpreting everything all the time. There must be something that everyone participates in – something shared, something common. In constitutional law, that is the modalities, the grammar of constitutional argument. Were there not widespread agreement in the application of the modalities, constitutional law would simply not be possible.«

575 Daraus lässt sich der Rückschluss ziehen, dass Verstehen und Interpretation in eine Symbiose eintreten und situativ gebunden sind; so etwa auch: Feldman, The Politics of Postmodern Jurisprudence, in: Michigan Law Review 95 (1996), S. 179. Dies bestreitend Patterson in Patterson, The Poverty of Interpretative Universalism: Toward the Reconstruction of Legal Theory, in: Texas Law Review 1993/1994), S. 1–56.

576 Es ist, nach Gadamer, der geschichtlichen Einbettung der hermeneutischen Operationen zu verdanken, dass ein Text sich in interpretativen Operationen in immer neuem Gewande zeigt; Gadamer, Wahrheit und Methode, S. 375: »Ich erinnere daran, wie wir das Moment der Applikation, das aus der Hermeneutik ganz verdrängt worden war, erneut zur Geltung gebracht haben. Wir haben gesehen: Einen Text verstehen, heißt immer schon: ihn auf uns selbst anwenden und wissen, dass ein Text, auch wenn er immer anders verstanden werden muss, doch derselbe Text ist, der sich uns jeweils anders darstellt.«

577 Fish in Fish, Change, in: ders., Doing What Comes Naturally, S. 141f.

578 Zum gleichen Ergebnis kommend – nämlich dass die interpretativen Erwartungen die Variationsmöglichkeiten limitieren – Fish in Fish, Is There a Text in This Class?, in: ders., Is There a Text in This Class, S. 316: »The Change from one structure of understanding to another is not a rupture but a modification of the interests and concerns that are already in place; and because they are already in place, they constrain the direction of their own

die sich vor diesem Hintergrund ausbilden könnten, entwirft der Interpret den Text. Wie Feldman der Kontroverse zwischen Gadamer und Derrida[579] entnimmt, spricht sich Gadamer dafür aus, dass die interpretative Operation – trotz der Limitierung des Interpretationspotentials durch das Vorverständnis – dem Interpreten das Potential bietet, sich von seinen ursprünglichen Erwartungen an den Text zu entfernen[580], da diese Erwartungen im Zuge einer vertiefenden Lektüre modifiziert werden.[581] Nach Feldman:

> »Interpretation or communication (...) requires us to risk our own prejudices, to recognize ›a potentiality for being other‹.«[582]

Es ist diese Einsicht, die die Tür für eine verantwortliche Interpretationstheorie des Rechts einen Spalt breit aufstößt, da sie die Möglichkeit der Aufgabe tradierter interpretativer Standpunkte[583] zum Zwecke des Fortlesens des Textes anklingen lässt. Das Andere, das Gadamer als Potential erkennt und dem sich der Interpret öffnen kann, wird bei Derrida zum Ankerpunkt der Interpretation.[584]

Anders als Gadamer geht Derrida davon aus, dass die bloße Öffnung gegenüber dem zwischen den Zeilen des Textes anklingenden Anderen unzureichend ist, um zu verhindern, dass es zu einem interpretativen Ausschluss durch textlichen Abschluss kommt. Dieser kann nur dann verhindert werden (indem überkommene interpretative Positionen beständig destruiert und die interpretativen Grenzen permanent verschoben werden[585]), wenn die Differentialität des Textes, die eine Pluralität von Lektüren innerhalb der interpretativen Praxis zulässt, anerkannt wird. Hierfür ist allerdings das von Gadamer beschriebene interpretative In-der-Welt-Sein unabdingbare Voraussetzung.[586]

---

modification. That is, in both cases the hearer is already in a situation informed by tacitly known purposes and goals, and in both cases he ends up in another situation whose purposes and goals stand in some elaborated relation (of contrast, opposition, expansion, extension) to those they supplant.«

579 Siehe dazu Gadamer in Gadamer, Text and Interpretation, in: Michelfelder/Palmer [Hrsg.], Dialogue and Deconstruction, S. 21, 24.

580 Gadamer umschreibt das als spiegeln in Gadamer, Wahrheit und Methode, S. 441: »Sich spiegeln ist eine beständige Vertauschung. Etwas spiegelt sich in einem anderen, etwa das Schloss im Teich, heißt ja, dass der Teich das Bild des Schlosses zurückwirft. Das Spiegelbild ist durch die Mitte des Betrachters mit dem Anblick selbst wesenhaft verbunden.«

581 Es ist offensichtlich, dass sich Gadamer das interpretative In-die-Welt-Kommen des Sinns als ein dialektisches Prozedere im Sinne Hegels vorstellt; siehe dazu Gadamer, ebd., S. 440.

582 Feldman, Made for each other, in: Philosophy & Social Criticism 26 (2000), S. 58f.

583 Dazu Risser, Hermeneutics and the Voice of the Other, S. 164.

584 Balkin, Deconstructive Practice and Legal Theory, in: Yale Law Journal 96 (1987), S. 746: »Described in its simplest form, the deconstructionist project involves the identification of hierarchical oppositions, followed by a temporary reversal of the hierarchy.«

585 Feldman, The Politics of Postmodern Jurisprudence, in: Michigan Law Review 95 (1996), S. 198.

586 Zum Zusammenhang beider besonders aufschlussreich Feldman, Made for each other, in: Philosophy and Social Criticism 26 (2000), S. 63f.

5.2 Aufbruch

Anders als Gadamer, der anerkennt, dass jede interpretative Operation das Potential birgt, dass interpretative Standpunkte zugunsten neuer Perspektiven auf den Text abgesetzt werden, geht Derrida davon aus, dass der Abschluss des Textes verhindert werden muss, indem stets neue Perspektiven auf diesen eingenommen werden. Um den textlichen Abschluss zu verhindern, muss dieser aufgebrochen werden. Derridas Clou ist, dass sich überhaupt keine metaphysische Textbedeutung innerhalb der Interpretationspraxis einspielt, die nicht zugleich parasitär durch ihren differenziellen Aufbruch befallen wäre.

Was darunter zu verstehen ist, lässt sich anhand zweier Beispiele Derridas plausibel machen – zunächst die Einkaufsliste[587]: Das Schreiben einer Einkaufsliste dient dem Zweck, einer Person zum Zeitpunkt des Einkaufs ins Bewusstsein zu rufen, welche Dinge sie zuvor einzukaufen gedachte. Eine solche Liste wäre nutzlos, wenn sie nicht in Abwesenheit desjenigen funktionieren würde, der diese hergestellt hat. Das Gleiche ist wahr, wenn die Intention, dieses und jenes zu kaufen, noch voll präsent wäre. Dabei eröffnet die Lücke, die sich zwischen der Herstellungs- und der Empfangssituation auftut, die Möglichkeit, die Einkaufsliste, die zuvor geschrieben wurde, erneut zur Hand zu nehmen und die darauf geschriebenen Dinge aus den Einkaufsregalen zu nehmen. Dabei sind Sender und Empfänger, nicht der bzw. dieselbe, so Derrida, auch wenn es sich um dieselbe Person handelt: Stets handelt die Jetzt-anwesende-Person in Abwesenheit der Zuvor-anwesenden-Person. Dabei wird der

> »Augenblick (...) konstituiert, das heißt geteilt eben durch die Iterabilität dessen, das sich darin ereignet. Selbst wenn der Sender und der Empfänger dasselbe Subjekt wären, bezieht sich jeder von ihnen auf ein Zeichen [marque], bei dem sie spüren, dass es dafür geschaffen ist, ohne sie, den Augenblick seiner Produktion oder seiner Rezeption auszukommen (...).«[588]

Wenn der Sender bei der Rezeption der Liste durch den Empfänger anwesend wäre, wäre die Liste bedeutungslos.[589]

---

587 Derrida, Limited Inc, S. 83f.

588 Derrida, ebd., S. 84.

589 Anders etwa Iser in Iser, Der Akt des Lesens, S. 259ff., der von einem verhaltenspsychologischen Kommunikationsmodell ausgeht. Seiner Auffassung nach werden konsistente Interpretationen hervorgebracht, indem die gegenseitigen Erwartungen der an einer Kommunikation beteiligten Personen wechselseitig aufeinander abgestimmt werden: Besteht zu Beginn einer Kommunikation keine Übereinstimmung in den Verhaltensplänen, so stimmen sich diese im Laufe einer Kommunikation untereinander ab und bewirken eine Umorientierung der Verhaltensstrategie bzw. eine Modifizierung der Verhaltenspläne; Iser, ebd. Bei der Interpretation eines Textes vollzieht sich die Abstimmung der Verhaltenspläne nicht face-to-face, sondern in Auseinandersetzung des Lesers mit dem Text. Dabei wird der mangelnde Bezugsrahmen zwischen Autor und Leser, also die nicht geteilte Bezugssitua-

Gleiches gilt für die Konzertnotizen.[590] Zwei Personen sitzen im Konzerthaus nebeneinander. Während des Konzertes möchte eine Person der anderen etwas mitteilen. Sie schiebt der zweiten Person einen Notizzettel zu. Die Zeichen auf dem Zettel müssen in Abwesenheit des Schreibers lesbar bleiben und funktionieren, ebenso wie die Produktion der Notizen möglich war, ohne dass der Empfänger der Notizen gegenwärtig sein muss.[591]

Mit diesen Beispielen zeigt Derrida, dass sich innerhalb der Praxis situative Bedeutung deshalb einzuspielen vermag, da diese zum Substrat des permanenten Neulesens wird (und sich der Text nicht – weder durch die Intentionen des Schreibers noch die Erwartungen des Rezipienten – abschließen lässt, sondern in immer neuen Verwendungssituationen aufgebrochen wird)[592]: Eine interpretative Operation hält den Text offen, indem Folgeoperationen diese in Bezug nehmen, ohne mit Ersterer identisch zu sein, die wiederum von Folgeoperationen in Bezug genommen werden usw. Der Text konstituiert sich mithin in der interpretativen Praxis in einem unendlichen Spiel von Markierungen[593] (Interpretationen) und Re-Markierungen (Folgeoperationen).[594]

---

tion, zum Antrieb, ein Interaktionsverhältnis zu begründen; Iser, ebd., S. 263. Die Leere des Textes wird durch wechselseitige Projektionen gefüllt, wobei die Interaktion dann scheitert, wenn eine Projektion quasi widerstandslos den Text besetzt. Damit verfehlt Iser aber die Progressivität der Theorien Barthes' und Derridas. Weder Barthes noch Derrida sehen den Text als Projektionsfläche und Grundlage einer Interaktion zwischen Autor und Leser und mithin als Fundament der Rekonstruktion des Autorenwillens; hierzu etwa: Barthes, Der Tod des Autors, in: ders., Das Rauschen der Sprache, S. 60.

590 Derrida, Limited Inc, S. 85.

591 In Bezug auf den Rechtstext bedeutet das zudem, dass sich dieser im Moment seiner Produktion von den Intentionen, Wertungen und hypothetischen Sinnvorstellungen des Gesetzgebers ablöst, um in mannigfache zukünftige Kontexte eingestellt werden zu können; ähnlich etwa Augsberg, Die Lesbarkeit des Rechts, S. 102f.: »Die These, bei Barthes werde der Text ›nicht mehr als ein fertiges Produkt mit einer festen, zwar noch verborgenen, aber dennoch endgültig und für immer inskribierten Bedeutung betrachtet, sondern als eine offene Textur, deren Sinn durch den Leser stets neu aktualisiert wird‹, ist demnach jedenfalls insoweit missverständlich, als sie noch an dem traditionellen Sinnbegriff festzuhalten scheint. Denn gerade dessen Preisgabe ist die Konsequenz von Barthes' Modell: ›Ist der Autor entfernt, wird der Anspruch, einen Text zu ›entziffern‹, völlig überflüssig. Einem Text einen ›Autor‹ beigeben heißt, diesen Text einrasten zu lassen, ihn mit einem letzten Signifikat zu versehen, das Schreiben abriegeln.‹ Ein lesendes Schreiben (...) sistiert dagegen keinen fixen Sinn mehr, sondern spaltet das Gelesene, den Text, auf in die vielen Texte, aus denen er zusammengesetzt ist, um damit neue Lektüremöglichkeiten zu schaffen.«

592 Nach Derrida gibt es kein *außerhalb* des freien Spiels der Textzeichen; Derrida, Grammatologie, S. 87: Wo es Sinn gibt, da sind Zeichen. Zeichen sind seiner Auffassung nach nicht durch den Kontext, in dem sie verwendet werden, gebunden. Vielmehr werden sie in stets anderen Kontexten wiederholt; Derrida, Signatur Ereignis Kontext, in: ders., Randgänge der Philosophie, S. 335f. Ihre Identität ergibt sich aus dieser auf Wiederholung angelegten Bewegung, indem sie sich in Bezug auf sich selbst und andere Zeichen differenzieren; Bertram/Lauer/Liptow/Seel, In der Welt der Sprache, S. 226.

593 Bei der Markierung handelt es sich nicht um eine positive Präsenz, sondern – ausweislich

Indem sich das Spiel von Markierung (Interpretationen) und Re-Markierung (Folgeoperationen) innerhalb der interpretativen Praxis permanent vollzieht[595], wird die sich einspielende Textbedeutung stets aufs Neue aufgebrochen und suspendiert.[596] Erst der Aufbruch der Textbedeutung ermöglicht – parasitär –,

Derrida – um eine Aufforderung, das erste Mal (also die Produktion des Zeichens) zu wiederholen wie das erste Mal, aber in Abwesenheit des ersten Mals, das zweite Mal zu wiederholen wie das zweite Mal, aber in Abwesenheit des zweiten Mals usw.; Derrida, Limited Inc, S. 85. Die Markierung hält die Textzeichen offen und ermöglicht damit, dass es in immer neuen Kontexten wiederholt und durch die Differenz zu sich selbst und anderen Zeichen seine eigene Identität erlangt. Käme etwa dem Sprecherwillen eine volle Präsenz zu, so würde das Spiel der Markierung und Re-Markierung sinnlos und zu einem Halt kommen.

594 Iterabilität, also die Möglichkeit, Textzeichen stets aufs Neue zu interpretieren, ist ausweislich Derrida die Voraussetzung dafür, dass diese eine eigene Identität erlangen können, die in den Differenzen der interpretativen Operationen besteht; Bertram, Hermeneutik und Dekonstruktion, S. 103f. Wiederholbarkeit setzt aber zugleich eine Zwischenräumlichkeit voraus. Diese Zwischenräumlichkeit nennt Derrida différance. Der Begriff, den Derrida von différer ableitet, kommt traditionell die Bedeutung Temporisation und Verräumlichung zu; Derrida, Die différance, in: ders., Randgänge der Philosophie, S. 42. Der Zwischenraum bricht die Identität der Zeichen auf, damit sich diese in den Differenzen der interpretativen Operationen konstituieren können; Derrida, ebd., S. 41: »(…) so bezeichnen wir mit différance jene Bewegung, durch die sich die Sprache oder jeder Code, jedes Verweisungssystem im allgemeinen ›historisch‹ als Gewebe von Differenzen konstituiert.«

595 Dabei handelt es sich bei jeder Interpretation um eine Stellungnahme zu einer bereits zuvor vollzogenen interpretativen Operation; Somek, Der Gegenstand der Rechtserkenntnis, S. 82: »Das impliziert nun freilich gerade nicht, dass Äußerungen dazu verurteilt sind, bestehende Konventionen zu repetieren. Denn mit der Re-Markierung bettet der Sprecher seine Äußerungen nicht bloß in die Struktur der Wiederholbarkeit der Äußerungsbedeutung ein, letztere wird in der Re-Markierung vielmehr selbst thematisch. Die Re-markierte Äußerung wendet ihre Wiederholbarkeit auf sich selbst an. Insofern enthält jede Äußerung eine implizite Stellungnahme zur Regularität sprachlicher Regeln, die in der Form eines ›Zitats‹ früherer Verwendungsweisen abgegeben wird. Sie kann die Kontinuität mit diesen Verwendungsweisen behaupten oder diese bloß ›erwähnen‹, um in actu anderes zu intendieren (sprachliche Äußerungen in einem Theaterstück). Durch dieses Zusammenspiel von Markierung und Re-Markierung gibt der Sprecher aus der Perspektive des Sprechers bekannt, wie seine Äußerung zu verstehen ist. Indes weist gerade deswegen die Re-Markierung als konstitutives Element jeder Äußerung auch über diese hinaus. (…) Indem die Re-Markierung dem Bedeuten der Markierung insofern zuvorkommt, als in ihr zur konventionellen Zuordnung von Zeichen und Bedeutung Stellung genommen wird, sind Markierungen dem blinden Eingreifen konventioneller ›Bedeutungsmechanismen‹ prinzipiell entzogen. Da aber andererseits Äußerungen, ohne auf Konventionen bezogen zu sein, unverständlich wären, fehlt der Re-Markierung die semantische oder pragmatische Kraft, die Bedeutung einer Äußerung schlichtweg festzulegen. Die Re-artikulation von Konventionen resultiert daher bloß in deren Suspension. Ihre Funktion besteht in nichts anderem, als die Äußerungsbedeutung für Kontextualisierungen zu öffnen. Bedeutung gibt es nur für den Preis von Unbestimmtheit.«

596 Dies indirekt einfordernd etwa Barthes, S/Z, S. 9: »Einen Text interpretieren heißt nicht, ihm einen (mehr oder weniger begründeten, mehr oder weniger freien) Sinn geben, heißt vielmehr abschätzen, aus welchem Pluralem er gebildet ist. Wir wollen zunächst das Bild des sich über alle Eingrenzung hinwegsetzenden Pluralen heraufbeschwören, das durch keinerlei Zwang zur Darstellung (Imitation) eingeengt wird. In diesem idealen Text sind die

dass sich situative Bedeutung in anderen Kontexten (Markierung und Re-Markierung) einzuspielen vermag.[597]

Das heißt zugleich, dass die interpretativen Operationen – trotz der Ausrichtung auf die Akzeptanz innerhalb einer Sprachpraxis[598] und der in ihr wirkenden Rezeptionsmechanismen – dynamisch sind, sie machen sich auf zu neuen Ufern.[599] Jeder Standpunkt kann innerhalb der interpretativen Praxis

---

Beziehungen im Textgewebe so vielfältig und treten so zueinander ins Spiel, dass keine von ihnen alle anderen abdecken könnte. Dieser Text ist eine Galaxie von Signifikanten und nicht Struktur von Signifikanten. Er hat keinen Anfang, ist umkehrbar.«

597 Derridas Position unterscheidet sich wesentlich vom sprachlichen Strukturalismus, wie Saussure ihn entwickelt hat; siehe zur Auseinandersetzung mit Saussure Derrida, Grammatologie, S. 53ff. Saussure geht von einem geschlossenen System sprachlicher Zeichen aus. Innerhalb dieses Systems ergibt sich, nach Saussure, die Bedeutung eines Zeichens aus der Differenz eines Zeichens zu allen anderen Zeichen eines Sprachsystems. Dabei geht er von einem Differentialismus aus, der ohne positive Einzelglieder auskommen soll. Weder dem Bezeichnenden noch dem Bezeichneten soll Substanz zukommen. Damit meint Saussure, dass es keine Substanz des sprachlichen Zeichens noch des mentalen Gehaltes des Zeichens außerhalb des sprachlichen Systems gibt. Die begrifflichen und lautlichen Verschiedenheiten ergeben sich allein aus dem sprachlichen System, aus dem sie, nach Saussure, nicht herausgelöst werden können, ohne ihre Existenz einzubüßen. Dabei zerlegt Saussure ein Sprachzeichen in zwei voneinander getrennte Entitäten. Zeichen setzen sich zusammen aus einer Vorstellung und einem Lautbild, daher der psychischen Wahrnehmung des physischen Lautes; Saussure, Grundfragen der allgemeinen Sprachwissenschaft, S. 78. Die Relation zwischen Bezeichnetem und Bezeichnung ist fest, aber gleichzeitig beliebig; Saussure, ebd., S. 79. Die Unterscheidbarkeit der ausgesprochenen Laute ergibt sich erst, wenn beide Seiten des Zeichens in Betracht gezogen werden. Die sprachlichen Laute werden durch den Sinn und ihre Rolle in der Sprache konturiert; Saussure, ebd., S. 123f. Die Abgrenzung der einzelnen sprachlichen Elemente erfolgt mittels der Zuordnung zweier parallel laufender Ketten zueinander; Saussure, ebd., S. 124. Die eine Kette ist akustischer Natur und besteht aus Lautbildern (a, b, c). Diese Kette ist mit der Kette der Vorstellungen (a', b', c'), also der Signifikate, in Übereinstimmung zu bringen; Saussure, ebd. Die begrifflichen und lautlichen Verschiedenheiten ergeben sich demnach allein aus dem sprachlichen System, aus dem sie nicht herausgelöst werden können, ohne ihre Existenz einzubüßen; Saussure, ebd., S. 136f. Obwohl sich Saussure explizit hiergegen verwahrt, übersieht er, dass die Einzelglieder hiernach zu positiven Entitäten werden. Anders als Saussure geht Derrida von einem offenen System sprachlicher Zeichen aus. In diesem System kommt Zeichen allein deshalb eine Identität zu, da sie in einer Praxis stehen, »in der sie als Elemente gebraucht werden, die in Wiederholungsbeziehungen zu anderen Elementen dieser Praxis stehen«; Bertram/Lauer/Liptow/Seel, In der Welt der Sprache, S. 226. Demnach kommt Zeichen keine über ihren jeweiligen Gebrauch hinausreichende Identität zu. Vielmehr beruht in einem so verstandenen offenen Zeichensystem Identität auf Differentialität.

598 Siehe dazu oben unter 4.2.3.2.

599 Ähnlich hat Fish formuliert. Fish hat sich dagegen verwahrt, dass die Interessen und Erwartungen der Interpreten (oder wie Fish es umschreibt: die Autorität interpretativer Gemeinschaften) einer Abschließung des Textes Vorschub leisten. Vielmehr versteht er die interpretative Praxis – obwohl eingebettet in politische und soziale Spannkräfte – als eine stets über sich selbst hinausweisende Praxis; Fish, Play of Surfaces: Theory and the Law, in: Leyh [Hrsg.], Legal Hermeneutics: History, Theory, and Practice, S. 312. Fish sieht deshalb

durch einen anderen ersetzt und der Text für den Einzug des Anderen offen gehalten werden.[600] Demnach gibt es keinen einheitlichen, sondern einen differentiellen interpretativen Zugang zum Text.[601] Einen Text zu interpretieren heißt: die Pluralität des Textes und seines Sinns abschätzen.[602] Der ist so unerschöpflich wie das Leben selbst.

Die Freiheit des Interpreten, den Text immer weiter auszuschöpfen, geht eine Verantwortung eben hierfür voraus[603]: zu verhindern, dass der Text abgeschlossen wird, worin sich der Ausschluss von interpretativer Bedeutung manifestiert.[604] Dieser Imperativ bildet die Grundlage einer verantwortlichen Interpretationstheorie des Rechts.

---

die situative Bedeutung des Textes als Modifikation der ursprünglichen Interessen und Erwartungen des Interpreten an, die reflexiv modifiziert und zur Anwendung gebracht werden; Fish, Is There a Text in This Class?, in: ders., Is There a Text in This Class?, S. 316.

600 Freilich müssen gute Gründe dafür aufgebracht werden, dass eingeschliffene interpretative Pfade innerhalb der Rechtsgemeinschaft verlassen werden; dafür etwa Augsberg, der davon ausgeht, dass in einer pluralen Gesellschaft geteilte interpretative Überzeugungen immer weiter zurückgedrängt werden; Augsberg, Die Lesbarkeit des Rechts, S. 182: »Wo Homogenität immer seltener den Normalfall bildet, sondern Ausnahmen zur Regel werden und damit das Normalitätsverständnis selbst schwankend wird, ist für den Entscheidungsfinder eine Bindung an sozial vorgegebene Konventionen kein Ausweg mehr. Unter diesen Bedingungen besagt die Orientierung an der gesellschaftlichen Normalität vielmehr die Umstellung von einer identitären zu einer differenzorientierten Perspektive. Im Zweifel ist nicht mehr die Lösung zu wählen, die die größte Homogenität erzwingt, sondern jene, die auch hinreichenden Anschlußmöglichkeiten hinreichenden Raum lässt.«

601 Barthes, S/Z, S. 9.

602 Barthes, ebd. Um zu illustrieren, wie sich der Text innerhalb der interpretativen Praxis konstituiert, bedient sich Derrida einer Metapher: der Spur. Die Spur soll zweierlei verdeutlichen; Bertram, Hermeneutik und Dekonstruktion, S. 93f. Zum einen deutet sie auf Materialität hin. Die Materialität erlangt der Text durch den Farbauftrag auf einem Blatt Papier. Zum anderen deutet sie Vergänglichkeit an. Die Vergänglichkeit ist Voraussetzung dafür, dass eine Textlektüre den Raum für eine andere Lektüre freigibt. Diese Lektüren differenzieren sich gegeneinander aus und lassen den Text in der Spur Kontur gewinnen.

603 Sartre, Was ist Literatur?, S. 31; Hillis Miller, The Ethics of Reading: Kant, de Man, Eliot, Trollope, James, and Benjamin, S. 43.

604 Zum Ruf in die Verantwortung etwa Balkin, Deconstructive Practice and Legal Theory, in: Yale Law Journal 96 (1987), S. 763: »The deconstruction of legal concepts, or of the social vision that informs them, is not nihilistic. Deconstruction is not a call for us to forget about moral certainty, but to remember aspects of human life that were pushed into the background by the necessities of the dominant legal conception we call into question. Deconstruction is not a denial of the legitimacy of rules and principles: it is an affirmation of human possibilities that have been overlooked or forgotten in the privileging of particular ideas.«

5.3 Auf dem Weg zu einer verantwortlichen Interpretationstheorie des Rechts

Wird die Identität der Textbedeutung abgesetzt, erfolgt das Fortspinnen des rechtstextlichen Gewebes in reiner Freiheit.[605] Folglich ist der Blick des juristischen Entscheidungsträgers in die Zukunft gerichtet, die Arbeit liegt vor ihm.[606] Der Freiheit, den Text immer weiter auszuschöpfen, auch wenn er undurchdringlich scheint bzw. sich immer neue Qualitäten eröffnen, geht eine Verantwortung eben hierfür voraus, sobald man sich an dem Text zu schaffen gemacht hat.[607] Dieser Imperativ erfordert, dass der Appell des Textes, diesen verantwortungsvoll zu durchschreiten, erhört und befolgt wird.[608] Eine verantwortli-

605 Sartre versteht die rezipierende Tätigkeit, das Fortspinnen des textlichen Gewebes, als reine Freiheit; Sartre, Was ist Literatur?, S. 30f. Nach Barthes ist der Blick des Rezipienten gleichfalls allein in die Zukunft gerichtet: Die Arbeit liegt vor ihm; Barthes, Abschweifungen, in: ders., Das Rauschen der Sprache, S. 81.

606 Barthes, ebd.

607 Sartre, Was ist Literatur?, S. 31; Hillis Miller, The Ethics of Reading: Kant, de Man, Eliot, Trollope, James, and Benjamin, S. 43.

608 Anders hat Lévinas die interpretative Verantwortung hergeleitet. Sie leitet sich – aus dieser Perspektive – aus dem Sein-für-den-Anderen ab; Lévinas, Jenseits des Seins, S. 29: »Das Sagen gerade ist kein Spiel. Vor den Wortzeichen, die es verbindet, vor linguistischen Systemen und schillernden Bedeutungen – als Vorwort der Sprachen – ist es Nähe vom Einen zum Anderen, Verpflichtungen zur Annäherung, der Eine für den Anderen, gerade die Bedeutsamkeit der Bedeutung.« In der Sprache offenbart sich der Eine dem Anderen; Lévinas, Totalität und Unendlichkeit, S. 99. Sprache wiederum ist auf die Trennung von Sprecher und Adressat, mithin: auf den Anderen angewiesen, da sie dort zur Anwendung kommt, wo die gemeinsame Ebene fehlt; Lévinas, ebd. Aus diesem Grund wird die Sprache zum Ort der Erfahrung des Anderen, des Fremden. Lévinas spricht gar vom Ort des Staunens, an dem man versucht, sich dem Anderen anzunähern, mit dem Anderen übereinzukommen; Lévinas, ebd., S. 100. Das Sprechen einer Sprache ist für Lévinas darum weitaus mehr als der bloße Austausch von Gedanken und Inhalten, mehr als die Zirkulation von Informationen zwischen zwei intentionalen Wesen; Lévinas, Jenseits des Seins, S. 117f.: »Die Entschlüsselung der Kommunikation ist keine Modalität der Erkenntnis. Die Entschlüsselung der Kommunikation – irreduzibel auf die Zirkulation von Informationen, die auf diese Entschlüsselung schon aufbaut – vollzieht sich im Sagen. Sie hängt nicht an den Inhalten, die dem Gesagten eingeschrieben sind und zur Interpretation und Entzifferung durch den Anderen übermittelt werden. Sie besteht in der riskanten Entblößung seiner selbst, in der Aufrichtigkeit, im Zerbrechen der Innerlichkeit und in der Preisgabe jeglichen Schutzes, in der Ausgesetztheit an die Verletzung, in der Verwundbarkeit.« Sie ist die Auslieferung des Einen an den Anderen. In der Sprache öffnet sich das Subjekt gegenüber dem Anderen, es setzt sich diesem aus: es kommt zum Eins-für-den-Anderen. Diese Ausgesetztheit konstituiert – performativ – das Subjekt. Ausgesetzt ist, nach Lévinas, Der-Eine-in-der-Verantwortung, der durch das Flehen des Anderen zur Antwort aufgerufen ist, der sich dieser Verantwortung nicht entziehen kann, in die er durch das Für-den-Anderen-Sein gestellt ist; Lévinas, ebd., S. 135. Welche Pflichten diese Verantwortung begründet, ist kontextvariant; Moebius, Emmanuel Lévinas' Humanismus des Anderen zwischen postmoderner Ethik und Ethik der Dekonstruktion, auffindbar unter: http://www.gradnet.de/

che Interpretationstheorie des Rechts ruft den juristischen Entscheidungsträger in die Pflicht, eine Entscheidung jenseits von jeglichem Schematismus[609], jenseits des juristischen Programms zu treffen und den Rechtstext für den Einzug des Anderen offenzuhalten (und mithin nicht als durch die juristisch-dogmatischen Sedimente verschlossen zu betrachten). Das ideologisch aufgeladene Kontinuum bestimmter Lesungen wird zugunsten der den Rechtstext stets tiefer durchdringenden und das Recht transformierenden Lektüren abgesetzt.[610] Der

papers/pomo02.papers/ethikdekonstruktion.pdf, zuletzt geöffnet am 10. März 2014, S. 3: »Wie diese Antwort bzw. Verantwortung auszusehen hat, muss jedes Mal in Bezug auf die Einzigartigkeit des Anderen neu entschieden werden. Ansonsten wäre die Verantwortung keine Verantwortung, sondern lediglich ein Abspulen eines Handlungsprogramms.« Die Verantwortung für den Anderen erfordert mithin eine Entscheidung im Einzelfall, die die Einzigartigkeit des Anderen anerkennt und die Antwort entsprechend gestaltet. Dabei drückt die Verantwortung des Einen für den Anderen das Nicht-Gleichgültig-Sein gegenüber dem Anderen aus; Lévinas, Eigennamen, S. 75: »Substitution, Stellvertretung, Eins-fürs-andere – besteht nicht eben darin, in dessen entscheidender Aufhebung des Für-sich, das Für-den-Anderen, meine Verantwortung für den Anderen? Der Unterschied – die différence – zwischen dem Selbst und dem Anderen ist das brüderliche Nicht-Gleichgültigsein – die non-indifférence – des anderen.« Critchley schreibt in Critchley, Überlegungen zu einer Ethik der Dekonstruktion, in: Gondek/Waldenfels [Hrsg.], Einsätze des Denkens, S. 322f.: »Subjektivität ist meine Unterwerfung unter den Anderen bis hin zur Stellvertretung für ihn.« In dieser Nähe zum Anderen besteht dann auch der Unterschied zwischen der Lehre Lévinas' und der dekonstruktivistischen Philosophie Derridas. Dabei ist der Unterschied nicht zu verstehen als eine Differenz, sondern eher eine Substitution des *Mehr an Sinn*, der von einem interpretativen Akt nicht erfasst werden kann, durch die Nähe zum Anderen; Lévinas, Eigennamen, S. 75: »Was in der dekonstruierenden Analyse dem Selbst – sehr wahr gesehen – als Fehlen begegnet, ist nicht das ›Mehr‹ (das ja noch ein Glücksversprechen, eine letzte Zuflucht der Ontologie wäre), sondern das ›Besser‹ der Nähe, eine höchste Qualität, eine Erhebung, das Ethische, das dem Sein vorausgeht, oder das Gute vor allem Sein (…).«

609 Derrida, Gesetzeskraft, S. 49f.

610 Der Begriff des transformativen Rechts stammt von Cornell. Unter Transformation versteht sie die beständige Umwälzung juristisch-dogmatischer Positionen vor dem Hintergrund eines sich als Silhouette in der Gegenwart abschattenden zukünftigen Sollens-Zustandes (*was sein soll*); Cornell, The Good, The Right, and the Possibility of Legal Interpretation, in: dies., The Philosophy of the Limit, S. 110f.: »The Good is beyond any of its current justifications. As a result, when we appeal ›back‹ to what has been established, we must look forward to what ›might be‹. As we do, we represent what ›might be‹. Without a simple origin the very process of discovery of legal principles from within the nomos will also involve invention. It is this specific appeal to the ›ought to be‹ that demands a vision of the Good that goes beyond the appeal to convention. The ›origin‹ we evoke in our thematization is ultimately a representation of the future. Legal interpretation demands that we remember the future.« Ville hat die von Cornell bezogene Position kritisiert, da sie aus seiner Sicht die Wucht der Philosophie Derridas missversteht; Ville, Deconstruction and Law: Derrida, Levinas and Cornell, in: Windsor Yearbook of Access to Justice 25 (2007), S. 33. Dabei wirft Ville Cornell vor, die paradoxe Struktur normativer Konzepte, in die die différance unweigerlich führt, zu übersehen; Ville, ebd., S. 55. Zwar beruft sie sich, aus seiner Sicht, auf die différance, erkennt aber den Exzess, den permanenten Aufbruch des Rechts nicht an. Diese Verharmlosung führt, wie Ville feststellt, in die Totalität des juristischen Programms

juristische Entscheidungsträger kann sich nicht einfach auf eine schematische Interpretation rechtlicher Prinzipien zurückziehen bzw. sich auf die Totalität der Entscheidungssituation berufen.[611] Der Aufbruch der Textbedeutung gebietet es, dass, *was sein soll*, durch das Erschaffen immer neuer Rechtwelten zu gestalten.[612] Indem der Text auf diese Weise offen gehalten und die Grenzen einer eingespielten Interpretationskultur beständig hinterfragt und verschoben werden, kann ein politischer Akt[613] entpolitisiert werden, da eine nichtprogrammierte Entscheidung jenseits des juristischen Schematismus getroffen wird.[614]

---

hinein, was Derrida anprangert. Nach Ville ist Dekonstruktion mehr als nur das permanente Verschieben sprachlicher Bedeutungen. Erst wenn der Aufbruch der Identität des Rechts in das Recht selbst hinein verlegt wird, der die Unfassbarkeit des Rechts in der juristischen Entscheidung begründet, wird seiner Meinung nach der zur Entscheidung berufene Jurist herausgefordert, seine Voreingenommenheit aufzugeben und sich auf den konkreten Fall und das, was kommen mag, einzulassen; Ville, ebd., S. 60. Es ist diese absolute Offenheit, die Aufgabe des Selbst, der subjektiven Perspektive auf den Text und der Empfang des Anderen, des spezifischen Falles, so Ville, die dem juristischen Entscheidungsträger abverlangt werden muss, Ville, ebd., S. 61. Demnach kann sich der Entscheidungsträger weder auf Begrenzungen, noch auf andere Schematismen zurückziehen, sondern ist der Entscheidung, die sich ihm stets entzieht, die immer vor ihm liegt, ausgeliefert. Diese Feststellung anzuerkennen, lässt ausweislich Ville die Tragweite der Philosophie Derridas aufscheinen. Doch die Einwände Villes führen nicht dazu, dass der Begriff des transformativen Rechts aufgegeben werden müsste. Vielmehr setzt dieser, im hiesigen Verständnis, die von Ville aufgestellten Prämissen voraus, da die Transformation des Rechts impliziert, dass der juristische Entscheidungsträger eine Entscheidung jenseits der juristischen Schemata und des juristischen Programms trifft, indem der Text stets aufs Neue gelesen und für den Einzug des Anderen offengehalten wird.

611 Hiergegen etwa Hochhuth in Hochhuth, Methodenlehre zwischen Staatsrecht und Rechtsphilosophie, in: Rechtstheorie 32 (2001), S. 232. Hochhuth hält die Vorstellung, der juristische Entscheidungsträger konkretisiere lediglich die gesetzliche Wertung, für eine Fiktion – jedoch eine, die es aufrechtzuerhalten gelte: »(…) die regulative Utopie ›more geometrico‹ zu denken, daher nicht entscheidend zu werten, sondern bloß ableitend zu ›rechnen‹, muss als ›naive‹ Forderung aufrechterhalten bleiben.« Den Grund dafür sieht Hochhuth darin, dass das Zu-Fall-Bringen der Fiktion, der juristische Entscheidungsträger vollziehe nicht seinen eigenen Willen, an den Prämissen des Rechts selbst rühre. Statt allein von einer zweckmäßigen Fiktion auszugehen, müsse von einer notwendigen Fiktion ausgegangen werden, ohne die es dem Verlierer eines rechtlichen Verfahrens nicht zugemutet werden könne, sich mit dieser Niederlage abzufinden, die ihm Vermögens- oder gar Freiheitseinbußen beschere.

612 Cornell, The Good, The Right, and the Possibility of Legal Interpretation, in: dies., The Philosophy of the Limit, S. 109. Dabei schließt die Gestaltung der Zukunft die Dekonstruktion gemeinschaftlicher Ideale nicht nur mit ein, sondern setzt sie als konstitutive Bedingung einer wie hier verstandenen Interpretationstheorie des Rechts voraus; dazu etwa Balkin, Deconstructive Practice and Legal Theory, in: Yale Law Journal 96 (1987), S. 763.

613 Dazu Feldman, der darauf aufmerksam macht, dass in der Bestimmung der Textbedeutung ein politischer Akt zu sehen sei; Feldman, Made for each other, in: Philosophy and Social Criticism 26 (2000), S. 62: »Thus, understanding is a political act, because, in announcing the meaning of the text, it normatively and substantively defines inside and outside.«

614 Dies verkennt Feldman in Feldman, ebd.

Damit wird die juristische Entscheidungstätigkeit zur unendlichen Lesung des Rechtstextes.

5.4 Das Verdikt der *kleinen Schritte*

Einer so verstandenen Interpretationstheorie steht das juristisch binnenperspektivische Verdikt der *kleinen Schritte* entgegen. Was hat es damit auf sich? Esser etwa formuliert,

> »dass grundsätzlich in jeder Entscheidung ›nach positivem Recht‹ beide Kräfte des Rechtsbewusstseins Einfluss auf die Urteilsbildung nehmen: das Streben nach ›lebensnaher‹ und ›vernünftiger‹ Entscheidung im Sinne der Sachzwänge und der Gerechtigkeitsforderung für schutzwürdige Erwartungen und das Verantwortungsbewusstsein für die Erhaltung des Rechtsystems, dessen Stabilität nur ›kleine Schritte‹ der Entwicklung erlaubt.«[615]

Zwar kann das Recht fortgebildet werden, um – wie Esser sie tituliert – vernünftige Entscheidungen zu treffen. Das kann jedoch nur unter restriktiven Kriterien geschehen. Diese Kriterien hat die juristische Methodik formuliert. Einer ergänzenden Rechtsfindung (praeter legem) bedarf es demnach nur dann, wenn der Fall gemäß des bereits interpretierten Textes nicht beurteilt werden kann.[616] Zu diesem Zweck muss durch den zur Entscheidung berufenen Juristen eine durch einen Analogieschluss[617] auszufüllende Gesetzeslücke in Form einer planwidrigen Unvollständigkeit des gesamten Rechts festgestellt werden – daher

> »ein nicht gewolltes Manko im Bereich der ausdrücklich gesetzten Rechtsfolgenanordnungen«.[618]

Um diesen Mechanismus anschaulich zu machen, soll der sogenannte Herrenreiter-Fall[619] dargestellt werden. Diesem durch den BGH im Jahr 1958 zu entscheidenden Fall lag folgender Sachverhalt zugrunde:

Der Kläger, Mitinhaber einer Brauerei, betätigte sich gelegentlich als Hobbyreiter (Herrenreiter) auf Reitturnieren. Die Beklagte, die Herstellerin eines pharmazeutischen Präparats mit dem Namen OKASA, verbreitete im Rahmen

615 Esser, Vorverständnis und Methodenwahl in der Rechtsfindung, S. 152.

616 Bydlinski, Juristische Methodenlehre und Rechtsbegriff, S. 472f.; Larenz, Methodenlehre der Rechtswissenschaft, S. 366.

617 Ferner könne eine Gesetzeslücke, ausweislich der juristischen Methodik, durch einen Größenschluss oder Umkehrschluss, durch eine teleologische Reduktion oder durch eine teleologisch begründete Korrektur des Gesetzestextes geschlossen werden; Larenz, ebd., S. 381ff.

618 Bydlinski, Juristische Methodenlehre und Rechtsbegriff, S. 473.

619 BGH vom 14. Februar 1958–I ZR 151/56; abgedruckt in NJW 1958, S. 827ff.

der Bewerbung dieses Präparats Plakate mit einem Turnierreiter. Dieser Darstellung lag ein Foto des Klägers zugrunde, das auf einem Reitturnier aufgenommen worden war. Eine Einwilligung zur Nutzung des Fotos hatte der Kläger nicht erteilt. Der Kläger verlangte neben der Unterlassung der Nutzung des Bildes zu Werbezwecken ferner Schadensersatz.

Dabei hatte das Landgericht die Klägerin zur Unterlassung sowie Zahlung von DM 1.000 verurteilt. Das OLG hatte die schadensersatzfähige Summe auf DM 10.000 angehoben.

Dem stimmte der BGH in seinem Urteil zu und begründete wie folgt: Das OLG hatte angenommen, dass sich der Schadensersatzanspruch aus dem Grund rechtfertige, da in rechtswidriger Weise in die Rechte des Klägers aus § 22 KunstUrhG und Art. 1 und 2 GG eingegriffen worden sei. Da der Kläger nicht um Einverständnis in Bezug auf die Nutzung seines Bildes zu Werbezwecken gebeten worden sei, könne er die ihm entgangenen Lizenzgebühren in Höhe von DM 10.000 einstreichen.

Gegen diese Begründung wandte sich der BGH. Er stellte fest, dass der Kläger nicht Ersatz für einen in Wahrheit gar nicht erlittenen Vermögensschaden verlangt habe. Ihm sei es darauf angekommen, eine fühlbare Genugtuung für den Eingriff in seine Persönlichkeitssphäre, die durch § 22 KunstUrhG und Art. 1 und 2 GG geschützt werde, zu erlangen. Er begehrte

> »Genugtuung dafür, dass ihn das weitverbreitete Plakat, indem es ihn ohne sein Wissen in der Pose des Herrenreiters für das – auch sexuelle – Kräftigungsmittel ›OKASA‹ werben, man könnte fast sagen: reiten ließ, in eine weitgehend demütigende und lächerliche Lage gebracht hat.«[620]

Die Frage, die sich ausweislich des BGH dann stellte, war, ob ein immaterieller Schadensersatz für die Beeinträchtigung der Persönlichkeit geleistet werden müsse. Der BGH entschied, dass das allgemeine Persönlichkeitsrecht als sonstiges Recht den Schutz des § 823 I BGB genieße. Vor diesem Hintergrund sah sich der BGH veranlasst, die Regelung des § 847 I BGB in seiner derzeitigen Fassung so zu lesen, als werde dort nicht der Ersatz immaterieller Schäden auf den körperlichen Freiheitsentzug sowie die Verletzung des Körpers oder der Gesundheit beschränkt. Vielmehr interpretierte der BGH § 847 I BGB so, als beziehe sich der Freiheitsentzug nicht allein auf den physischen Entzug der körperlichen Freiheit, sondern könne auch den Entzug der Willensentschließungsfreiheit betreffen. So konnte die Beeinträchtigung des allgemeinen Persönlichkeitsrechts des Klägers durch Schadensersatzzahlung in Höhe von DM 10.000 restituiert werden.

Damit verabschiedete der BGH den Grundsatz, dass immaterielle Schäden,

620 BGH, ebd., S. 829.

die aus der Beeinträchtigung des allgemeinen Persönlichkeitsrechts resultieren, nicht über die deliktsrechtlichen Vorschriften zu restituieren seien, und eröffnete die Möglichkeit, das allgemeine Persönlichkeitsrecht wirksam gegen beeinträchtigendes Verhalten über die deliktsrechtlichen Vorschriften abzusichern.

Neben der Ausfüllung von im gesetzgeberischen Plan nicht vorgesehenen Lücken soll die Rechtsfortbildung ferner mit Rücksicht auf ein unabweisbares Bedürfnis des Rechtsverkehrs ein erst später erkanntes Rechtsprinzip oder ein Verfassungsprinzip möglich sein.[621] Hierunter werden insbesondere die Rechtsfortbildung mit Rücksicht auf die Natur der Sache[622] bzw. die Rechtsfortbildung mit Rücksicht auf ein rechtsethisches Prinzip gefasst.[623] Gemäß dem Begriff der Natur der Sache werden dem Recht seitens der juristischen Methodik

> »gewisse in der leiblichen oder in der seelischen und geistigen Natur des Menschen gelegene Grundgegebenheiten, die nicht oder nur schwer und in längeren Zeiträumen veränderbar sind«[624]

und in deren Licht gesetzliche Bestimmungen gesehen werden müssten, unterstellt. Rechtsethische Prinzipien hingegen sind hiernach

> »richtungsgebende Maßstäbe rechtlicher Normierung, die vermöge ihrer eigenen Überzeugungskraft rechtliche Entscheidungen zu ›rechtfertigen‹ vermögen. Sie unterscheiden sich von den auf Zweckmäßigkeitsgründen beruhenden rechtstechnischen Prinzipien durch ihren materiellen Gerechtigkeitsgehalt; sie können sich deshalb als besondere Ausprägungen, Spezifikationen der Rechtsidee verstanden werden, so wie diese sich dem ›allgemeinen Rechtsbewusstsein‹ auf dieser historischen Entwicklungsstufe darstellt.«[625]

Die Grenzen der gesetzesübersteigenden Rechtsfortbildung liegen nach der juristischen Methodik dort, wo eine Lösung im Rahmen einer gesetzesimmanenten Rechtsfortbildung bzw. eine Antwort allein aus rechtlichen Erwägungen nicht gefunden werden kann und der Gesetzgeber tätig werden muss.[626]

Es sollte nunmehr hinreichend klar geworden sein, dass aus dieser Perspektive Umbrüche in der Interpretation rechtlicher Texte ausgeschlossen sind, da das Recht, gemäß dem Verdikt der *kleinen Schritte*, aus seinen Komponenten heraus behutsam fortentwickelt werden muss.

Doch die Auffassung, die Interpretation des Rechts unterliege einer – so verstandenen – evolutionären Entwicklung, ist mit einer verantwortlichen In-

621 Larenz, Methodenlehre der Rechtswissenschaft, S. 413.
622 Larenz, ebd., S. 417ff.
623 Larenz, ebd., S. 421ff.
624 Larenz, ebd., S. 417.
625 Larenz, ebd., S. 421.
626 Larenz, ebd., S. 426f.

terpretationstheorie des Rechts nicht vereinbar. Ein solches Kontinuum bestimmter Lesungen manifestiert den Ausschluss interpretativer Bedeutung und schließt den rechtlichen Text ab. Eine verantwortliche Interpretation des Rechts zeichnet sich deshalb weniger durch Kontinuität – wie Esser sie fordert[627] – als durch Brüche, Umbrüche und Umbrüche von Umbrüchen, durch Umkehr und Aufhebung aus. Momente der Ruhe kann es nicht geben, da in jeder Entscheidung die (ausgeschlossene) Spur des Anderen angelegt ist, die es in den Folgeoperationen zur Sprache zu bringen gilt.[628] Indem der Horizont des Systems auf diese Weise suspendiert wird, führt die juristische Entscheidung hinein in die Spirale der unendlichen Möglichkeiten[629], der eine re-evolutionäre Komponente beiwohnt[630] und die es dem juristischen Entscheidungsträger verwehrt, sich auf eine schematische Interpretation rechtlicher Prinzipien zurückzuziehen bzw. sich auf die Totalität der Entscheidungssituation zu berufen.

---

627 Siehe oben unter Fn. 615.

628 Feldmann weist in Feldman, The Politics of Postmodern Jurisprudence, in: Michigan Law Review 95 (1996), S. 200 darauf hin, dass es sich hierbei um ein unendliches Unterfangen handele: »While I would not absolutely equate deconstruction and justice, I do insist that they are inseparable – or that they should be so. In particular, the deconstructive focus on the Other ought to be a central aspect of justice. The insatiable drive to reveal violence and deception, to uncover denial, exclusion, and oppression, should remain at the forefront of justice. Instead of contemplating and pursuing an affirmative vision of justice, we should focus on what might be called deconjustice – an endless effort to eradicate injustice.«

629 Cornell, Time, Deconstruction, and the Challenge to Legal Positivism: The Call for Judicial Responsibility, in: Yale Journal of Law and the Humanities 2 (1990), S. 280.

630 Cornell, ebd., 289ff. Zur Illustration zieht Cornell den der amerikanischen Rechtsprechung entnommenen Fall *Roe v. Wade* (410 U.S. 113 [1973]) heran, den der amerikanische Supreme Court zu entscheiden hatte und in dem es um die Zulässigkeit der Abtreibung ging. In der Entscheidung hielt sich die Mehrheit der Richter des obersten U.S. Gerichtshofes nicht an die dem Urteil zugrunde liegenden Präjudizien. Vielmehr schlugen sie einen neuen Weg ein, der die zu diesem Zeitpunkt geltenden Abtreibungsgesetze für nicht mit der Verfassung vereinbar erklärte und die Abtreibung innerhalb eines zeitlich fest bestimmten Rahmens zuließ. Diese Entscheidung wurde heftig kritisiert, da sie nach Auffassung der Kritiker nicht in der Verfassung fundiert sei. Kritik übten etwa die Richter Byron R. White und William H. Rehnquist in ihren *dissenting votes* im selben Urteil. Ihrer Auffassung nach rechtfertigen weder der Wortlaut noch die Geschichtlichkeit der Verfassung die Entscheidung des Gerichts. Der Kritik begegnet Cornell mit dem Hinweis, dass die interpretative Aktivität des Entscheidungsträgers über die Perpetuierung von Normen hinausgehe. Der Entscheidungsträger ist kein Sammler vergangener und scheinbar auf dem Willen des Gesetz- bzw. Verfassungsgebers aufruhender Entscheidungen; Cornell, ebd., S. 290. Vielmehr muss der Entscheidungsträger in seiner Entscheidung, die ihn durch die Öffnung des Gesetzestextes hindurch trägt, Verantwortung gegenüber der Zukunft übernehmen; Cornell, ebd., S. 291.

5.5 Der Relativismus-Einwand

Patterson wirft einer solchen Interpretationstheorie vor, durch die Aufhebung der Textbedeutung dem Relativismus Tür und Tor zu öffnen.[631] Fish macht die Bedenken anhand der nachfolgenden Anekdote anschaulich. In dieser Anekdote wendet sich eine Studentin in einer Vorlesung an einen Professorenkollegen Fishs mit der Frage:

> »Is there a text in this class?«[632],

– gibt es einen Text? Der Kollege gibt zur Antwort, dass derzeit ein bestimmter Aufsatz in der Vorlesung verhandelt werde, woraufhin die Studentin mitteilt, sie wolle lediglich sichergehen, hier werde über Texte und nicht lediglich über die verschiedenen interpretativen Perspektiven der Leser auf Texte gesprochen.[633]

Damit wird die Stoßrichtung des Relativismus-Einwandes deutlich: Demnach soll der Text nicht zum Durchzugsgebiet verschiedener Lesungen dege-

631 Patterson, Postmodernism/Feminism/Law, in: Cornell Law Review 77 (1991/1992), S. 275f.: »If the modernist conception of truth is abandoned, are we not left with abject relativism? It is not every claim to truth, every description of a state of affairs, as good or acceptable as any other? This is what the purveyors of ›truth‹ would have us believe. The fact that we cannot demonstrate how language cuts reality at the ›joints‹ does not mean that we cannot come up with better or worse ways of carrying on our practices.« Dazu: Puolakka, Relativism and Intentionalism in Interpretation, S. 169–178; zu diesem Problemkreis auch Cover in Cover, The Supreme Court, 1982 Term – Foreword: Nomos and Narrative, in: Harvard Law Review 97 (1983), S. 44: »The Challenge presented by the absence of a single, ›objective‹ interpretation is, instead, the need to maintain a sense of legal meaning despite the deconstruction of any pretense of superiority of one nomos over another.«

632 Fish, Is There a Text in This Class?, in: ders., Is There a Text in This Class?, S. 305.

633 Nach Fish werden die interpretativen Operationen über die Zugehörigkeit zu einer interpretativen Gemeinschaft gesteuert; Fish, Change, in: ders., Doing What Comes Naturally, S. 141f. Das heißt, dass persönliche Erfahrungen, ethnische Abstammung, Klassenzugehörigkeit, Geschlecht, soziale Bindungen, kulturelle Erfahrungen usw. Einfluss üben auf die Perspektive, die auf einen bestimmten Text eingenommen werden, bzw. wie dieser interpretiert wird; dazu auch Schanck, Understanding Postmodern Thought and Its Implications for Statutory Interpretation, in: Southern California Law Review 65 (1992), S. 2543f. Überspitzt gesagt: Wer als Tochter eines Großbankvorstandes und einer Bundestagsabgeordneten Jura an der LMU in München und Harvard studiert hat, wird andere interpretative Positionen einnehmen als der Hauptschulabgänger, der sich als Straßenbauarbeiter verdingt. Das führt aber, nach Fish, nicht zu einer Subjektivierung der interpretativen Positionen. Zwar ist keine persönliche Vita mit einer anderen absolut identisch. Jedoch wirken die sozialen Kräfte, die Kultur, die soziale Umwelt homogenisierend in dem Sinne, dass Unterschiede zwischen den verschiedenen Positionen eingeebnet werden; Fish, Change, in: ders., Doing What Comes Naturally, S. 141f. Das führt zu einer Angleichung der interpretativen Positionen und Perspektiven auf einen Text und zu konstanten interpretativen Ergebnissen; dazu etwa Schanck, Understanding Postmodern Thought and Its Implications for Statutory Interpretation, in: Southern California Law Review 65 (1992), S. 2544.

nerieren, sondern in normativer Weise dem Interpreten bestimmte Lesungen vorschreiben. Diese können dann seitens der interpretativen Gemeinschaft auf ihre Haltbarkeit hin überprüft und - falls sie sich nach den innerhalb der Gemeinschaft herausgebildeten Parametern als unhaltbar erweisen - abgesetzt werden. So kann zwischen besseren und schlechteren bzw. richtigen und falschen Interpretationen unterschieden werden, so dass interpretative Operationen der Kritik zugänglich sind.

Doch der hiesigen Interpretationstheorie geht es nicht darum, (durch die Absetzung der Textbedeutung) die Entscheidung gegen Kritik immun zu machen und der Willkür Tür und Tor zu öffnen. Das Gegenteil ist der Fall. Da der juristische Entscheidungsträger in die Pflicht gerufen wird, eine verantwortliche Entscheidung zu treffen, hat das zur Konsequenz, dass der Text immer wieder durchschritten und seine situative Bedeutung abgeschätzt werden muss, nur um diese Entscheidung in den interpretativen Folgeoperation erneut kritisch zu durchleuchten und auf ihre Haltbarkeit hin zu prüfen. Dieses abwägende Vorgehen hat Kennedy als zentrales Merkmal einer postmodernen Rechtsmethodologie ausgemacht:

> »As a result, the purport of post-structurelist texts seems extremely modest. Rather than resolving the riddles confronted by the texts they analyze or criticizing texts for failing to resolve important issues, the post-structuralist simply recounts the maneuvers presented by a text or discipline which does make such claims. As to their own text, the post-structuralist is often coy and playful - at once asserting a precise reading or series of readings and disowning any intention to closure or program.«[634]

Oppermann hat auf einen weiteren Aspekt hingewiesen, der mit dem Relativismus-Einwand Hand in Hand geht: Gibt es keinen Rechtstext, sondern nur Perspektiven auf einen solchen, hat das zur Konsequenz, dass insbesondere die in den maßgeblichen institutionellen Scharnierstellen eingesetzten Juristen die in dieser Gruppe vorherrschenden Wertvorstellungen durchsetzen können.[635] Für die Diskussion um die Topiklehre in den fünfziger und sechziger Nachkriegsjahren zieht Oppermann folgendes Fazit:

634 Kennedy, Critical Theory, Structuralism and Contemporary Legal Scholarship, in: New England Law Review 21 (1985/1986), S. 286.

635 Nach Fish kann hierin aber nichts Verwerfliches oder Bedenkliches erkannt werden. Demnach vollzieht sich unter dem Deckmantel der Institution ein Kampf um die Vorherrschaft bestimmter politischer und sozialer Visionen, der so oder so innerhalb einer Gesellschaft abläuft und der innerhalb der Institutionen kanalisiert wird. Der Relativismus-Vorwurf, so Fish, kann damit entkräftet werden, dass vor dem Hintergrund einer interpretativen Kultur gewisse Interpretationen anderen Interpretationen gegenüber vorzugswürdig sind, sich also interpretative Bedeutung einstellt; Fish, Fish vs. Fiss, in: ders., Doing What Comes Naturally, S. 139.

»Welche rechtspolitische Notwendigkeit bestand aber für das richterliche Ermessen als Ausfüllung des normativ offenen Systems in der Bundesrepublik der Fünfziger und Sechziger Jahre? (...) Die Antwort drängt sich auf, wenn die rechtspolitische Situation in der Bundesrepublik zu dieser Zeit dem überwiegenden Werte- und Weltbild der damaligen alten wie jungen Juristengeneration gegenübergestellt wird. Einerseits waren das Grundgesetz und die Landesverfassungen und verschiedene Gesetzgebungsprojekte, z. B. im Arbeitsrecht, in der Tendenz reformerisch und zumindest auf die gemächliche Entwicklung hin zu einer egalitären Demokratie ausgerichtet. Dagegen mag zwar das Bewusstsein einzelner Schichten der Gesellschaft – besser: deren Interessenlage – gerichtet gewesen sein. Trotzdem lässt sich angesichts der kämpferischen Gewerkschaftsaktivitäten oder der heute gern vergessenen massiven Widerstände gegen die aufoktroyierte Bundeswehr kaum behaupten, dass diesen verfassungsrechtlichen und anderen Gesetzesprogrammen die überwiegende Basisideologie entgegengestanden habe. (...) Was (...) immer unter dem Einfluss von protoideologischer Hintergrunderfüllung auf das normativ offene Rechtssystem heute verstanden werden kann, in der Bundesrepublik der Fünfziger und Sechziger Jahre handelte es sich dabei um das konservativ-autoritäre Wertbild des Juristenstandes.«[636]

Es ist naheliegend, dass dieser Einwand auch gegenüber der hiesigen Interpretationstheorie geltend gemacht werden könnte. Doch der Einwand läuft leer. Einer – wie hier skizzierten – verantwortlichen Interpretationstheorie des Rechts geht es gerade darum, die herrschenden Wertvorstellungen des Juristenstandes zu dekonstruieren.[637] In aufeinanderfolgenden Interpretationen sollen tradierte interpretative Muster ausgesondert und eingeschliffene Hierarchien beseitigt werden, indem die Differentialität des Rechtstextes adressiert, konserviert und nicht, in actu, eingeebnet wird.[638] Das Fortlesen des Textes dient der Aufdeckung interpretativer Ausgrenzung und mithin dazu, die interpretativen Grenzen, die sich in der Geschichte sowie der Kultur einer

636 Oppermann, Die Rezeption des nordamerikanischen Rechtsrealismus durch die deutsche Topikdiskussion, S. 130f.

637 Das eine sich auf Dekonstruktion berufende Interpretationstheorie stets darauf angelegt ist, herrschende (rechts-) gemeinschaftliche Wertvorstellungen zu hinterfragen, hat etwa Balkin wie folgt zum Ausdruck gebracht; Balkin, Deconstructive Practice and Legal Theory, in: Yale Law Journal 96 (1987), S. 745f: »Any social theory must emphasize some human values over others. Such categorizing necessarily involves a privileging, which in turn can be deconstructed. But the goal of deconstruction is not the destruction of all possible social visions. By recalling the elements of human life relegated to the margin in a given social theory, deconstructive readings challenge us to remake the dominant conceptions of our society. We can choose to accept the challenge or not, but we will no longer cling to our social vision blindly. Nor can we assume that this vision is the ›real essence‹ of human nature because that would be a claim to have experienced presence, an experience that Derrida denies that we can ever have.«

638 Dies ist aber freilich von Positionen zu erwarten, die der Lektüre des Textes jenseits von eingefahrenen interpretativen Konventionen keinen oder wenig Raum lassen.

Rechtsgemeinschaft herausgebildet haben, zu verschieben, zu unterminieren, um den Blick auf das ausgeschlossene Andere werfen zu können, das hinter dieser Grenze liegt.[639] Der Aufbruch der rechtstextlichen Identität fordert den zur Entscheidung berufenen Juristen heraus, seine Voreingenommenheit aufzugeben und sich auf den konkreten Fall und das, was kommen mag, einzulassen.[640]

5.6 Fazit

Die Ergebnisse dieses Kapitels werden nunmehr in einem Fazit aufbereitet.

Eine Interpretationstheorie des Rechts kann nicht bei der Einsicht stehenbleiben, dass sich eine Bedeutung innerhalb der juristischen Entscheidungspraxis einspielt. Dadurch wird verkannt, dass sich jeder interpretativen Operation ein Teil der Bedeutung entzieht, die aus dem Recht ausgegrenzt wird. Dieser Ausschluss von interpretativer Bedeutung aus dem Recht durch den Abschluss des Rechtstextes kann nur vermieden werden, wenn die Bedeutung aufgebrochen und die differentielle Struktur des Rechtstextes anerkannt wird. Mit der Freiheit des juristischen Entscheidungsträgers, den Rechtstext stets aufs Neue zu lesen und – aufgrund des Aufbruchs der Textbedeutung – immer weiter auszuschöpfen, korrespondiert die Verantwortung, den interpretativen Abschluss des Textes zu vermeiden.[641] Dieser Imperativ ruft ihn in die Pflicht, den Ausschluss bestimmter interpretativer Positionen aus dem Recht zu verhindern, indem der Rechtstext jenseits der sich innerhalb der juristischen Praxis herausbildenden interpretativen Muster beständig fortgelesen wird. Ein Rechtstext darf nicht als durch die rechtlich-dogmatischen Sedimente verschlossen betrachtet werden. Indem die interpretativen Positionen destruiert, der Text interpretativ transformiert[642] und die Grenzen einer eingespielten

639 Eher zurückhaltend Kennedy, Critical Theory, Structuralism and Contemporary Legal Scholarship, in: New England Law Review 21 (1985/1986), S. 286. Im Ergebnis wie hier West in West, Are There Nothing But Texts in This Class? Interpreting the Interpretive Turns in Legal Thought, in: Chicago-Kent Law Review 76 (2000), S. 1159. West geht jedoch von der Prämisse aus, dass der Grund, den Rechtstext zu hinterfragen, im Sein-für-den-Anderen besteht: »The sympathetic response to the pain or suffering of others, is, for sentimentalists, what does and should guide our critical responses to our own community's shared texts, as well as its laws, prejudices, beliefs, and practices. It is also what guides, and what should guide, our day-to-day moral judgements, and thus our day-to-day criticisms of law as well.«

640 Ville, Deconstruction and Law: Derrida, Levinas and Cornell, in: Windsor Yearbook of Access to Justice 25 (2007), S. 60.

641 Hillis Miller, The Ethics of Reading: Kant, de Man, Eliot, Trollope, James, and Benjamin, S. 43.

642 Cornell, Time, Deconstruction, and the Challenge to Legal Positivism: The Call for Judicial Responsibility, in: Yale Journal of Law & the Humanities 2 (1990), S. 286.

Interpretationskultur beständig hinterfragt und verschoben werden[643], kann der Abschluss des Rechtstextes (und der damit einhergehende Ausschluss von interpretativen Positionen) verhindert werden. Dem liegt die Vorstellung zugrunde, dass die Iteration interpretativer Operationen Raum für die Gestaltung des Sollens vor dem Horizont der Zukunft[644] als Öffnung in der Selbstbindung der interpretativen Entscheidung lässt. Zugleich wird hierdurch ein politischer Akt, nämlich das gewaltsame Durchsetzen einer juristisch programmierten Entscheidung[645], entpolitisiert, indem eine Entscheidung jenseits des juristischen Schematismus und mithin eine nichtprogrammierte Entscheidung getroffen wird:

> »Der Augenblick der Entscheidung ist, wie Kierkegaard schreibt, ein Wahn. (…) Auch wenn man von der Hypothese ausgeht, dass die Zeit und die Überlegtheit, die Geduld des Wissens und die Meisterschaft unbegrenzt sind, ist die Entscheidung in ihrer Struktur endlich, so spät sie auch getroffen werden mag: dringliche, überstürzte Entscheidung, in der Nacht des Nicht-Wissens und der Nicht-Regelung.«[646]

Damit wird die juristische Entscheidungstätigkeit zur unendlichen Lesung des Textes.[647]

Die nunmehr in ihren Grundrissen dargestellte verantwortliche Interpretationstheorie des Rechts kommt dem Ruf Derridas nach, den Rechtstext für den Einzug des Anderen offen zu halten.[648] Sie ist nicht konservativ, sondern progressiv. Indem sie den pluralen Zugang zum Rechtstext anerkennt und den juristischen Entscheidungsträger in die Pflicht ruft, immer neue rechtliche Welten zu gestalten[649], wird einem Kontinuum immer gleicher Lesungen innerhalb der juristischen Praxis entgegengewirkt.

---

643 Dazu etwa Feldman, Made for each other, in: Philosophy and Social Criticism 26 (2000), S. 62.

644 Cornell, Time, Deconstruction, and the Challenge to Legal Positivism: The Call for Judicial Responsibility, in: Yale Journal of Law & the Humanities 2 (1990), S. 280.

645 Dazu Feldman, Made for each other: The interdependence of deconstruction and philosophical hermeneutics, in: Philosophy and Social Criticism 26 (2000), S. 62.

646 Derrida, Gesetzeskraft, S. 54.

647 Hierzu Lévinas, Jenseits des Buchstabens, S. 7.

648 Anders etwa Radbruch in Radbruch, Rechtsphilosophie, S. 353: »Der Konflikt zwischen der Gerechtigkeit und der Rechtssicherheit dürfte dahin zu lösen sein, dass das positive, durch Satzung und Macht gesicherte Recht auch dann den Vorrang hat, wenn es inhaltlich ungerecht und unzweckmäßig ist, es sei denn, dass der Widerspruch des positiven Gesetzes zur Gerechtigkeit ein so unerträgliches Maß erreicht, dass das Gesetz als ›unrichtiges Recht‹ der Gerechtigkeit zu weichen hat.« Radbruch sieht dieses Sichhinwegsetzen als Notwehrrecht eines grundsätzlich an das positive Recht gebundenen juristischen Entscheidungsträgers an. Nach Radbruch soll es dem Juristen in Ausnahmefällen möglich sein, sich über die Anordnungen des Gesetzgebers hinwegzusetzen, die überpositiven Endwerten eklatant widersprechen.

649 Cornell, The Good, the Right, and the Possibility of Legal Interpretation, in: dies., The

Philosophy of the Limit, S. 109: »The real challenge we are left with as law professors, lawyers, and judges in the wake of ›deconstruction‹ has been eloquently summarized by Cover. ›The challenge presented by the absence of a single, ›objective‹ interpretation is, instead, the need to maintain a sense of legal meaning despite the deconstruction of any pretense of superiority of one nomos over another.‹ The truth of ›Grundlosigkeit‹ is that we are to be forever left with that challenge. We are called to remain open to the invitation to create new worlds.«

6. Appendix: Die Grenze des Wortlautes

»Will ich zur Aufklärung und zur Vermeidung von Missverständnissen im Gebiet eines (...) Sprachgebrauchs scharfe Grenzen ziehen, so werden sich diese zu den verfließenden Grenzen im natürlichen Sprachgebrauch verhalten wie scharfe Konturen in einer Federzeichnung zu den allmählichen Übergängen von Farbflecken in der dargestellten Wirklichkeit.«

Wittgenstein PG 76

»Dieser Text ist eine Galaxie von Signifikanten und nicht Struktur von Signifikanten. Er hat keinen Anfang, ist umkehrbar.«

Barthes, S/Z, S. 9

Die in dieser Arbeit bisher erzielten Ergebnisse werden auf ein Motiv der juristischen Methodik, das in der Rechtstheorie in wiederkehrenden Schleifen diskutiert wird, angewendet: die Wortlautgrenze.[650] Es wird zu zeigen sein, dass die juristische Methodik eine Grenzfunktion des durch den Gesetzgeber erlassenen Rechtstextes annimmt.[651] Vertreter der durch die Sprachpragmatik Wittgensteins beeinflussten Positionen lehnen eine solche Grenzfunktion des Textes – in den hier für maßgeblich erachteten Positionen – ab.[652] Sie gehen jedoch davon aus, dass die interpretative Operation durch die normative Erwartungshaltung der Rezipienten[653] bzw. durch die sich vor dem Hintergrund einer Interpretationskultur herausbildenden Standards begrenzt ist.[654] Letztere sollen Rückschlüsse darauf zulassen, ob eine Interpretation dem Rechtstext als Zeichenkette zugerechnet werden kann oder nicht.[655] Eine verantwortliche Interpretationstheorie des Rechts ist um eine Offenhaltung und mithin Entgrenzung des Textes bemüht und spricht dem Text deshalb keine Grenzfunktion zu.[656]

Dieses Kapitel wird folgenden Verlauf nehmen:

Zunächst wird aus juristisch binnenperspektivischer Sicht die Notwendigkeit der Wortlautgrenze – für die Unterscheidung zwischen Rechtsanwendung und Rechtsfortbildung – herausgestrichen (6.1).

Hiernach wird die Grenze des Wortlautes aus der Perspektive der Positionen analysiert, die dem sprachpragmatischen Ansatz Wittgensteins folgen (6.2).

650 Siehe dazu aus juristisch methodischer Sicht etwa Larenz, Methodenlehre der Rechtswissenschaft, S. 322f.; Bydlinski, Juristische Methodenlehre und Rechtsbegriff, S. 441.

651 Bydlinski, ebd.

652 Siehe dazu oben unter 4.2.3.

653 Forgó, Recht Sprechen, S. 193.

654 Christensen, Was heißt Gesetzesbindung?, S. 286.

655 Etwa Christensen, ebd., S. 289.

656 Siehe dazu oben unter 5.3.

Schließlich wird unter (6.3) zu zeigen sein, dass aus der Warte einer Interpretationstheorie, die in der Verantwortung gegenüber dem Anderen steht, die rechtstextlichen Grenzen gänzlich aufgehoben werden.

6.1 Die methodologische Notwendigkeit einer festen Wortlautgrenze

Es wurde bereits mehrfach betont, dass der Wortlaut aus Sicht der juristischen Methodik als Ausgangspunkt der interpretativen Bewegung dient.[657] Jedoch gilt ihr der Wortlaut nicht allein als Ausgangspunkt der Auslegung, sondern gleichzeitig als deren Endpunkt: Aus juristisch binnenperspektivischer Sicht bildet der mögliche Wortsinn der Gesetzesnorm die Grenze[658] der zulässigen Rechtsanwendung. Der allgemeine Sprachgebrauch darf – ausweislich der juristischen Methodenlehreliteratur – bei der Bedeutungssuche nicht verlassen werden[659]:

> »(Der allgemeine Sprachgebrauch; BL) bezeichnet aber, wie auch sonst, den Rahmen, innerhalb dessen die gesuchte Bedeutung liegen muss. Was jenseits des sprachlich möglichen Wortsinns liegt, durch ihn eindeutig ausgeschlossen wird, kann nicht mehr im Wege der Auslegung als die hier maßgebliche Bedeutung dieses Ausdrucks verstanden werden.«[660]

657 Siehe dazu oben unter 3.1.1.

658 Im Rahmen einer Rechtsprechungsanalyse lässt sich ohne Weiteres eine große Anzahl von Entscheidungen finden, die sich auf eine Grenze des Wortlautes berufen; etwa: ArbG Bochum, NJOZ 2005, S. 1806; BayVGH, MMR 2009, S. 352; BFH, KommJur 2012, S. 139, 141; BFH, NVwZ-RR 2012, S. 253; BFH, Urteil vom 17. Januar 1961–I 274/60 U (BeckRS); BFH, Urteil vom 11. Dezember 1964–III 193/60 S (BeckRS); BGH, EUR 2009, S. 791; BGH, NJW-RR 2007, S. 1181; BGH, NJW 2008, S. 386; BGH, NStZ 2000, S. 476; BGH, NStZ 2006, S. 341; BGH, NStZ 2010, S. 210; BGH, PharmR 2007, S. 256; BVerfGE 64, S. 393 f.; BVerfGE 71, S. 108; BVerfGE 92, S. 1, 12; BVerfG, NJW 2007, S. 1666; BVerfG, NJW 2011, S. 3021; BVerfG, NStZ 2001, S. 241; BVerfG, NZM 2010, S. 155; BVerfG, SVR 2007, S. 390; BVerwG, NVwZ 2012, S. 830; FG Düsseldorf, Beschluss vom 15. Oktober 2004–4 V 2811/04 (BeckRS); FG Köln, DStRE 2006, S. 982; LG Mannheim, ZUM 2010, S. 912; LG Nürnberg-Fürth, NZG 2010, S. 1101; LSG Baden-Württemberg, NZS 2012, S. 272 f.; LSG Rheinland-Pfalz, DStR 2010, S. 576; LSG Sachsen-Anhalt, Urteil vom 24. Februar 2011–L 1 R 387/08; OLG Bamberg, NZI 2010, S. 950; OLG Dresden, NStZ-RR 2009, S. 338; OLG Hamm, NStZ-RR 2009, S. 357 f.; OLG Hamm, OLGZ 1982, S. 481, 483; OLG Karlsruhe, GRUR-RR 2009, S. 382; OLG Karlsruhe, NVwZ-RR 2003, S. 109; OLG Naumburg, NJOZ 2011, S. 885; SächsVerfGH, LKV 2008, S. 224; VGH Mannheim, NJW 2008, S. 537 usw.

659 Gegenteilige Auffassungen, die die semantische Bedeutung des Gesetzeswortlautes für vernachlässigbar erachten und die der Rechtsprechungspraxis entnommen werden können, sind unter 3.1.4 dargestellt.

660 Larenz, Methodenlehre der Rechtswissenschaft, S. 322.

Auslegungsergebnisse, die jenseits des möglichen Wortsinns einer Norm angesiedelt sind, sind, nach Larenz, nicht Deutung, sondern Umdeutung des Rechtstextes.[661] Der mögliche Wortsinn umfasst demnach all das, was im allgemeinen Sprachgebrauch oder im besonderen Sprachgebrauch des Gesetzgebers noch mit dem gesetzlichen Ausdruck gemeint sein kann.[662] Es soll sich zwar nicht um eine trennscharfe Grenze handeln, da zwischen möglichem Wortsinn und einer diesen überschreitenden Umdeutung des Ausdrucks nicht immer eindeutig unterschieden werden kann. Bydlinski hält es sogar für möglich, dass die Grenze des möglichen Wortsinns im konkreten Fall fließend wird.[663] Hiergegen geht jedoch Larenz davon aus, dass in den

> »weitaus meisten Fällen (...) sich auch sehr wohl sagen (lässt; BL), eine in Erwägung gezogene Auslegung liege außerhalb des Bedeutungsfeldes dieses Ausdrucks, seines möglichen Wortsinns.«[664]

Nach seiner Auffassung lässt sich eine andere Grenze zwischen Rechtsanwendung und Rechtsfortbildung nicht ziehen.[665] Neue Abgrenzungsversuche hätten keine oder schlechtere Ergebnisse produziert, um Rechtsanwendung und Rechtsfortbildung voneinander zu scheiden.[666]

---

661 Larenz, ebd.; siehe auch Vogel, Juristische Methodik, S. 117f.

662 Larenz, Methodenlehre der Rechtswissenschaft, S. 322.

663 Bydlinski, Juristische Methodenlehre und Rechtsbegriff, S. 470.

664 Larenz, Methodenlehre der Rechtswissenschaft, S. 323.

665 Larenz, ebd.; so auch: Bydlinski, Juristische Methodenlehre und Rechtsbegriff, S. 470. Die Wortlautgrenze ermöglicht – nach der von Larenz vertretenen Auffassung – die Feststellung, ob der Rechtsanwender Recht anwendet oder fortbildet, und erlaubt es, die Entscheidung, je nach Zuordnung, verschiedenen Anforderungsregimen zu unterstellen; siehe dazu etwa Larenz, Methodenlehre der Rechtswissenschaft, S. 370ff. Das gilt selbst dann, wenn der durch den Rechtstext betroffene Lebensbereich so systematisiert wird, dass die Systematisierung jenseits der Wortlautbedeutungen liegt. Nach Pawlowski kommt Letzterem die Aufgabe zu, dem juristischen Interpreten eine erhöhte Begründungspflicht aufzuzwingen; Pawlowski, Methodenlehre für Juristen, S. 192: Er hat seine Entscheidung umfänglich zu legitimieren, wenn diese nicht durch den Wortlaut gedeckt ist. So sichert aus dieser Perspektive die Vorstellung von der Wortlautgrenze das verfassungsrechtlich festgeschriebene Gewaltenteilungsprinzip, Art. 20 III GG, ab; dazu: Schenke, Auslegung und Rechtsfortbildung, DStR-Beiheft 2011, S. 54–58; siehe auch Zippelius, Juristische Methodenlehre, S. 39.

666 Bydlinski, Juristische Methodenlehre und Rechtsbegriff, S. 470.

6.2 Grenzen in der Entscheidungspraxis

Eine Vielzahl von Autoren, die sich durch die Sprachpragmatik Wittgensteins beeinflusst sehen – insbesondere Vertreter der Heidelberger Schule[667] und des Nachpositivistischen Rechtsdenkens[668] –, sprechen dem originären Gesetzestext keine Grenzfunktion zu.[669] Aus dieser Perspektive hat der Rechtstext nur Zeichenwert.[670] Er enthält keine vorinterpretativ bedeutungsvollen Begriffe. Vielmehr produziert der juristische Entscheidungsträger die Bedeutung des Textes in seiner Entscheidung in erster Linie selbst.[671]

Jedoch lassen sich durchaus Positionen finden, die eine Grenzfunktion nicht gänzlich verabschieden. Aus Müllers Perspektive bildet der Wortlaut als Zeichenkette aufgrund seiner demokratischen Legitimation die Grenze zulässigen richterlichen Entscheidens.[672] Diese Grenzfunktion konstituiert sich zwar nicht im semantischen Gehalt des Gesetzestextes. Sie entfaltet sich jedoch vor dem Hintergrund einer Interpretationskultur, die es dem juristischen Entscheidungsträger erlaubt, aufgrund eines einfachen Zulässig-unzulässig-Schematismus zwischen Argumenten, die eine Zurechnung der Entscheidung an den Gesetzeswortlaut erlauben, und solchen, die dies nicht tun, zu unterscheiden.[673] Müller stellt fest, dass eine solche Grenzfunktion des Wortlautes verfassungsrechtlich geboten ist:

> »Der Wortlaut der Norm bildet aus verfassungsrechtlichen Gründen die Grenze des Spielraums zulässiger Konkretisierung. Das heißt nicht, die Entscheidung müsse ›sich aus dem Wortlaut ergeben‹, was eben nur in raren Grenzfällen feststellbar ist. Sie muss aber mit dem Wortlaut jedenfalls noch vereinbar sein. Das ist keine methodologische, sondern eine normative Aussage. Die Wortlautgrenze bildet die rechtsstaatlich-demokratisch angeordnete Linie nicht einer methodologisch möglichen, sondern einer positivrechtlich zulässigen Konkretisierung.«[674]

667 Siehe dazu oben unter 4.2.3.1.
668 Siehe dazu oben unter 4.2.3.2.
669 Müller, Rechtstext und Textarbeit in der Strukturierenden Rechtslehre, in: Christensen [Hrsg.], Methodik, Theorie, Linguistik des Rechts, S. 86 f. Anders Klatt in Klatt, Theorie der Wortlautgrenze, S. 262 f., der die Rechtsanwendung analytisch begrenzt sieht.
670 Müller, Strukturierende Rechtslehre, S. 268.
671 Müller, ebd., S. 256 ff.
672 Müller, Rechtstext und Textarbeit in der Strukturierenden Rechtslehre, in: Christensen [Hrsg.], Methodik, Theorie, Linguistik des Rechts, S. 86 f.
673 Christensen, Was heißt Gesetzesbindung?, S. 289.
674 Müller, Richterrecht, S. 80 f.

6.3 Der entgrenzte Rechtstext

Aus Sicht einer Interpretationstheorie, die in der Verantwortung des Anderen steht, ist damit aber die Grenze des Wortlautes nur unzureichend destruiert.

Eine Interpretationstheorie, die sich darum bemüht, den Ausschluss des Anderen zu überwinden, kann nicht dabei stehen bleiben, dass sich vor dem Hintergrund einer Interpretationskultur eine Textbedeutung einspielt - wobei diese zugleich über die interpretativen Grenzen bestimmt, indem sie über die Zurechenbarkeit einer juristischen Entscheidung innerhalb einer semantischen Praxis zum Rechtstext richtet.[675] Ihr geht es darum, hinter die Kulissen der interpretativen Rechtsgemeinschaft zu schauen, vor deren Hintergrund sich bestimmte Lesarten des Rechtstextes einschleifen.[676] Eine solche Interpretationstheorie bricht deshalb die Identität des Textes, die ihm in den interpretativen Operationen zugesprochen wird, auf[677] zugunsten einer offenen Textstruktur, die sich auch gegenüber dem ausgeschlossenen Anderen und mithin anderen interpretativen Positionen offen zeigt.[678] Die Vorstellung, es könnte eine Grenze des Wortlautes geben, muss gänzlich aufgegeben werden. Eine solche ergibt sich - aus dieser Perspektive - weder aus dem semantischen Gehalt der den Rechtstext konstituierenden Wörter noch vor dem Hintergrund einer Interpretationskultur, die über die Zurechnung einer Entscheidung an den Gesetzeswortlaut Auskunft gibt. Vielmehr wird der Text zu einem Ort stets den Text tiefer durchdringender Lesung.[679]

Was bedeutet das für das Gesetzesbindungspostulat in Art. 20 III und Art. 97 I GG? Wird die Vorstellung verabschiedet, dem Text komme eine Textbedeutung zu, so wird der Text zu einem pluralen Gewebe interpretativer Operationen, der sich innerhalb der interpretativen Praxis in einem unendlichen Spiel von Markierungen (Interpretationen) und Re-Markierungen (Folgeoperationen) konstituiert.[680] Seine Identität resultiert also gerade aus der Differentialität seiner Lesungen.[681] Die Bindung an den Text steht deshalb nicht im Widerspruch zu seiner interpretativen Transformation. Vielmehr trägt das Gesetzesbindungspostulat seine Öffnung parasitär in sich. Demnach ist eine Bindung der inter-

675 Müller, Rechtstext und Textarbeit in der Strukturierenden Rechtslehre, in: Christensen [Hrsg.], Methodik, Theorie, Linguistik des Rechts, S. 86f.

676 Feldman, The Politics of Postmodern Jurisprudence, in: Michigan Law Review 95 (1996), S. 189.

677 Derrida, Grammatologie, S. 69f.; Derrida, Die différance, in: ders., Randgänge der Philosophie, S. 36f.

678 Cornell, The Good, The Right, and the Possibility of Legal Interpretation, in: dies., Philosophy of the Limit, S. 111.

679 Hierzu Lévinas, Jenseits des Buchstabens, S. 7.

680 Dazu bereits oben unter 5.2.

681 Bertram/Lauer/Liptow/Seel, In der Welt der Sprache, S. 227.

pretativen Entscheidung an das Gesetz nur aus dem Grund möglich, da sich das Spiel von Markierung (Interpretationen) und Re-Markierung (Folgeoperationen) innerhalb der interpretativen Praxis permanent vollzieht und die sich einspielende Bedeutung des Rechtstextes stets aufs Neue aufgebrochen und suspendiert wird.

Damit ist aber noch nichts darüber gesagt, ob eine den Text transformierende Interpretation innerhalb der juristischen Gemeinschaft auf Akzeptanz stoßen wird. Das entscheidet sich vielmehr situativ anhand der Argumente, die für eine solche Interpretation aufgebracht werden können.[682]

6.4 Fazit

Es sollte zureichend klar geworden sein, dass es einer wie hier verstandenen Interpretationstheorie vor allem um die Eliminierung interpretativer Grenzen geht.[683] Vertreter der juristischen Methodik sowie der juristischen Pragmatik bemühen sich hingegen – aus unterschiedlichen Perspektiven – um eine interpretative Begrenzung des Rechtstextes, um zu zeigen, dass sich interpretative Bedeutung situationsspezifisch einzustellen[684] – oder besser: einzuspielen – vermag.[685] Damit aber verstellen sie sich den Weg, das Potential einer Interpretationstheorie des Rechts, das sich am Ausschluss des Anderen ausrichtet, auszuschöpfen.[686] Indem der Text entgrenzt und nicht als durch die rechtlich-dogmatischen Sedimente verschlossen angesehen wird, kann der juristische

682 Augsberg geht in Augsberg, Die Lesbarkeit des Rechts, S. 180 davon aus, dass in einer pluralistischen Gesellschaft gute Gründe dafür sprechen, nicht die Entscheidung zu wählen, die die größte Homogenität erzwingt, sondern diejenige, die differentielle Anknüpfungspunkte für interpretative Folgeoperationen offeriert: »Das schließt einen Wandel dessen mit ein, was als Funktion des Rechts verstanden wird; auch diese besteht insofern nicht mehr vorrangig in der Gewährleistung von Einheit, sondern von Differenz.«

683 Dagegen etwa Klatt, Theorie der Wortlautgrenze, S. 283: »Die hier entwickelten Strukturen der Semantik können als Grundstein für eine neue Theorie der semantischen Interpretation begriffen werden. Insgesamt kann daher von einer *Rehabilitierung der semantischen Interpretation für das Recht* gesprochen werden. (...) Auf der Grundlage der hier entwickelten Bedeutungstheorie ist diese Rehabilitierung möglich, weil die Semantik von der Last befreit ist, eine zeitlos feststehende Bedeutung nachzuweisen. Dies war das falsche Dilemma des Streites um das Auslegungsziel. Statt dessen wurde hier die Semantik mit einer normativen Pragmatik verbunden. Die Sprachpraxis ist nicht im Sinne einer unverbindlichen *facon de parler* aufzufassen, die von grenzenloser sprachlicher Willkür geprägt wäre, wie dies dekonstruktivistische Positionen annehmen. Vielmehr sind in der Praxis implizite Normen vorhanden, deren Struktur (...) analysiert und rekonstruiert werden kann.«

684 So unter Bezugnahme auf die philosophische Hermeneutik Gadamers Feldman, The Politics of Postmodern Jurisprudence, in: Michigan Law Review 95 (1996), S. 184.

685 Forgó, Recht Sprechen, S. 138.

686 Siehe zum Potential textlicher Interpretation auch etwa Augsberg, Rechtslektionen, in: Rechtstheorie 40 (2009), S. 71ff.

Entscheidungsträger diesen in Verantwortung gegenüber dem Anderen im Antlitz dessen, *was sein soll*, fortlesen und so textlichen Abschluss durch interpretative Einschleifungen innerhalb der juristischen Praxis vermeiden.[687]

687 Cornell, The Good, the Right, and the Possibility of Legal Interpretation, in: dies., The Philosophy of the Limit, S. 111.

7. Schluss

»(…) every grasp of meaning necessarily relies on some marginalized Other.«
Feldman, How To Be Critical, in: Chicago-Kent Law Review 76 (2000/2001), S. 908

In dieser Untersuchung wurde ein weites Feld durchschritten. Zu guter Letzt sollen nochmals die Ergebnisse zusammengefasst werden, die auf den zurückliegenden Seiten erzielt wurden.

Es ist ersichtlich geworden, dass sich die juristische Methodik darum bemüht, einem Text in einem mehrstufigen Auslegungsverfahren einen bestimmten Sinn beizumessen.[688] Der Gesetzessinn wird als im Text selbst begründet und durch den juristischen Entscheidungsträger auffindbar gedacht.[689] Zwar kann der Gesetzeswortlaut aufgrund seiner semantischen Vagheit dem Interpreten zumeist das Ergebnis der interpretativen Operation nicht vorgeben.[690] Jedoch kann der juristische Entscheidungsträger aus dieser Perspektive den allgemeinen Rechtstext in einem abgestuften Auslegungsverfahren konkretisieren, um so den Gesetzessinn zu ermitteln.[691] Die gesetzliche Anordnung muss er in seiner Entscheidung wirksam werden lassen.[692] Die Vertreter der juristischen Pragmatik lehnen die Vorstellung ab, die zu treffende Entscheidung könne dem Text entnommen werden.[693] Sie richten ihren Fokus, im Anschluss an die Sprachphilosophie Wittgensteins, nicht auf den Gesetzestext, sondern auf die Entscheidungspraxis, in der dieser steht.[694] Sie gehen – in den hier aufgrund der angestellten sprachphilosophischen Erwägungen für maßgeblich erachteten Positionen[695] – davon aus, dass die rechtstextliche Bedeutung in der juristischen Entscheidungspraxis nicht auf-

688 Siehe dazu oben unter 3.1.
689 Larenz, Methodenlehre der Rechtswissenschaft, S. 313.
690 Larenz, ebd.
691 Dazu etwa Leenen, Typus und Rechtsfindung, S. 47f.; Engisch, Die Idee der Konkretisierung in Recht und Rechtswissenschaft, S. 238f.
692 Bydlinski, Juristische Methodenlehre und Rechtsbegriff, S. 470; Rüthers, Die unbegrenzte Auslegung, S. 474.
693 Müller, Rechtstext und Textarbeit in der Strukturierenden Rechtslehre, in: Christensen [Hrsg.], Methodik, Theorie, Linguistik des Rechts, S. 72f.
694 Instruktiv dazu Forgó, Recht Sprechen, S. 138f.
695 Damit sind die Vertreter sowohl der Heidelberger Schule als auch des Nachpositivistischen Rechtsdenkens gemeint; siehe dazu oben unter 4.2.3.

gedeckt wird, sondern dass sich diese in der Entscheidungspraxis einspielt.[696] Dabei wird die juristische Entscheidungspraxis als nicht semantisch normativ programmiert angesehen.[697] Allerdings limitieren die rezeptiven Erwartungen innerhalb der juristischen Fachgemeinschaft ausweislich pragmatischer Positionen die interpretativen Variationsmöglichkeiten.[698] So geht Christensen davon aus, dass sich in der Entscheidungspraxis – vor dem Hintergrund einer Interpretationskultur – bessere Spielzüge von schlechteren unterscheiden lassen, so dass ihnen in Bezug auf Obsiegen und Verlieren im konkreten Fall der Vorzug einzuräumen ist.[699] Ganz ähnlich liest sich auch Feldman:

> »To be sure, traditions are contingent and must be constantly reconstructed, yet they have a powerful inertia. Our traditions limit our possibilities. Speech or writing that is aligned or consistent with the dominant communal traditions and personal prejudices of a reader or listener is most likely to seem persuasive or forceful. Such speech or writing, in other words, will tend to be effective or persuasive exactly because it fits with our assumptions or preconceived notions.«[700]

Trotz der Unterschiede berühren sich die juristische Methodik und Pragmatik in einem Punkt: Aus beiden Perspektiven werden sich für den juristischen Entscheidungsträger in jedem Einzelfall Gründe ergeben, einem Text eine bestimmte Bedeutung beizumessen.[701]

Gönnen die juristische Methodik und die juristische Pragmatik der Interpretation des Rechtstextes bedeutungsvolle Momente, so weist die hier herausgearbeitete verantwortliche Interpretationstheorie des Rechts eine grund-

696 Nach Müller, Rechtstext und Textarbeit in der Strukturierenden Rechtslehre, in: Christensen [Hrsg.], Methodik, Theorie, Linguistik des Rechts, S. 79: »Das Interpretieren des Gesetzes ist alles andere als ein geisteswissenschaftliches Verstehen, das nur noch des hermeneutischen Feinschliffs bedürfte.«

697 Dazu Forgó, Recht Sprechen, S. 138: »Die Konsequenz daraus ist freilich (…) die Erkenntnis, dass eine Etablierung von Bedeutungen normativer Texte überhaupt nur über geregelte, regelkonforme und zugleich die Regel verändernde Sprachspiele erfolgen kann, die freilich nicht vorab den Gegenstand erzeugen, der nachher erkannt wird, sondern als Handlungen in einem disziplinären Kontext zu begreifen sind, der sich als Arena semantischer Kämpfe beschreiben lässt, an deren Ende vorläufiges und stets revidierbares Bedeutungswissen steht.« Anders diesbezüglich Lear, der von einer normativen Abhängigkeit der Spielzüge in Bezug auf den jeweiligen Stand des Spiels und daher von der objektiven Unterscheidbarkeit von richtigen und falschen Zügen ausgeht; Lear, Scorekeeping in a Language Game, in: Journal of Philosophical Logic 8 (1979), S. 342ff.

698 Forgó, Recht Sprechen, S. 194f.

699 Christensen, Was heißt Gesetzesbindung?, S. 286.

700 Feldman, How To Be Critical, in: Chicago-Kent Law Review 76 (2000/2001), S. 900.

701 Hierzu formuliert Fish drastisch; Fish, Force, in: ders., Doing What Comes Naturally, S. 520: »(…) the gun at your head is your head. (…) Another way to put this is to say that while there are constraints on the will and therefore on interpretation, those constraints are internal to the will (…).«

sätzlich andere Stoßrichtung auf: Im Anschluss an die Philosophie Derridas wird die Vorstellung aufgegeben, es gebe ebensolche. Derrida dekonstruiert die Identität von Bedeutung, indem er darauf hinweist, dass sich jeder Interpretation ein Teil der Bedeutung entzieht, der jenseits der Interpretation liegt und daher ausgeschlossen bleibt.[702] Um den Ausschluss bestimmter interpretativer Positionen aus dem Recht zu verhindern, muss die Identität der Textbedeutung mithin aufgebrochen werden.

Indem der Ruf Derridas erhört und die Identität der Textbedeutung abgesetzt wird, gerät die juristische Entscheidungstätigkeit zur unendlichen Lesung des Textes. Der Freiheit, den Text immer weiter auszuschöpfen, auch wenn er undurchdringlich scheint bzw. sich immer neue Qualitäten eröffnen, geht eine Verantwortung eben hierfür voraus, sobald man sich an dem Text zu schaffen gemacht hat.[703] Dieser Imperativ erfordert, dass der Appell des Textes, diesen verantwortungsvoll zu durchschreiten, erhört und befolgt wird. Insoweit müssen die Grenzen der Interpretationskultur, vor deren Hintergrund sich die interpretative Bedeutung einspielt, beständig hinterfragt und verschoben[704] und der Rechtstext jenseits der sich innerhalb der juristischen Praxis einstellenden interpretativen Muster fortgelesen werden. Ein Rechtstext darf nicht als durch die rechtlich-dogmatischen Sedimente verschlossen betrachtet werden. Eine verantwortliche Interpretationstheorie des Rechts schließt den Text nicht ab, sondern erstreckt ihn in die Unendlichkeit von Raum und Zeit.[705]

Allerdings kann der Rechtstext nur dort fortgelesen werden, wo sich interpretative Bedeutung eingestellt und sich interpretative Muster innerhalb einer interpretativen Praxis herausgebildet haben.[706] Die Iteration der interpretativen Operationen innerhalb der Praxis eröffnet den nötigen Zwischenraum, um den Text zu dekonstruieren und ihn jenseits der juristischen Schemata fortzulesen. Indem so die interpretative Bedeutung dekonstruiert wird,

702 Derrida formuliert in Derrida, Die Struktur, das Zeichen und das Spiel im Diskurs der Wissenschaften vom Menschen, in: ders. Die Schrift und die Differenz, S. 441: »Es gibt somit zwei Interpretationen der Interpretation, der Struktur, des Zeichens und des Spiels.« Ferner Culler, On Deconstruction, S. 131f.

703 Sartre, Was ist Literatur?, S. 31; Hillis Miller, The Ethics of Reading: Kant, de Man, Eliot, Trollope, James, and Benjamin, S. 43.

704 Feldman, The Politics of Postmodern Jurisprudence, in: Michigan Law Review 95 (1996), S. 189f.

705 Ähnlich auch Feldman in Feldman, ebd., S. 200, der aus diesem Grund die juristische Entscheidungstätigkeit als *deconjustice* betitelt, »an endless effort to eradicate injustice«.

706 Diese Feststellung trifft Feldmann auch für die Hermeneutik, die seiner Auffassung nach Parasit des Dekonstruktivismus ist; Feldman, How To Be Critical, in: Chicago-Kent Law Review 76 (2000/2001), S. 911.

wird sie zum Substrat des Neulesens[707] und mithin zur Grundlage einer verantwortlichen Interpretation des Rechts, wie sie dieser Text zeichnet.

Der Text endet hier, da gezeigt wurde, was gezeigt werden sollte.

707 Ähnlich Feldman, ebd., S. 910.

8. 36 Thesen

Zuletzt sollen die wichtigsten Ergebnisse der Arbeit in Form von 36 Thesen aufbereitet werden:

1. Eine juristische Entscheidung lässt sich nicht auf den Vollzug einer logisch-deduktiven Operation reduzieren.[708]

2. Eine juristische Entscheidung zu treffen heißt, rechtliche Texte zu interpretieren.[709] Ein vorinterpretatives Recht gibt es nicht.[710]

3. Aus Sicht der juristischen Methodik ist der semantische Wortlaut des Textes nur in den wenigsten Fällen geeignet, die interpretative Operation anzuleiten.[711]

4. Die semantische Bedeutung wird in der juristischen Methodik durch die Berufung auf ein Wörterbuch der deutschen Sprache oder durch die Spracherfahrung des zur Entscheidung berufenen Juristen als konkretisierbar gedacht.

708 Larenz, Methodenlehre der Rechtswissenschaft, S. 273 ff.

709 Hierzu äußerst instruktiv die Wortmeldung von Fish in der Auseinandersetzung mit Fiss in Fish, Fish vs. Fiss, in: ders., Doing What Comes Naturally, S. 121: »If the rules are to function as Fiss would have them to function – to ›constrain the interpreter‹ – they themselves must be available or ›readable‹ independently of interpretation; that is, they must directly declare their own significance to any observer, no matter what his perspective. Otherwise, they would ›constrain‹ indiviual interpreters differently, and you would be right back in the original dilemma of a variously interpretable text and an interpretively free reader. To put the matter another way, if the rules tell you what to do with texts, they cannot themselves be texts, but must be – in the strong sense assumed by an older historiography – documents. Unfortunately, rules *are* texts. They are in need of interpretation and cannot themselves serve as constraint on interpretation.«

710 Fish, ebd.; dagegen etwa Patterson, Wittgenstein and Constitutional Theory, in: Texas Law Review 72 (1993/1994), S. 1852.

711 Larenz, Methodenlehre der Rechtswissenschaften, S. 322.

5. Diese Auffassung führt, aus sprachphilosophischer Sicht, in ein Erkenntnisproblem, für das die juristische Methodik keine Lösung parat hält. Insbesondere die Annahme, die herkömmliche und unbefangene semantische Bedeutung eines Wortes könne durch den juristischen Entscheidungsträger aufgrund seiner Spracherfahrung ermittelt werden, die ihm mitteilt, ob der Rechtstext auf einen zu beurteilenden Sachverhalt referiert oder nicht, ist vor dem Hintergrund des putnamschen Prinzips der sprachlichen Arbeitsteilung unhaltbar.[712]

6. Lässt sich die semantische Bedeutung nicht hinreichend präzisieren, um den Fall zu entscheiden, ist der juristische Entscheidungsträger ausweislich der juristischen Methodik aufgerufen, in einem mehrstufigen Prozedere den Gesetzessinn zu ermitteln, wobei er sich jeder eigenen Wertung zu enthalten hat und dem Text nichts hinzufügen darf, was nicht bereits im Text selbst angelegt ist.[713] Der Gesetzeswortlaut bildet die semantische Grenze zulässiger Konkretisierung.[714]

7. Aus juristisch binnenperspektivischer Sicht wird in diesem Verfahren zweierlei zum Maßstab der Explikation des Gesetzessinns gemacht: Zum einen soll sich der vernünftige Sinn – den sich der Gesetzgeber aus juristisch-binnenperspektivischer Sicht als mit der Regelung verbunden zuschreiben lassen will – ermitteln lassen. Die Rechtsordnung wird insoweit als objektive Sinntotalität gedacht. Zum anderen sollen die Intentionen und Absichten des Gesetzgebers in der juristischen Entscheidung zum Tragen gebracht werden.

8. Hierbei handelt es sich um idealisierte Konstrukte, die die interpretative Operation nicht zu steuern vermögen und den Ab-Grund des Auslegungsprozederes darstellen.[715]

9. Juristisch pragmatische Positionen stellen demgegenüber heraus, dass sich die rechtstextliche Bedeutung über Sprachspiele in der Entscheidungspraxis einspielt.[716]

10. Dabei ist fraglich, ob dem Rechtstext semantische Normativität zukommt. Ausweislich der Lehre vom Begriffskern und -hof soll das zumindest im Kernbereich des Textes der Fall sein.[717]

712 Putnam, The meaning of ›meaning‹, in: ders., Mind, Language and Reality, S. 245f.
713 Larenz, Methodenlehre der Rechtswissenschaft, S. 313.
714 Larenz, ebd., S. 322.
715 Somek, Gesetzesbindung als Problem der Demokratie, JRP 1998, S. 48.
716 Forgó, Recht Sprechen, S. 138.
717 Etwa Hart, Der Begriff des Rechts, S. 176.

11. Jedoch beansprucht die semantische Einteilung in Begriffskerne und -höfe,

> »eine semantische zu sein, wobei sie allerdings nicht beschreibt, was die Bedeutung von Ausdrücken ist, sondern postuliert, wie die Bedeutung sein sollte, nämlich fest, beständig und nach wahr-/falsch-Kriterien anwendbar.«[718]

12. Klatt hat unter Bezugnahme auf die Sprachphilosophie Brandoms versucht zu zeigen, dass dem Rechtstext in der Entscheidungspraxis nicht nur im Kernbereich, sondern stets semantische Normativität zukommt.[719] Er nimmt an, dass die Bedeutung von Normen objektiv ist. Sie

> »liegen dem sprachanalytischen Diskurs voraus. Dieser macht *vorhandene* implizite Strukturen explizit.«[720]

13. Dabei ist der Gedanke maßgeblich, dass – wird die juristische Entscheidungspraxis als Sprachspiel gedacht – das jeweilige Verhalten der am Spiel teilnehmenden Spieler vom Scoreboard und mithin vom jeweiligen Punktestand des Spiels abhängig ist, mit anderen Worten: Der Punktestand bestimmt letztlich das regelhafte Verhalten der Spieler.[721] Demnach ist semantische Bedeutung ein *Institutional Fact* im Sinne Searles.

14. Jedoch ist es überzeugend, davon auszugehen, dass semantische Bedeutung kein *Institutional Fact* ist.

15. Innerhalb des Sprachspiels ist jeder Akt des Als-berechtigt-Nehmens der Kritik zugänglich, denn ein Einzelner – als Teil der Sprachgemeinschaft – kann ebenso wenig über die Richtigkeit oder Falschheit des Sprachgebrauchs aussagen wie die Gemeinschaft selbst.[722]

16. Deshalb muss es sowohl auf der Ebene des Sprechers als auch auf der Ebene der Sprachgemeinschaft abgelehnt werden, einen richtigen von einem falschen Sprachgebrauch zu unterscheiden:

718 Christensen, Was heißt Gesetzesbindung?, S. 74f.
719 Klatt, Theorie der Wortlautgrenze, S. 219ff.
720 Klatt, ebd., S. 235.
721 Dazu Lewis, Scorekeeping in a Language Game, in: Journal of Philosophical Logic 8 (1979), S. 345.
722 Wright, Rule-Following, Objectivity and the Theory of Meaning, in: ders., Rails to Infinity, S. 40.

»(…) we shall reject the idea that, in the sense implied by investigation-independence, a community goes right or wrong in accepting a particular decidable question; rather – from that point of view – it just goes.«[723]

17. Folglich ist die juristische Entscheidungspraxis als nicht semantisch normativ programmiert anzusehen.[724] Demnach ist die juristische Entscheidung weder in einfachen noch in unklaren Fällen semantisch vorbestimmt. Die interpretative Bedeutung spielt sich in der juristischen Entscheidungspraxis ein.

18. Damit berühren sich die juristische Methodik und die juristische Pragmatik in einem Punkt: Beide gehen davon aus, dass es bedeutungsvolle Momente gibt.[725]

19. Eine verantwortliche Interpretationstheorie hingegen gönnt dem Recht keine bedeutungsvollen Momente.

20. Der entscheidende Jurist ist aufgerufen, indem er die Öffnung der interpretativen Operation zum Anderen anerkennt, eine Entscheidung jenseits von jeglichem Schematismus und mithin jenseits des juristischen Programms zu treffen[726], um den Abschluss des Rechtstexts zu verhindern und diesen für den Einzug des Anderen durch die Dekonstruktion interpretativer Positionen und die Konstruktion immer neuer rechtlicher Welten offen zu halten.[727]

21. Der Abschluss des Rechtstextes kann nur vermieden werden, wenn die Identität der Textbedeutung zugunsten einer pluralen Text-›Bedeutung‹ aufgebrochen und die differentielle Struktur des Rechtstextes anerkannt wird.

723 Wright, ebd., S. 41.

724 So etwa Müller, Rechtstext und Textarbeit in der Strukturierenden Rechtslehre, in: Christensen [Hrsg.], Methodik, Theorie, Linguistik des Rechts, S. 72f; Forgó, Recht Sprechen, S. 138; hiergegen Klatt, Theorie der Wortlautgrenze, S. 219ff. unter Bezug auf Brandom, Expressive Vernunft (dt. Frankfurt am Main 2000).

725 Demnach werden sich für den juristischen Entscheidungsträger Gründe ergeben, einem Text eine bestimmte Bedeutung beizumessen; Fish, Force, in: ders., Doing What Comes Naturally, S. 520: »(…) the gun at your head is your head. (…) Another way to put this is to say that while there are constraints on the will and therefore on interpretation, those constraints are internal to the will (…).«

726 Derrida, Gesetzeskraft, S. 54.

727 Dazu etwa Cornell, The Good, the Right, and the Possibility of Legal Interpretation, in: dies., The Philosophy of the Limit, S. 109.

22. Mit der Freiheit des juristischen Entscheidungsträgers, den Rechtstext stets aufs Neue zu lesen und immer weiter auszuschöpfen, korrespondiert die Verantwortung, den interpretativen Abschluss des Textes zu vermeiden.[728]

23. Dieser Imperativ ruft den juristischen Entscheidungsträger in die Pflicht, den Ausschluss bestimmter interpretativer Positionen aus dem Recht zu verhindern.

24. Der Rechtstext muss jenseits der sich innerhalb der juristischen Praxis herausbildenden interpretativen Muster beständig fortgelesen werden.

25. Die Iteration interpretativer Operationen öffnet den nötigen Raum für die Gestaltung des Sollens vor dem Horizont der Zukunft[729] – als Öffnung in der Selbstbindung der interpretativen Entscheidung.

26. Ein Rechtstext darf nicht als durch die rechtlich-dogmatischen Sedimente verschlossen betrachtet werden.

27. Indem die interpretativen Positionen dekonstruiert, der Text interpretativ transformiert[730] und die Grenzen einer eingespielten Interpretationskultur beständig hinterfragt und verschoben werden[731], kann der Abschluss des Rechtstextes (und der damit einhergehende Ausschluss von interpretativen Positionen) verhindert werden.

28. Damit wird die juristische Entscheidungstätigkeit zur unendlichen Lesung des Textes.[732]

29. Die Vorstellung, es könnte eine Grenze des Wortlautes geben, muss im Rahmen einer verantwortlichen Interpretationstheorie gänzlich aufgegeben werden.[733]

---

728 Hillis Miller, The Ethics of Reading: Kant, de Man, Eliot, Trollope, James, and Benjamin, S. 43.

729 Cornell, The Good, the Right, and the Possibility of Legal Interpretation, in: dies., The Philosophy of the Limit, S. 111.

730 Dazu Cornell, Time, Deconstruction, and the Challenge to Legal Positivism: The Call for Judicial Responsibility, in: Yale Journal of Law & the Humanities 2 (1990), S. 286.

731 Feldman, The Politics of Postmodern Jurisprudence, in: Michigan Law Review 95 (1996), S. 189f.

732 Hierzu Lévinas, Jenseits des Buchstabens, S. 7.

733 Ähnlich etwa Feldman, The Politics of Postmodern Jurisprudence, in: Michigan Law Review 95 (1996), S. 200.

30. Eine solche ergibt sich weder aus dem semantischen Gehalt der den Rechtstext konstituierenden Wörter[734] noch vor dem Hintergrund einer Interpretationskultur, die über die Zurechnung einer Entscheidung an den Gesetzeswortlaut Auskunft gibt.[735]

31. Der Text wird zu einem pluralen Gewebe interpretativer Operationen. Seine Identität resultiert also gerade aus der Differentialität seiner Lesungen.[736]

32. Die Bindung an den Text steht deshalb nicht im Widerspruch zu seiner interpretativen Transformation. Vielmehr trägt das Gesetzesbindungspostulat gemäß Art. 20 III und Art. 97 I GG seine Öffnung parasitär in sich.

33. Der Aufbruch zu neuen Ufern wird dadurch erschwert, dass der juristische Entscheidungsträger in einer Interpretationspraxis steht, in der sich bestimmte interpretative Erwartungen und – vor diesem Hintergrund – interpretative Positionen herausgebildet haben.

34. Ob diese dekonstruiert werden können und mithin der Text fortgelesen werden kann, ist abhängig davon, ob die Interpretation innerhalb der Interpretationsgemeinschaft auf Zustimmung stößt und zum Gegenstand interpretativer Folgeoperationen wird.[737]

35. Zugleich ist das In-einer-Praxis-Stehen unabdingbare Voraussetzung dafür, eine verantwortliche Interpretation zu treffen. Damit ein Rechtstext fortgelesen werden kann, müssen sich zunächst interpretative Positionen einspielen, die sodann dekonstruiert werden.[738] Diese bilden die Anknüpfungspunkte dafür, den Text fortzulesen.

36. Eine verantwortliche Interpretationstheorie des Rechts kann umschrieben werden *as a progressive project.*[739]

---

734 Forgó, Recht Sprechen, S. 199ff.

735 So aber Christensen, Was heißt Gesetzesbindung?, S. 286.

736 Bertram/Lauer/Liptow/Seel, In der Welt der Sprache, S. 226f.

737 Dass das der Fall sein wird, führt Augsberg in einer pluralistischen Gesellschaft darauf zurück, dass geteilte interpretative Überzeugungen zurückgedrängt würden, was den juristischen Entscheidungsträger zur Umstellung »von einer identitären zu einer differenzorientierten Perspektive« zwinge; Augsberg, Die Lesbarkeit des Rechts, S. 182.

738 Ähnlich etwa: Feldman, Made for each other, in: Philosophy & Social Criticism 26 (2000), S. 62f.

739 Balkin, Transcendental Deconstruction, Transcendent Justice, in: Michigan Law Review 92 (1994), S. 1148.

Literaturverzeichnis

Augsberg, Ino: Die Lesbarkeit des Rechts – Texttheoretische Lektionen für eine postmoderne juristische Methodologie (Weilerswist 2009).

Augsberg, Ino: Rechtslektionen – Zur Textualität des juristischen Verfahrens, in: Rechtstheorie 40 (2009), S. 71–97.

Austin, John L.: How to do things with words (2. Auflage Cambridge 1975).

Balkin, Jack M.: Deconstructive Practice and Legal Theory, in: Yale Law Journal 96 (1987), S. 743–786.

Balkin, Jack M.: Ideology as Cultural Software, in: Cardozo Law Review 16 (1995), S. 1221–1233.

Balkin, Jack M.: Nested Oppositions, in: Yale Law Journal 99 (1990), S. 1669–1705.

Balkin, Jack M.: Transcendental Deconstruction, Transcendent Justice, in: Michigan Law Review 92 (1994), S. 1131–1201.

Balkin, Jack M.: Understanding Legal Understanding: The legal Subject and the Problem of Coherence, in: Yale Law Journal 103 (1993), S. 105–176.

Barthes, Roland: Das Rauschen der Sprache (dt. 3. Auflage Frankfurt am Main 2012 [Le bruissement de la langue – Essais Critiques IV, 1984]).

Barthes, Roland: Das Reich der Zeichen (dt. Frankfurt am Main 1981 [L'empire des signes, 1970]).

Barthes, Roland: S/Z (dt. Frankfurt am Main 1976 [S/Z, 1970]).

Bertram, Georg W.: Hermeneutik und Dekonstruktion – Konturen einer Auseinandersetzung der Gegenwartsphilosophie (München 2002).

Bertram, Georg W./Lauer, David/Liptow, Jasper/Seel, Martin: In der Welt der Sprache (Frankfurt am Main 2008).

Bloor, David: Wittgenstein, Rules and Institutions (Oxford 1997).

Boghossian, Paul A.: The Rule-Following Considerations, in: Mind 98 (1989), S. 507–549.

Bourdieu, Pierre: Was sprechen heißt, in: ders., Soziologische Fragen (dt. 4. Auflage Frankfurt am Main 1993 [Ce que parler veut dire – L'économie des échanges linguistiques, 1982]).

Bourdieu, Pierre/Passeron, Jean-Claude: Grundlagen einer Theorie der symbolischen Gewalt, in: dies., Grundlagen einer Theorie der symbolischen Gewalt und Bourdieu, Kulturelle Reproduktion und soziale Reproduktion (dt. Frankfurt am Main 1973 [La Reproduction – Éléments pour une théorie du système d'enseignement, 1970]), S. 7–87.

Brandom, Robert: Begründen und Begreifen (dt. Frankfurt am Main 2001 [Articulating Reason – An Introduction to Inferentialism, 2000]).
Brandom, Robert: Expressive Vernunft (dt. Frankfurt am Main 2000 [Making it Explicit 1994]).
Bucher, Stefan: Zwischen Phänomenologie und Sprachwissenschaft – Zu Merleau-Pontys Theorie der Sprache (Münster 1991).
Bung, Jochen: Subsumtion und Interpretation (Baden-Baden 2004).
Busse, Dietrich: Chaoten und Gewalttäter. Ein Beitrag zur Semantik des politischen Sprachgebrauchs, in: Burkhardt, Armin/Hebel, Franz/Hoberg, Rudolf [Hrsg.], Sprache zwischen Militär und Frieden: Aufrüstung der Begriffe? (Tübingen 1993), S. 93–121.
Busse, Dietrich: Juristische Semantik – Grundfragen der juristischen Interpretationstheorie in sprachwissenschaftlicher Sicht (Berlin 1993).
Busse, Dietrich: Recht als Text – Linguistische Untersuchungen zur Arbeit mit Sprache in einer gesellschaftlichen Institution (Tübingen 1992).
Busse, Dietrich: Semantik der Praktiker – Sprache, Bedeutungsexplikation und Textauslegung in der Sicht von Richtern, in: Müller, Friedrich/Wimmer, Rainer [Hrsg.], Neue Studien zur Rechtlinguistik (Berlin 2001), S. 45–81.
Busse, Dietrich: Semantische Rahmenanalyse als Methode der Juristischen Semantik – Das verstehensrelevante Wissen als Gegenstand semantischer Analyse, in: Christensen, Ralph/Pieroth, Bodo [Hrsg.], Rechtstheorie in rechtspraktischer Absicht – Freundesgabe zum 70. Geburtstag von Friedrich Müller (Berlin 2008), S. 35–55.
Bydlinski, Franz: Juristische Methodenlehre und Rechtsbegriff (2. Auflage Wien/New York 1991).
Carroll, Lewis: Through the Looking-Glass, and What Alice Found There, in: The Complete Illustrated Lewis Carroll (Hertfordshire 1991), S. 126–250.
Christensen, Ralph: Was heißt Gesetzesbindung? – Eine rechtslinguistische Untersuchung (Berlin 1989).
Christensen, Ralph/Kudlich, Hans: Theorie richterlichen Begründens (Berlin 2001).
Christensen, Ralph/Lerch, Kent D.: Ein Urteil, wie es im Buche steht – Vom Aufstieg und Niedergang des Gesetzbuchs, in: Christensen, Ralph/Pieroth, Bodo [Hrsg.], Rechtstheorie in rechtspraktischer Absicht – Freundesgabe zum 70. Geburtstag von Friedrich Müller (Berlin 2008), S. 221–260.
Clarke, Thompson: The Legacy of Scepticism, in: The Journal of Philosophy 69 (1972), S. 754–769.
Coing, Helmut: Juristische Methodenlehre (Berlin/New York u. a. 1972).
Cornell, Drucilla: The Good, the Right, and the Possibility of Legal Interpretation, in: dies., The Philosophy of the Limit (New York/London 1992), S. 91–115.
Cornell, Drucilla: The Relevance of Time to the Relationship between Philosophy of the Limit and Systems Theory: The Call to Judicial Responsibility, in: dies., The Philosophy of the Limit (New York/London 1992), S. 116–154.
Cornell, Drucilla: Time, Deconstruction, and the Challenge to Legal Positivism: The Call for Judicial Responsibility, in: Yale Journal of Law and the Humanities 2 (1990), S. 267–297.
Cover, Robert M.: The Supreme Court, 1982 Term – Foreword: Nomos and Narrative, in: Harvard Law Review 97 (1983/1984), S. 4–68.

Cover, Robert M.: Violence and the Word, in: Yale Law Journal 95 (1985/1986), S. 1601–1629.

Critchley, Simon: Überlegungen zu einer Ethik der Dekonstruktion, in: Gondek, Hans-Dieter/Waldenfels, Bernhard [Hrsg.], Einsätze des Denkens (Frankfurt am Main 1997), S. 308–344.

Culler, Jonathan: Framing the Sign – Criticism and its Institutions (Oxford 1988).

Culler, Jonathan: On Deconstruction – Theory and Criticism after Structuralism (London 1982).

Dalton, Clare: An Essay in the Deconstruction of Contract Doctrine, in: Yale Law Journal 94 (1985), S. 997–1114.

Davidson, Donald: Bedeutungstheorien und lernbare Sprachen, in: ders., Wahrheit und Interpretation (dt. Frankfurt am Main 1986 [Inquiries into Truth and Interpretation, 1984]), S. 23–39.

Davidson, Donald: Der soziale Aspekt der Sprache, in: ders., Wahrheit, Sprache und Geschichte (dt. Frankfurt am Main 2008 [Truth, Language and History, 2005]), S. 181–205.

Davidson, Donald: Die zweite Person, in: ders., Subjektiv, intersubjektiv, objektiv (dt. Frankfurt am Main 2004 [Subjective, Intersubjective, Objective, 2001]), S. 186–210.

Davidson, Donald: Eine hübsche Unordnung von Epitaphen, in: ders., Wahrheit, Sprache und Geschichte (dt. Frankfurt am Main 2008 [Truth, Language and History, 2005]), S. 151–180.

Davidson, Donald: Kommunikation und Konvention, in: ders., Wahrheit und Interpretation (dt. Frankfurt am Main 1986 [Inquiries into Truth and Interpretation, 1984]), S. 372–393.

Davidson, Donald: Radikale Interpretation, in: ders., Wahrheit und Interpretation (dt. Frankfurt am Main 1986 [Inquiries into Truth and Interpretation, 1984]), S. 183–203.

Davidson, Donald: The Social Aspect of Language, in: McGuiness, Brian/Oliveri, Gianluigi [Hrsg.], The Philosophy of Michael Dummett (Dordrecht/Boston [Mass.] u.a. 1994), S. 1–16.

Davidson, Donald: Wahrheit und Bedeutung, in: ders., Wahrheit und Interpretation (dt. Frankfurt am Main 1986 [Inquiries into Truth and Interpretation, 1984]) S. 40–67.

Davidson, Donald: Was ist eigentlich ein Begriffsschema?, in: ders., Wahrheit und Interpretation (dt. Frankfurt am Main 1986 [Inquiries into Truth and Interpretation, 1984]), S. 261–282.

Davidson, Donald: Vernünftige Tiere, in: ders., Subjektiv, intersubjektiv, objektiv (dt. Frankfurt am Main 2004 [Subjective, Intersubjective, Objective, 2001]), S. 167–185.

Davies, Martin: Tacit knowledge, and the structure of thought and language, in: Travis, Charles [Hrsg.], Meaning and Interpretation (Oxford 1986), S. 127–158.

Deleuze, Gilles: Die Falte (dt. Frankfurt am Main 1995 [Le pli – Leibniz et le baroque, 1988]).

Derrida, Jacques: Adieu to Emmanuel Levinas (en. Stanford 1999 [Adieu à Emmanuel Lévinas, 1997]).

Derrida, Jacques: Deconstruction in a Nutshell: A Conversation with Jacques Derrida, hrsg. v. John Caputo (New York 1996).

Derrida, Jacques: Die différance, in: ders., Randgänge der Philosophie (dt. Wien 1988 [Marges de la philosophie, 1972]), S. 31–56.

Derrida, Jacques: Die Struktur, das Zeichen und das Spiel im Diskurs der Wissenschaften vom Menschen, in: ders., Die Schrift und die Differenz (dt. 4. Auflage Frankfurt am Main 1989 [L'écriture et la différence, 1967]), S. 422–442.

Derrida, Jacques: Dissemination (en. Chicago 1981 [La dissémination, 1972]).

Derrida, Jacques: Gesetzeskraft – Der ›mystische Grund der Autorität‹ (dt. Frankfurt am Main 1991 [Force de loi, 1994]).

Derrida, Jacques: Gewalt und Metaphysik – Essay über das Denken Emmanuel Levinas, in: ders., Die Schrift und die Differenz (dt. 4. Auflage Frankfurt am Main 1989 [L'écriture et la différence, 1967]), S. 121–235.

Derrida, Jacques: Grammatologie (dt. Frankfurt am Main 1983 [De la grammatologie, 1967]).

Derrida, Jacques: Limited Inc (dt. Wien 2001 [Limited Inc, 1990]).

Derrida, Jacques: Maschinen Papier (dt. Wien 2006 [Papier machine, 2001]).

Derrida, Jacques: Mémoires. Für Paul de Man (dt. 2. Auflage Wien 2005 [Mémoires – Pour Paul de Man, 1988]).

Derrida, Jacques: Signatur Ereignis Kontext, in: ders., Randgänge der Philosophie (dt. Wien 1988 [Marges de la philosophie, 1972]), S. 325–351.

Dummett, Michael: Ingredients of Meaning, in: ders., The Logical Basis of Metaphysics (Cambridge/London 1991), S. 107–140.

Dummett, Michael: Meaning, Knowledge, and Understanding, in: ders., The Logical Basis of Metaphysics (Cambridge/London 1991), S. 83–106.

Dummett, Michael: The Social Character of Meaning, in: ders., Truth and Other Enigmas (Cambridge 1978), S. 420–430.

Dummett, Michael: Wahrheit, in: Schulte, Joachim [Hrsg.], Wahrheit (dt. Stuttgart 1982 [Truth, 1959]), S. 7–36.

Dummett, Michael: Was ist eine Bedeutungstheorie?, in: Schulte, Joachim [Hrsg.], Wahrheit (dt. Stuttgart 1982 [What is a Theory of Meaning?, 1976]), S. 94–132.

Dummett, Michael: What is a Theory of Meaning?, in: Evans, Gareth/McDowell, John [Hrsg.] (Oxford 1976), S. 67–138.

Dworkin, Ronald: Law as Interpretation, in: Texas Law Review 60 (1982), S. 527–550.

Eco, Umberto: Zeichen – Einführung in einen Begriff und seine Geschichte (dt. Frankfurt am Main 1977 [Segno, 1973]).

Eibl, Karl: Kritisch-rationale Literaturwissenschaft (München 1976).

Engisch, Karl: Die Idee der Konkretisierung in Recht und Rechtswissenschaft unserer Zeit (2. Auflage Heidelberg 1968).

Engisch, Karl: Logische Studien zur Gesetzesanwendung (3. Auflage Heidelberg 1963).

Esfeld, Michael: Regelfolgen 20 Jahre nach Kripkes Wittgenstein, in: Zeitschrift für philosophische Forschung 57 (2003), S. 128–138.

Esser, Josef: Grundsatz und Norm (Tübingen 1956).

Esser, Josef: Vorverständnis und Methodenwahl in der Rechtsfindung (Königstein/Ts. 1970).

Felder, Ekkehard: Rechtsfindung im Spannungsverhältnis von sprachlicher Vagheit und Präzision – Der Sprachhandlungsansatz der juristischen Textarbeit, in: Christensen, Ralph/Pieroth, Bodo [Hrsg.], Rechtstheorie in rechtspraktischer Absicht – Freundesgabe zum 70. Geburtstag von Friedrich Müller (Berlin 2008), S. 73–92.

Feldman, Stephen M.: How To Be Critical, in: Chicago-Kent Law Review 76 (2000/2001), S. 893–912.
Feldman, Stephen M.: Made for each other – The interdependence of deconstruction and philosophical hermeneutics, in: Philosophy and Social Criticism 26 (2000), S. 51–70.
Feldman, Stephen M.: Playing with the Pieces: Postmodernism in the Lawyer's Toolbox, in: Virginia Law Review 85 (1999), S. 151–181.
Feldman, Stephen M.: The New Metaphysics: The Interpretive Turn in Jurisprudence, in: Iowa Law Review 76 (1990/1991), S. 661–699.
Feldman, Stephen M.: The Politics of Postmodern Jurisprudence, in: Michigan Law Review 95 (1996), S. 166–202.
Fish, Stanley: Das Recht möchte formal sein, in: ders., Das Recht möchte formal sein (dt. Berlin 2011 [The Law Wishes to Have a Formal Existence, 1994]), S. 112–170.
Fish, Stanley: Dennis Martinez and the Uses of Theory, in: Yale Law Journal 96 (1987), S. 1773–1800.
Fish, Stanley: Interpretation and the Pluralist Vision, in: Texas Law Review 60 (1981/1982), S. 495–505.
Fish, Stanley: Fish vs. Fiss, in: ders., Doing What Comes Naturally (Durban/London 1989), S. 120–140.
Fish, Stanley: Force, in: ders., Doing What Comes Naturally (Durban/London 1989), S. 503–524.
Fish, Stanley: Is There a Text in This Class?, in: ders., Is There a Text in This Class? – The Authority of Interpretive Communities (Cambridge/London 1980), S. 303–321.
Fish, Stanley: Still Wrong After All These Years, in: ders., Doing What Comes Naturally (Durban/London 1989), S. 356–371.
Fiss, Owen M.: Objectivity and Interpretation, in: Stanford Law Review 34 (1982), S. 739–773.
Fitzpatrick, Peter: Modernism and the Grounds of Law (Cambridge/New York u. a. 2001).
Forgó, Nikolaus: Recht Sprechen – Zur Theorie der Sprachlichkeit des Rechts (Wien 1997); hier zitiert nach der elektronischen Veröffentlichung, zugänglich unter http://juridicum.univie.ac.at/fileadmin/dissertationen/forgo_recht_sprechen.pdf, zuletzt geöffnet am 02. August 2015.
Foucault, Michel: Das unendliche Sprechen, in: ders., Schriften zur Literatur (dt. München 1974 [Le langage à l'infini, 1963]), S. 90–103.
Foucault, Michel: Die Ordnung der Dinge (dt. Frankfurt am Main 1974 [Les Mots et les choses – Une archéologie des sciences humaines, 1966]).
Foucault, Michel: Was ist ein Autor?, in: ders., Schriften zur Literatur (dt. München 1974 [Qu'est-ce qu'un auteur?, 1969]), S. 7–31.
Frank, Manfred: Das individuelle Allgemeine – Textstrukturierung und Textinterpretation nach Schleiermacher (Frankfurt am Main 1985).
Frank, Manfred: Die Unhintergehbarkeit von Individualität (Frankfurt am Main 1986).
Frank, Manfred: Was ist Neostrukturalismus? (Frankfurt am Main 1984).
Freitag, Robert: Verbraucherdarlehens- und Restschuldversicherungsvertrag als verbundene Geschäfte, in: ZIP 2009, S. 1297–1301.
Gadamer, Hans-Georg: Kleine Schriften III – Idee und Sprache (Tübingen 1972).
Gadamer, Hans-Georg: Text and Interpretation, in: Michelfelder, Diane/Palmer, Richard [Hrsg.], Dialogue and Deconstruction (New York 1990), S. 21–51.

Gadamer, Hans-Georg: Wahrheit und Methode (Tübingen 1960).
Glüer, Kathrin: Sprache und Regeln - Zur Normativität von Bedeutung (Berlin 1999).
Glüer, Kathrin/Pagin, Peter: Rules of Meaning and Practical Reasoning, in: Synthese 117 (1999), S. 207–227.
Goebel, Joachim: Rechtsgespräch und kreativer Dissens (Berlin 2001).
Gondek, Hans-Dieter: Gesetz, Gerechtigkeit und Verantwortung bei Levinas. Einige Erläuterungen, in: Haverkamp, Anselm [Hrsg.], Gewalt und Gerechtigkeit - Derrida - Benjamin (Frankfurt am Main 1994), S. 315–330.
Grasnick, Walter: Entscheidungsgründe als Textcollage, in: Müller, Friedrich/Wimmer, Rainer [Hrsg.], Neue Studien zur Rechtslinguistik - Dem Gedenken an Bernd Jeand'Heur (Berlin 2001), S. 27–43.
Grice, Paul: Meaning, in: ders., Studies in the Way of Words (Cambridge/London 1991), S. 213–223.
Grice, Paul: Meaning Revisited, in: ders., Studies in the Way of Words (Cambridge/London 1991), S. 283–303.
Grice, Paul: Utterer's Meaning and Intentions, in: ders., Studies in the Way of Words (Cambridge/London 1991), S. 86–116.
Grice, Paul: Utterer's Meaning, Sentence Meaning, and Word-Meaning, in: ders., Studies in the Way of Words (Cambridge/London 1991), S. 117–137.
Gruschke, Daniel: Zwei Modelle richterlicher Gesetzesauslegung, in: Rechtstheorie 41 (2010), S. 35–52.
Hart, Herbert L. A.: Der Begriff des Rechts (dt. Frankfurt am Main 1973 [The Concept of Law, 1961]).
Hartman, Geoffrey: Looking back on Paul de Man, in: Waters, Lindsay/Godzich, Wlad, Reading de Man Reading (Minneapolis 1989), S. 3–24.
Hassemer, Winfried: Gesetzesbindung und Methodenlehre, in: ZRP 2007, S. 213–219.
Hassemer, Winfried: Tatbestand und Typus (Köln/Berlin u. a. 1968).
Heck, Philipp: Begriffsbildung und Interessenjurisprudenz (Tübingen 1932).
Heck, Philipp: Gesetzesauslegung und Interessenjurisprudenz, AcP 112 (1914), S. 1–318.
Heck Jr, Richard G.: Use and Meaning, in: McGuiness, Brian/Oliveri, Gianluigi [Hrsg.], The Philosophy of Michael Dummett (Dordrecht/Boston [Mass.] u. a. 1994), S. 531–557.
Hegenbarth, Rainer: Juristische Hermeneutik und linguistische Pragmatik - Dargestellt am Beispiel der Lehre vom Wortlaut als Grenze der Auslegung (Königstein/Ts. 1982).
Heller, Joseph: Catch-22 (New York 1961).
Herbert, Manfred: Rechtstheorie als Sprachkritik - Zum Einfluss Wittgensteins auf die Rechtstheorie (Baden-Baden 1995).
Heylin, Clinton: Revolution in the Air: The Songs of Bob Dylan, 1957–1973 (Chicago 2009).
Hillis Miller, Joseph: The Ethics of Reading: Kant, De Man, Eliot, Trollope, James, and Benjamin (New York 1986).
Hirsch, Günter: Zwischenruf - Der Richter wird's schon richten, in: ZRP 2006, S. 161.
Hirsch, Hans-Joachim: Richterrecht und Gesetzesrecht, in: JR 1966, S. 334–342.
Hochhuth, Martin: Methodenlehre zwischen Staatsrecht und Rechtsphilosophie - Zugleich eine Verschleierung des Theorie-Praxis-Bruchs?, in: Rechtstheorie 32 (2001), S. 227–238.

Jäger, Ludwig: Ferdinand de Saussure zur Einführung (Hamburg 2007).
Jeand'Heur, Bernd: Sprachliches Referenzverhalten bei der juristischen Entscheidungstätigkeit (Berlin 1989).
Jesch, Dietrich: Unbestimmter Rechtsbegriff und Ermessen in rechtstheoretischer und verfassungsrechtlicher Sicht, in: AöR 82 (1957), S. 163–249.
Kelsen, Hans/Klug, Ulrich: Rechtsnormen und logische Analyse: Ein Briefwechsel 1959–1965 (Wien 1981).
Kennedy, David: Critical Theory, Structuralism and Contemporary Legal Scholarship, in: New England Law Review 21 (1985/1986), S. 209–290.
Kennedy, Duncan: Form and Substance in Private Law Adjudication, in: Harvard Law Review 89 (1976), S. 1685–1778.
Kirchhof, Paul: Richterliche Rechtsfindung, gebunden an ›Gesetz und Recht‹, in: NJW 1986, S. 2275–2280.
Klatt, Matthias: Theorie der Wortlautgrenze – Semantische Normativität in der juristischen Argumentation (Baden-Baden 2004).
Klein, Peter D.: Radical Interpretation and Global Skepticism, in: LePore, Ernest [Hrsg.], Truth and Interpretation – Perspectives on the Philosophy of Donald Davidson (Oxford 1986), S. 367–386.
Koch, Hans-Joachim/Rüßmann, Helmut: Juristische Begründungslehre (München 1982).
Krämer, Sybille: Sprache, Sprechakt, Kommunikation – Sprachtheoretische Positionen des 20. Jahrhunderts (Frankfurt am Main 2001).
Kriele, Martin: Theorie der Rechtsgewinnung – entwickelt am Problem der Verfassungsinterpretation (2. Auflage Berlin 1976).
Kripke, Saul A.: Name und Notwendigkeit (dt. Frankfurt am Main 1981 [Naming and Necessity, 1972]).
Kripke, Saul A.: Wittgenstein über Regeln und Privatsprache: Eine elementare Darstellung (dt. Frankfurt am Main 1987 [Wittgenstein on Rules and Private Language, 1982]).
Larenz, Karl: Methodenlehre der Rechtswissenschaft (6. Auflage Berlin/New York u.a. 1991).
Lear, Jonathan: Leaving the World Alone, in: The Journal of Philosophy 79 (1982), S. 382–403.
Leenen, Detlef: Typus und Rechtsfindung – Die Bedeutung der typologischen Methode für die Rechtsfindung dargestellt am Vertragsrecht des BGB (Berlin 1971).
Lenk, Hans: Schemaspiele – Über Schemainterpretationen und Interpretationskonstrukte (Frankfurt am Main 1995).
Lévinas, Emmanuel: Die Spur des Anderen – Untersuchungen zur Phänomenologie und Sozialphilosophie (dt. 4. Auflage Freiburg/München 1999 [La trace de l'autre, 1963]).
Lévinas, Emmanuel: Eigennamen – Meditationen über Sprache und Literatur (dt. München/Wien 1988 [Noms propres, 1976]).
Lévinas, Emmanuel: Jenseits des Buchstabens – Band 1: Talmud-Lesungen (dt. Frankfurt am Main 1996 [Quatre lectures talmudiques, 1968]).
Lévinas, Emmanuel: Jenseits des Seins oder anders als Sein geschieht (dt. Freiburg/München 1992 [Autrement qu'être ou au-delà de l'essence, 1974]).
Lévinas, Emmanuel: Totalität und Unendlichkeit – Versuch über die Exteriorität (dt. Freiburg/München 1993 [Totalité et infini – Essai sur l'extériorité, 1961]).

Lewis, David: Scorekeeping in a Language Game, in: Journal of Philosophical Logic 8 (1979), S. 339–359.

Liptow, Jasper: Das Fallrecht als Modell sprachlicher Praxis, in: Müller, Friedrich [Hrsg.], Politik, [Neue] Medien und die Sprache des Rechts (Berlin 2007), S. 55–69.

Liptow, Jasper: Regel und Interpretation – Eine Untersuchung zur sozialen Struktur sprachlicher Praxis (Weilerswist 2004).

Loppe, Tim: Bedeutungswissen und Wortgebrauch – Entwurf einer Semantik im Anschluss an Wittgenstein und Putnam (Tübingen 2010).

Luhmann, Niklas: Das Recht der Gesellschaft (Frankfurt am Main 1995).

Luhmann, Niklas: Die Einheit des Rechtssystems, in: Rechtstheorie 14 (1983), S. 129–154.

Luhmann, Niklas: Die soziologische Beobachtung des Rechts, in: Hofmann, Hasso/Weber, Ulrich/Wentz, Edgar W. [Hrsg.], Würzburger Vorträge zur Rechtsphilosophie, Rechtstheorie und Rechtssoziologie (Frankfurt am Main 1986), S. 7–47.

Luhmann, Niklas: Rechtssystem und Rechtsdogmatik (Stuttgart/Berlin u. a. 1974).

Luhmann, Niklas: Soziale Systeme – Grundriss einer allgemeinen Theorie (2. Auflage Frankfurt am Main 1985).

Luhmann, Niklas/Fuchs, Peter: Reden und Schweigen, in: dies., Reden und Schweigen (Frankfurt am Main 1989).

Lyons, John: Die Sprache (dt. München 1990 [Language and Linguistics – An Introduction, 1981]).

Malcolm, Norman: Defending Common Sense, in: Philosophical Review 58 (1949), S. 201–220.

Martinez, George A.: The New Wittgensteinians and the End of Jurisprudence, in: Loyola of Los Angeles Law Review 29 (1996), S. 545–577.

Maunz/Dürig/Bearbeiter: Kommentar zum Grundgesetz (München [Stand November] 2012).

Mayer, Verena: Das Entstehen von Bedeutung – Semantische Abhängigkeit und ontische Emergenz, in: Bertram, Georg W./Liptow, Jasper [Hrsg.], Holismus in der Philosophie (Weilerswist 2002), S. 76–93.

McDowell, John: Wittgenstein on Following a Rule, in: Synthese 58 (1984), S. 325–364.

Meder, Stephan: Mißverstehen und Verstehen – Savignys Grundlegung der juristischen Hermeneutik (Tübingen 2004).

Merleau-Ponty, Maurice: Die indirekte Sprache, in: ders., Die Prosa der Welt (dt. 2. Auflage München 1993 [La Prose du monde, 1969]).

Mülbert, Peter O./Wilhelm, Alexander: Rechtsfragen der Kombination von Verbraucherdarlehen und Restschuldversicherung, in: WM 2009, S. 2241–2255.

Müller, Friedrich: Juristische Methodik (6. Auflage Berlin 1995).

Müller, Friedrich: Strukturierende Rechtslehre (2. Auflage Berlin 1994).

Müller, Friedrich/Christensen, Ralph: Rechtstext und Textarbeit in der Strukturierenden Rechtslehre, in: Christensen, Ralph [Hrsg.], Methodik, Theorie, Linguistik des Rechts – Neue Aufsätze (1995–1997) (Berlin 1997), S. 71–92.

Müller, Friedrich/Christensen, Ralph/Sokolowski, Michael: Rechtsarbeit als Textarbeit (Berlin 1997).

Münstermann, Walter/Hannes, Rudi: Verbraucherkreditgesetz (Köln 1991).

Oppermann, Bernd: Die Rezeption des nordamerikanischen Rechtsrealismus durch die deutsche Topikdiskussion (Diss. Frankfurt am Main 1985).

Palandt/Bearbeiter: Bürgerliches Gesetzbuch (73. Auflage München 2014).
Patterson, Dennis: Postmodernism/Feminism/Law, in: Cornell Law Review 77 (1991/1992), S. 254–317.
Patterson, Dennis: The Poverty of Interpretive Universalism: Toward the Reconstruction of Legal Theory, in: Texas Law Review 72 (1993/1994), S. 1–56.
Patterson, Dennis: Wittgenstein and Constitutional Theory, in: Texas Law Review 72 (1993/1994), S. 1837–1855.
Pawlowski, Hans-Martin: Methodenlehre für Juristen – Theorie der Norm und des Gesetzes (3. Auflage Heidelberg 1999).
Picardi, Eva: Convention and Assertion, in: McGuiness, Brian/Oliveri, Gianluigi [Hrsg.], The Philosophy of Michael Dummett (Dordrecht/Boston [Mass.] u. a. 1994), S. 59–77.
Poulakka, Kalle: Relativism and Intentionalism in Interpretation (Lanham/New York u. a. 2011).
Putnam, Hilary: The Analytic and the Synthetic, in: ders., Mind, Language and Reality (Cambridge/London 1975), S. 33–69.
Putnam, Hilary: The meaning of ›meaning‹, in: ders., Mind, Language and Reality (Cambridge/London 1975), S. 215–271.
Quine, Willard v. O.: Carnap and Logical Truth, in: ders., The Ways of Paradox and Other Essays (Cambridge/London 1976), S. 107–132.
Quine, Willard v. O.: Das Problem der Bedeutung in der Linguistik, in: ders., Von einem logischen Standpunkt – Neun logisch philosophische Essays (dt. Frankfurt am Main/Berlin u. a. 1979 [From a Logical Point of View – Nine logico-philosophical Essays, 1953]), S. 51–66.
Quine, Willard v. O.: Word & Object (Cambridge 1960).
Quine, Willard v. O.: Zwei Dogmen des Empirismus, in: ders., Von einem logischen Standpunkt – Neun logisch philosophische Essays (dt. Frankfurt am Main/Berlin u. a. 1979 [From a Logical Point of View – Nine logico-philosophical Essays, 1953]), S. 27–50.
Radbruch, Gustav: Rechtsphilosophie (4. Auflage Stuttgart 1950).
Radin, Margaret J./Michelmann, Frank: Pragmatist and Poststructuralist Legal Practice, in: University of Pennsylvania Law Review 139 (1990/1991), S. 1019–1058.
Raz, Joseph: Praktische Gründe und Normen (dt. Frankfurt am Main 2006 [Practical Reason and Norms, 1975]).
Risser, James: Hermeneutics and the Voice of the Other: Re-Reading Gadamer's Philosophical Hermeneutics (New York 1997).
Roellecke, Gerd: Juridische Kommunikation – Lesbarkeit oder Sprachlichkeit des Rechts, in: Rechtstheorie 40 (2009), S. 509–515.
Röhl, Klaus F./Röhl, Hans Christian: Allgemeine Rechtslehre (München 2008).
Rolf, Eckard: Der andere Austin – Zur Rekonstruktion/Dekonstruktion performativer Äußerungen – von Searle über Derrida zu Cavell und darüber hinaus (Bielefeld 2009).
Rosenfeld, Michel: Deconstruction and Legal Interpretation: Conflict, Indeterminacy and the Temptations of the New Legal Formalism, in: Cardozo Law Review 11 (1989/1990), S. 1211–1267.
Rosenfeld, Michel: Pragmatism, Pluralism and Legal Interpretation: Posner's and Rorty's Justice without Metaphysics meets Hate Speech, in: Cardozo Law Review 18 (1996/1997), S. 97–151.

Rottleuthner, Hubert: Richterliches Handeln – Zur Kritik der juristischen Dogmatik (Frankfurt am Main 1973).
Rüthers, Bernd: Die unbegrenzte Auslegung (4. Auflage Heidelberg 1991).
Rüthers, Bernd: Geleugneter Richterstaat und vernebelte Richtermacht, in: NJW 2005, S. 2759–2761.
Rüthers, Bernd: Methodenrealismus in Jurisprudenz und Justiz, in: JZ 2006, S. 53–60.
Rüthers, Bernd: Rechtswissenschaft ohne Recht?, in: NJW 2011, S. 434–436.
Sartre, Jean-Paul: Was ist Literatur (dt. Hamburg 1950 [Qu'est-ce qu la littérature, 1947]).
Saussure, Ferdinand de: Grundfragen der allgemeinen Sprachwissenschaft (dt. 3. Auflage Berlin/New York 2001 [Cours de linguistique générale, 1916]).
Schanck, Peter C.: Understanding Postmodern Thought and Its Implications for Statutory Interpretation, in: Southern California Law Review 65 (1992), S. 2507–2597.
Schenke, Ralf P.: Auslegung und Rechtsfortbildung – Überlegungen zu Grundfragen der rechtsmethodischen Systembildung am Beispiel der ›Auslegung gegen den Wortlaut‹, in: DStR-Beiheft 2011, S. 54–58.
Schiffauer, Peter: Wortbedeutung und Rechtserkenntnis – Entwickelt an Hand einer Studie zum Verhältnis von verfassungskonformer Auslegung und Analogie (Berlin 1979).
Schildknecht, Christiane: Epistemische Relevanz und sprachliche Vermittlung – Zwei Problemfelder nicht-begrifflicher Erfahrungsgehalte, in: Bertram, Georg W. u. a. [Hrsg.], Die Artikulation der Welt – Über die Rolle der Sprache für das menschliche Denken, Wahrnehmen und Erkennen (Frankfurt am Main 2006), S. 49–64.
Schlag, Pierre: Cannibal Moves: An Essay on the Metamorphoses of the Legal Distinction, in: Stanford Law Review 40 (1988), S. 929–972.
Schlag, Pierre: Hiding the Ball, in: New York University Law Review (1996) S. 1681–1718.
Schluep, Walter: Einladung zur Rechtstheorie (Baden-Baden 2006).
Schmalz, Dieter: Methodenlehre (4. Auflage Baden-Baden 1998).
Schwarzschild, Maimon: Pluralist Interpretation: From Religion to the first Amendment, in: Journal of Contemporary Legal Issues 7 (1996), S. 447–472.
Schwennicke, Andreas: Die Entstehung der Einleitung des Preußischen Allgemeinen Landrechts von 1794 (Frankfurt am Main 1993).
Searle, John R.: Intentionalität – Eine Abhandlung zur Philosophie des Geistes (dt. Frankfurt am Main 1991 [Intentionality – An Essay in the Philosophy of Mind, 1983]).
Searle, John R.: Sprechakte – Ein sprachphilosophischer Essay (dt. Frankfurt am Main 1983 [Speech Acts – An Essay in the Philosophy of Language, 1969]).
Smart, John J. C.: How to Turn the Tractatus Wittgenstein into (Almost) Donald Davidson, in: LePore, Ernest [Hrsg.], Truth and Interpretation – Perspectives on the Philosophy of Donald Davidson (Oxford 1986), S. 92–100.
Somek, Alexander: Der Gegenstand der Rechtserkenntnis – Epitaph eines juristischen Problems (Baden-Baden 1996).
Somek, Alexander: Gesetzesbindung als Problem der Demokratie, in: JRP 1998, S. 41–62.
Somek, Alexander: Rechtssystem und Republik – Über die politische Funktion des systematischen Rechtsdenkens (Wien/New York 1992).
Somek, Alexander/Forgó, Nikolaus: Nachpositivistisches Rechtsdenken – Inhalt und Form des positiven Rechts (Wien 1996).
Somek, Alexander/Forgó, Nikolaus: Nachpositivistisches Rechtsdenken, in: Buckel,

Sonja/Christensen, Ralph/Fischer-Lescano, Andreas [Hrsg.], Neue Theorien des Rechts (Stuttgart 2006), S. 263–289.
Staudinger/Bearbeiter: Kommentar zum Bürgerlichen Gesetzbuch, Buch XII: Vertrag zugunsten Dritter, Rücktritt und Wiederruf (§§ 328–359) (Berlin 2004).
Stegmüller, Wolfgang: Kripkes Deutung der Spätphilosophie Wittgensteins – Kommentarversuch über einen versuchten Kommentar (Stuttgart 1989).
Stekeler-Weithofer, Pirmin: Bedeutung und Weltbezug – Inferentielle Semantik bei Wittgenstein, Davidson und Brandom, in: Bertram, Georg W./Liptow, Jasper [Hrsg.], Holismus in der Philosophie (Weilerswist 2002), S. 94–113.
Tarski, Alfred: Die semantische Konzeption der Wahrheit und die Grundlagen der Semantik, in: Skirbekk, Gunnar [Hrsg.], Wahrheitstheorien. Eine Auswahl aus den Diskussionen über Wahrheit im 20. Jahrhundert (dt. Frankfurt am Main 1977 [The Semantic Conception of Truth and the Foundations of Semantics, 1944]), S. 140–188.
Terricabras, Josep-Maria: Ludwig Wittgenstein. Kommentar und Interpretation (Freiburg/München 1998).
Teubner, Gunther: Recht als autopoietisches System (Frankfurt am Main 1989).
Teubner, Gunther: The two Faces of Janus: Rethinking Legal Pluralism, in: Cardozo Law Review 13 (1991/1992), S. 1443–1462.
Ville, Jacques de: Deconstruction and Law: Derrida, Levinas and Cornell, in: Windsor Yearbook of Access to Justice 25 (2007), S. 31–61.
Vogel, Friedemann: Blinde Flecken in der juristischen Hermeneutik – Zur mangelnden Lesbarkeit des Rechts, in: Rechtstheorie 41 (2010), S. 25–33.
Vogel, Joachim: Juristische Methodik (Berlin u. a. 1998).
Wach, Adolf: Handbuch des deutschen Zivilprozeßrechts (Bd. 1 Leipzig 1885).
Westphalen, Friedrich Graf v./Emmerich, Volker/Kessler, Ronald.: Kommentar zum Verbraucherkreditgesetz (2. Auflage Köln 1996).
West, Robin: Adjudication is not Interpretation: Some Reservations about the Law-as-Literature Movement, in: Tennessee Law Review 54 (1987), S. 203–278.
West, Robin: Are There Nothing But Texts in This Class? Interpreting the Interpretive Turns in Legal Thought, in: Chicago-Kent Law Review 76 (2000), S. 1125–1165.
Wikforss, Asa: Semantic Normativity, in: Philosophical Studies 102 (2001), S. 203–226.
Williamson, Nigel: The Rough Guide to Bob Dylan (2. Auflage New York 2009).
Wimmer, Rainer: Einstellungen zu Normen aus sprachlicher Sicht, in: Christensen, Ralph/Pieroth, Bodo [Hrsg.], Rechtstheorie in rechtspraktischer Absicht – Freundesgabe zum 70. Geburtstag von Friedrich Müller (Berlin 2008), S. 265–279.
Wimmer, Rainer: Referenzsemantik (Tübingen 1979).
Wittgenstein, Ludwig: Philosophische Untersuchungen – Auf der Grundlage der Kritisch-genetischen Edition, hrsg. v. Joachim Schulte (Frankfurt am Main 2003).
Wittgenstein, Ludwig: Werkausgabe in 8 Bänden (Frankfurt am Main 1984).
Wright, Crispin: Anti-realist Semantics: the Role of Criteria, in: ders., Meaning and Truth (Oxford/New York 1986), S. 241–266.
Wright, Crispin: Rule-Following, Objectivity and the Theory of Meaning, in: ders., Rails to Infinity (Cambridge 2001), S. 33–53.
Wright, Crispin: Rule-Following without Reasons: Wittgenstein's Quietism and the Constitutive Question, in: Ratio 4 (2007), S. 481–502.

Wright, Crispin: Second Thoughts about Criteria, in: ders., Meaning and Truth (Oxford/New York 1986), S. 267–286.

Wright, Crispin: Theories of Meaning and Speakers' Knowledge, in: ders., Meaning and Truth (Oxford/New York 1986), S. 204–238.

Wright, Crispin: Truth-Conditions and Criteria, in: ders., Meaning and Truth (Oxford/New York 1986), S. 47–69.

Zimmermann, Horst: Rechtsanwendung als Rechtsfortbildung: Untersuchungen zu einem ›hermeneutischen‹ Problem (Frankfurt am Main 1977).

Zippelius, Reinhold: Juristische Methodenlehre (11. Auflage München 2012).

Personenregister

Sachregister

Beiträge zu Grundfragen des Rechts

Herausgegeben von Stephan Meder

Die drei Grundfragen des Rechts, die vor gut zweihundert Jahren der Rechtsgelehrte Gustav Hugo formulierte – »Was ist Rechtens?«, »Wie ist es Rechtens geworden?« und »Ist es vernünftig, daß es so sey?« – stellen sich bis heute. Die Frage nach dem geltenden Recht zielt heute nicht nur auf dessen Prinzipien und Regeln, sondern auch auf das Verhältnis von Gesetz und Recht, juristischer Geltung und sozialer Wirklichkeit. Die Frage nach der Geschichte des Rechts betrifft auch das sich wandelnde Verhältnis zwischen den Rechtsquellen sowie das Verhältnis von Tradition und Gegenwartsbezug der Rechtsinhalte. Die Frage nach den richtigen Inhalten des Rechts bezieht sich heute vor allem auf das rechtliche Verhältnis zwischen der größtmöglichen Freiheit des Einzelnen und dem notwendigen Mindestmaß sozialer Gleichheit und Gemeinwohlbindung des Rechts. So sind die Grundfragen des Rechts niemals von lediglich theoretischer Bedeutung, sondern haben einen unmittelbar praktischen Bezug zur Rechtsentstehung, Rechtsauslegung und Rechtsanwendung. Antworten auf diese Fragen versuchen aus unterschiedlichen Perspektiven die Beiträge dieser Reihe zu geben.

Weitere Bände dieser Reihe:

Band 14: Tobias Roeder
Das Notariat, sein Recht und seine Geschichte im ›Land Hannover‹
2015, 391 Seiten, gebunden, ISBN 978-3-8471-0304-2

Band 13: Albert Janssen
Die gefährdete Staatlichkeit der Bundesrepublik Deutschland
Beiträge zur Bewahrung ihrer verfassungsrechtlichen Organisationsstruktur
2014, 624 Seiten, gebunden, ISBN 978-3-8471-0280-9

Band 12: Simon Kanwischer
Der Grenzbereich zwischen öffentlichem Strafanspruch und intimer Lebensgestaltung
Verschiebungen in der historischen Entwicklung – aufgezeigt am Beispiel der Strafbarkeit des Inzests (§ 173 StGB)
2013, 194 Seiten, gebunden, ISBN 978-3-8471-0129-1

Band 11: Gerd Brudermüller / Barbara Dauner-Lieb / Stephan Meder
Wer hat Angst vor der Errungenschaftsgemeinschaft?
Auf dem Weg zu einem partnerschaftlichen Güterrecht – Schlussfolgerungen aus dem 1. Gleichstellungsbericht
2013, 193 Seiten, gebunden, ISBN 978-3-8471-0096-6

Band 10: Stefan Dirscherl
Tier- und Naturschutz im Nationalsozialismus
Gesetzgebung, Ideologie und Praxis
2012, 277 Seiten, gebunden, ISBN 978-3-8471-0029-4

Band 9: Han-Wei Jung
Rechtserkenntnis und Rechtsfortbildung im Völkergewohnheitsrecht
Das Verhältnis zwischen Methodik und Rechtsquellenlehre
2012, 268 Seiten, gebunden, ISBN 978-3-89971-973-4

Leseproben und weitere Informationen unter www.v-r.de
E-Mail: info@vr-unipress.de | Tel.: +49 (0)551 / 50 84-301 | Fax: +49 (0)551 / 50 84-333

Bei Fragen zur Produktsicherheit wenden Sie sich bitte an:
If you have any questions regarding product safety, please contact:

Brill Deutschland GmbH
Robert-Bosch-Breite 10
37079 Göttingen
info@v-r.de